हिन्दी के आंचलिक उपन्यास एवं उपन्यासकार

(आलोचना)

ज्ञान गरिमा के
70 वर्ष

भारतीय
ज्ञानपीठ

हिन्दी के आंचलिक उपन्यास
एवं
उपन्यासकार

फणीश सिंह

भारतीय ज्ञानपीठ

पहला संस्करण : 2013
दूसरा संस्करण : 2015

लोकोदय ग्रन्थमाला : ग्रन्थांक 1179

हिन्दी के आंचलिक उपन्यास एवं उपन्यासकार

(आलोचना)

फणीश सिंह

दूसरा संस्करण : 2015
मूल्य : 200 रुपये

ISBN 978-93-263-5162-1

प्रकाशक : **भारतीय ज्ञानपीठ**
18, इन्स्टीट्यूशनल एरिया, लोदी रोड, नयी दिल्ली-110 003

मुद्रक : नागरी प्रिंटर्स, दिल्ली

साज-सज्जा : ज्ञानपीठ कला प्रभाग

Hindi Ke Aanchalik Upanyas Evam Upanyaskar
(Criticism)
by Fanish Singh

Published by
Bharatiya Jnanpith
18, Institutional Area, Lodi Road, New Delhi-110 003
Ph. : 011 24698417, 24626467; 23241619 (Daryaganj)
Mob. : 9350536020; e-mail : bjnanpith@gmail.com
sales@jnanpith.net, website : www.jnanpith.net

Second Edition : 2015
Price : Rs. 200

दो शब्द

हिन्दी के आंचलिक उपन्यासों को लेकर अनके शोध प्रबन्ध एवं समीक्षा ग्रन्थ आ चुके हैं। यह रचना भी आंचलिक उपन्यासों के मर्म तक पहुँचने और विशेषत: उनके मूल्यबोध को परखने का एक वस्तुनिष्ठ प्रयास है। बिना किसी पूर्वाग्रह के हिन्दी के आंचलिक उपन्यासों की वैचारिक शक्ति की यह परख कितनी सार्थक है, इसका निर्णय हिन्दी उपन्यास के अध्येता ही कर सकते हैं।

आज से तीन-चार वर्ष पूर्व मेरी पुस्तक 'हिन्दी साहित्य : एक परिचय' के लोकार्पण के लिए हिन्दी के मूर्धन्य कवि, लेखक एवं समालोक श्री अशोक वाजपेयी जी पटना पधारे थे। लोकार्पण के दूसरे दिन हमलोग छ:-सात घंटे साथ रहे जिसमें हमलोग गंगापार सोनपुर भी आये-गये। उसी क्रम में आंचलिक उपन्यास पर हमारी लम्बी वार्ता हुई जिसके फलस्वरुप इस पुस्तक को पाठकों के समक्ष प्रस्तुत करने का साहस मैंने किया है। यहाँ कहना अत्युक्ति न होगी कि इस पुस्तक के प्रस्तुतीकरण के प्रेरणा-स्त्रोत श्री अशोक वाजपेयी जी ही हैं। वैसे हिन्दी के मूर्धन्य समालोचक स्व. डॉ. कुमार विमल से इस विषय पर तीन-चार बार लम्बी वार्ता हुई और उनके विचारों के आलोक में मैंने इस पुस्तक की विषयवस्तु को ढालने का यत्न किया है।

आंचलिक उपन्यास हिन्दी-साहित्य की नवीनतम विधा है। इसके विकास में जहाँ एक ओर स्वातन्त्र्योत्तर, सामाजिक परिस्थितियाँ हैं, वहीं बाह्य प्रभाव भी स्पष्ट प्रतीक होता है, जिसका विवेचन इस ग्रन्थ में किया गया है। यह भी एक प्रकार का उपन्यास है, जिसका केन्द्रबिन्दु किसी देश का विशेष भाग अथवा क्षेत्र होता है, किन्तु इस प्रकार की कृतियों में आंचलिक उपन्यासकार क्षेत्र-विशेष या जनपद की भाषा, संस्कार, धर्म, रीति-रिवाज, व्रत, त्योहार, व्यवसाय, धन्धे, व्यसन तथा ऐतिहासिक एवं भौगोलिक संकेत, वेशभूषा, उद्योग, मनोरंजन के साधन, लोकगीत, लोकोक्तियाँ, गाथाएँ तथा कहानियों का एक ऐसा सजीव चित्र प्रस्तुत करता है जिसके कारण वह क्षेत्र-विशेष के अन्य भू-भाग से विलग दिखाई देता

है। आंचलिकता की प्रवृत्ति राष्ट्रीय एकात्मकता की विरोधी कदापि नहीं है बल्कि उसके माध्यम से राष्ट्रीयता की भावना अधिक सघन एवं सौन्दर्ययुक्त हो जाती है। मेरा यह कार्य आंचलिक उपन्यासों के स्वरूप एवं आंचलिकता की प्रवृत्ति के साथ विकसित होकर आंचलिक उपन्यासों के वर्गीकरण तक ही सीमित न होकर प्रमुख आंचलिक उपन्यास एवं उपन्यासकारों के प्रस्तुतीकरणा तक गया है।

पुस्तक में आंचलिक उपन्यासों के स्वरूप एवं विकास के साथ-साथ हिन्दी के प्रमुख आंचलिक उपन्यास एवं उपन्यासकारों से पाठकों का परिचय कराने का प्रयास किया गया है। हिन्दी के साथ-ही-साथ प्रमुख पाश्चात्य आंचलिक उपन्यासकारों की भी संक्षिप्त चर्चा की गयी है। मुझे हिन्दी साहित्य के इस पुनीत कार्य में कहाँ तक सफलता मिली है इसका निर्णय आप पाठकगण करेंगे। जिन मित्रों एवं गुरुजनों ने मुझे समय-समय पर अपने बहुमूल्य सुझाव दिये उनके प्रति मैं आभार व्यक्त करता हूँ।

—फणीश सिंह

1, नीतिबाग़, पटना—800014

हिन्दी के आंचलिक उपन्यास
एवं
उपन्यासकार

अनुक्रम

1

आंचलिक उपन्यास का स्वरूप

अंचल और आंचलिकता

आंचलिक 'अंचल' शब्द से बना है। अंचल का अर्थ है—प्रदेश-विशेष, एक सीमित क्षेत्र जो एक विशिष्ट भौगोलिक पर्यावरण में आबद्ध है। अंचल शब्द से एक वैशिष्ट्यपूर्ण भू-भाग या भू-प्रदेश का बोध होता है, जो अपनी स्थानीय भौगोलिक या प्राकृतिक विशेषताओं के कारण अन्य प्रदेशों से भिन्नता रखता है।

अंचल शब्द का सीधा और स्पष्ट अर्थ है जनपद या 'क्षेत्र' विशेष जो अपने में पूर्ण भौगोलिक इकाई होता है। अंचल शब्द मूलत: संस्कृत शब्द है जो पाणिनीय व्याकरण के अनुसार 'अंच्' धातु में 'अलच्' प्रत्यय के योग से बना है।

हलायुध कोश में अंचल शब्द की व्याख्या इसी प्रकार की गयी है, अंचल पु. (अंचति प्रान्त भाग। अंचल इति भाषा) पद्म चन्द्र कोश में कोशकार ने अंचल शब्द का अर्थ वस्त्र का छोर, कोने का भाग, कपड़े का कोना पल्ला ही लिया है।

संस्कृत इंग्लिश डिक्शनरी में भी अंचल का अर्थ वस्त्र के (विशेषकर स्त्रियों के) छोर से ही किया गया है। भाषा शब्दकोष में अंचल का अर्थ है—साड़ी का छोर जो सामने रहता है—पल्ला, आँचर या अँचरा, किनारा एवं सीमा का समीपवर्ती भाग। इस प्रकार संस्कृत या हिन्दी दोनों भाषाओं में अंचल शब्द समान अर्थ का सूचक है। स्पष्ट है कि साहित्य में जब हम 'अंचल' अथवा 'आंचलिक' शब्द का प्रयोग करते हैं तो वहाँ इसका अभिधामूलक अर्थ ही अभिप्रेत नहीं होता अपितु हमें इसका लक्षणमूलक अर्थ ग्रहण करना पड़ता है। 'अंचल' का अभिधामूलक अर्थ, वस्त्र का प्रान्त, भाग या पल्ला/साहित्य में इसे देश के अर्थ में प्रस्तुत करते हैं। इस दृष्टि में कोई विशेष भाग या क्षेत्र जिसकी अपनी संस्कृति, रीति-रिवाज, सुख-दुख, जीवन प्रणाली, आचार-विचार व अपनी समस्याएँ, परम्पराएँ एवं मान्यताएँ होती हैं 'अंचल' कहा जाता है।

कोई प्रदेश अपने पहाड़ों, नदियों, जलवायु, भूमि, खनिज वन अथवा फसलों के कारण प्रमुखता प्राप्त कर सकता है। एक आर्थिक प्रदेश सम्पूर्ण प्राकृतिक प्रदेश

अथवा उसके भाग मात्र से भी निर्मित हो सकता है। सांस्कृतिक, ऐतिहासिक या राजनीतिक प्रदेश भी भिन्न आधारों पर जी सकते हैं। इस प्रकार हर प्रदेश के निर्माण में विरोधी अथवा सहयोगी रुचियों का सहयोग रहता है।'

अंचल का निर्माण पूर्व नियोजित नहीं है वह स्वत: होता है। राजनीतिक, आर्थिक, सामाजिक अथवा ऐतिहासिक विचार उसके विस्तार का निर्णय नहीं करते। यह एक स्वाभाविक प्राकृतिक प्रक्रिया के अन्तर्गत अपनी सीमाओं में निश्चित आधार ग्रहण कर एक स्पष्ट इकाई के रूप में लक्षित होता है। कोशकारों ने आंचलिकता से सम्बन्धित अपने विचारों को भाषिक अभिव्यक्तियों में व्यक्त किया है। निम्नांकित परिभाषाओं में मुख्य रूप से अंचल, पृथ्वी का एक अंग, प्रशासनिक, सांस्कृतिक, सामाजिक, आर्थिक, भौगोलिक आदि दृष्टियों से अपनी गरिमा, पहचान अस्तित्व बनाए रखनेवाले अर्थ को ही ध्वनित करता है। अंचल किसी नगर या प्रान्त के परिसर को अलग करनेवाला अंग है। साहित्य के क्षेत्र में जब हम 'अंचल' शब्द का प्रयोग करते हैं तब हमारा आशय उसके अभिधामूलक अर्थ से कदापि नहीं होता। अंचल का सामान्य अर्थ है—'कोई स्थान विशेष, अर्थात् भौगोलिक आदि सीमाओं से घिरा हुआ कोई जनपद या क्षेत्र।'

'अंचल' शब्द से ही 'आंचलिक' शब्द बना है। इसका सामान्य अर्थ है अंचल सम्बन्धी। आंचलिक विशेषण की ही भाववाचक संज्ञा है आंचलिकता। ये तीनों समानार्थी लगते हुए भी भिन्न हैं—अंचल जहाँ एक क्षेत्र विशेष या जनपद का अर्थ होता है या देता है, वहीं 'आंचलिक' शब्द अपने में उस जनपद के क्षेत्र की विशेषताओं का समाहार करता है। जबकि 'आंचलिकता' आंचलिक वैशिष्ट्य की अभिव्यक्ति का नाम है।

प्रत्येक अंचल का अपना भौगोलिक, आर्थिक, प्राकृतिक, राजनैतिक, सांस्कृतिक एवं सामाजिक परिवेश होता है, अपनी अलग-अलग समस्याएँ होती हैं, जीवन पद्धति होती है, अपनी विशिष्ट विशेषताएँ होती हैं जो उसे बनाती भी हैं, बिगाड़ती भी हैं। 'प्रत्येक भू-भाग की मिट्टी की एक ख़ास महक होती है और उस मिट्टी में पनपी हुई वनस्पतियों के पत्ते-पत्ते और फूल-फूल में एक विशेष गन्ध होती है। उसी के अनुरूप वहाँ के समस्त जीवधारियों, मानव-प्राणियों में भी अपनी एक अलग मन:स्थिति या गन्ध होती है जो किसी अन्य भू-भाग में उगे हुए फूल-पत्तों और प्राणियों की गन्ध से भिन्न होने के कारण अपनी एक विशिष्टता रखती है। इस सम्पूर्ण परिवेश, जीवन-पद्धति तथा विशेषताओं को अंकित करनेवाला तत्त्व ही आंचलिकता है। इस विशिष्टता से परिचित हुए बिना कथाकार उस विशेष गन्ध से हमें अभिभूत नहीं कर सकता, जिससे कि वह सारा आंचलिक जीवन लिपटा हुआ है। निष्कर्ष रूप से कह सकते हैं कि आंचलिकता ही वह प्राण तत्त्व

है जिसके आधार पर कोई कृति—'आंचलिक' कहलाने का गौरव प्राप्त करती है। आंचलिकता के सम्बन्ध में विचार करते हुए जैनेद्र कुमार ने ठीक ही लिखा है—'आंचलिक प्रवृत्ति वह दृष्टि है जिसके केन्द्र में अमुक पात्र स्वयं में इष्ट नहीं मानो अमुक समष्टि के जीवन की यथार्थता को उभार देने में ही इसकी चरितार्थता है।' इन्हीं तथ्यों को डॉ. शिव प्रसाद सिंह ने भी स्वीकार किया है—"जैसा इस शब्द से स्पष्ट है कि यह भाव-संज्ञा किसी क्षेत्र या अंचल से सम्बद्ध है। क्षेत्र या अंचल इस भौगोलिक खंड को कहते हैं जो सामाजिक और सांस्कृतिक रूप से सुगठित और विशिष्ट एक ऐसी इकाई हो जिसके निवासियों के रहन-सहन, प्रथाएँ, उत्सव आदि आदर्श और आस्थाएँ मौलिक मान्यताएँ तथा मनोवैज्ञानिक विशेषताएँ परम्परा समान और दूसरे क्षेत्र के निवासियों से इतनी भिन्न हो कि इनके आधार पर यह क्षेत्र या अंचल विशेष इसी प्रकार के दूसरे क्षेत्रों से एकदम अलग प्रतीत हो। इस प्रकार के क्षेत्र या अंचल के जीवन को अभिव्यक्त करनेवाली रचना को हम आंचलिक कह सकते हैं।"

आंचलिक उपन्यास

आंचलिकता की नवीन शैली ने साहित्य की अनेक विधाओं को प्रभावित किया जैसे आंचलिक कहानी, आंचलिक नाटक, आंचलिक उपन्यास इत्यादि। आंचलिक उपन्यास की परिभाषा के सम्बन्ध में विभिन्न विद्वानों ने अपने मत व्यक्त किये हैं। नन्द दुलारे वाजपेयी के अनुसार, "आंचलिक उपन्यास हम उसे कह सकते हैं जिसमें अपरिचित भूमियों और अज्ञात जातियों के जनजीवन का वैविध्यपूर्ण चित्रण हो। आंचलिक उपन्यास की सबसे बड़ी विशेषता अपरिचित और किसी हद तक आदिम जातियों के जीवन में पाई जाती है।" नन्ददुलारे वाजपेयी ने आंचलिक उपन्यास के लिए अज्ञात जनजाति का होना आवश्यक माना है। इसका अर्थ यह है कि जिस भू-भाग की विशेषताएँ अन्य प्रदेशों की तुलना में असामान्य हो तथा जिससे हम अपरिचित हों। डॉ. विश्वम्भरनाथ उपाध्याय के शब्दों में, "आंचलिक उपन्यास उन उपन्यासों को कहते हैं जिनमें किसी विशेष जनपद, अंचल (क्षेत्र) के जनजीवन का समग्र चित्रण हो।" समग्र चित्रण अर्थात् भौगोलिक, सांस्कृतिक, सामाजिक, राजनैतिक, आर्थिक परिस्थितियों से स्पन्दित लोक जीवन की साधन प्रस्तुति।

फणीश्वरनाथ रेणु ने सीमित कथा, स्थानीय भाषा तथा शिल्प की नवीनता—इन तीनों तत्त्वों पर विशेष बल दिया है, "जब मैला आँचल मैंने लिखा और जब उसका भीतर का 'टाइटल' छपने जा रहा था—तब मैंने लिखा 'मैला आँचल' और फिर, मैंने उसे नीचे लिख दिया—'एक आंचलिक उपन्यास' मैंने यह सोचकर

किया कि मैंने जिस शब्द का इस्तेमाल किया, जैसी भाषा लिखी क्या पता उसको लोग कबूल करेंगे या नहीं—इसलिए मैंने उसे आंचलिक कह दिया।' इन परिभाषाओं के आधार पर यह कहा जा सकता है कि आंचलिक उपन्यास में एक सीमित क्षेत्र की संस्कृति का, जन-चेतना का उस क्षेत्र की प्राकृतिक पार्श्वभूमि में चित्रण होता है।

प्राय: सभी आंचलिक उपन्यासों का लगभग एक ही उद्देश्य रहा कि जिस अंचल में वे स्वयं पले-बढ़े, जिस धरती की गोद में उन्हें संसार देखने का अवसर मिला भला उस परिसर को वे कैसे भुला पाएँगे। अपने अंचल से दूर जाकर भी वे उसको कभी न भूल पाये इसीलिए तो हम देखते हैं कि उस अंचल विशेष को जीवन्त रूप देकर उपन्यास के माध्यम से उन्हें गहराई से प्रस्तुत करने का प्रयास किया। अंचल के जीवन को यथार्थ रूप में केवल उन्हीं लेखकों ने अभिव्यक्ति दी जिन्हें केवल चाह ही नहीं थी बल्कि उनसे एक अटूट आत्मीयता भी थी। मधुकर गंगाधर द्वारा आंचलिक उपन्यास की परिभाषा स्पष्ट रूप से प्राप्त होती है—आंचलिकता का अर्थ है क्षेत्र-विशेष के सत्य का उद्घाटन करता हुआ जीवन, जो किसी एक परिवेश विशेष नहीं वरन् उस खंड की समग्र क्षेत्रीयता का प्रतीक है।

स्पष्ट है कि आंचलिक उपन्यास लोकतन्त्र के समान है, इसमें अत्यन्त साधारण नारी-पुरुष प्रमुख पात्र होते हैं, उनके अन्तर्गत विशेष रूप से यथार्थ, विश्वसनीय, सहानुभूति पूर्ण जीवन का प्रस्तुतीकरण होता है। इसके अतिरिक्त अंचल के लिए विशेषकर दूरवर्ती अनुसूचित पिछड़ी जनजातियों को लेने की पद्धति रही है। वस्तुत: आंचलिक, वह शब्द है जिसका प्रयोग उन उपन्यासों के सन्दर्भ में प्रयुक्त है जिनमें वातावरण एवं परिवेश की प्रधानता रहती है। जीवन विवरण के साथ उसमें जीवन सन्देश भी रहते हैं, जिसके बल पर वह वस्तु उस क्षेत्र या अंचल विशेष की रहकर भी समस्त देश की हो जाती है। अतएव आंचलिक उपन्यास मुख्यत: ग्रामीण होते हैं। वह स्थानिक यथार्थ की सघनता लेकर उपस्थित हुए हैं।

सीमित क्षेत्र-भूमि की दृष्टि से, भाषा या बोली का क्षेत्र होता है। यह सीमित क्षेत्र-भूमि की दृष्टि से, भाषा की दृष्टि से, संस्कृति की दृष्टि से उपन्यास में एक विशेष इकाई के रूप में प्रस्तुत होते हैं। अंचल विशेष अर्थ में वह है जिसकी बोली भाषा एक हो जिनके, आमोद-प्रमोद एक, उत्सव एक हों त्योहार एक हों। विवाह आदि मांगलिक अवसरों का गीत एक हो, जिनके ग्राम देवता, कुल देवता एक हों, जिनकी लोक कथाएँ किंवदन्तियाँ, सम्पूर्ण जीवन व्यवस्था एक हों। डॉ. राजकुमार सिंह के अनुसार, "एक परिवेश की आत्मा जिस उपन्यास में साकार हो उठे उसे आंचलिक उपन्यास कहा जाएगा। इस प्रकार की माटी की महक और मन:स्थिति का सजीव चित्रण आंचलिक का सच्चा स्वरूप है। तात्पर्य यह कि मनुष्यों के सम्पूर्ण जीवनक्रम को पूर्णता से प्रस्तुत करना उनके सुख-दु:ख,

उनके द्वन्द्वों का निरूपण, उनके संकल्प-विकल्प का आलेखन, उनकी लोक बोली के माध्यम से साकार हो उठता है तो उसे या उस कृति को आंचलिक उपन्यास कहा जाता है।''

किसी भी देश के सभी अंचल एक दूसरे से भिन्न होते हुए भी बहुत से अर्थों में अलग-अलग हैं। यदि अंचल की तुलना की जाये तो प्रत्येक अंचल की अपनी विशेषताएँ हैं, इसका कारण यह है कि ये अंचल एक विशिष्ट भौगोलिक पर्यावरण में स्थित हैं। भौगोलिक सीमाओं में बँधे अंचल अपनी धरती अपने विस्तृत मैदान, झाड़, पहाड़, नदी-नाले, झरने, सरोवर इत्यादि का पूर्ण विवरण देते हैं।

भौगोलिक संस्कृति, ऐतिहासिक परम्परा व वैज्ञानिक माध्यम मिलकर ही 'अंचल' को एक ठोस व्यक्तित्व प्रदान करते हैं। इसके व्यक्तित्व को खोजने और उसे एक सशक्त माध्यम से रूप में प्रस्तुत करने के लिए उस क्षेत्र-विशेष की प्राकृतिक बनावट, सीमाओं, क्षेत्रफल, खेत, नदी, पहाड़, मैदान, पशु-पक्षी, मिट्टी-पानी जहाँ तक भी हो वहाँ की मिट्टी की महक से भी सभी को परिचित करने की क्षमता ही इसकी विशिष्टता है। स्थानीय रंग में यद्यपि उपर्युक्त पद्धति स्वीकार की जाती है किन्तु उसमें विशुद्ध आंचलिकता की सूक्ष्म पकड़ नहीं होती केवल उसका आभास मात्र होता है जिसमें अंचल की गहराई एवं समग्रता के चित्रण का नितान्त अभाव होता है। डॉ. नगीना जैन ने लिखा है, ''लोकल कलर या स्थानीय रंग और आंचलिकता में सूक्ष्म अन्तर है। स्थानीय रंग के लिए किसी अंचल-विशेष की प्राकृतिक बनावट या सामाजिक स्थिति, परिवेश या भाषा बोली को लेखक अपने कथानक की यथार्थ-परक पृष्ठभूमि तैयार करने के लिए इस तरह प्रयोग करता है कि एक ओर तो वह प्रामाणिकता का आभास दे सके, दूसरी ओर कथा-प्रवाह में रसोद्रेक के लिए उद्दीपन का कार्य करे। यहाँ क्षेत्रीयता का ग्रहण प्रधान शक्ति के रूप में नहीं होता, वरन् उपन्यास के उद्देश्य को मूर्त करने, उसे विश्वसनीय बनाने के लिए होता है। अतः उस स्थिति में उसे स्थानीय रंगत-तद्देशीय सौरभ (लोकल कलर) से अधिक कुछ नहीं कह सकते।'' बनाने और पात्रों में अधिक स्वाभाविकता लाने के लिए, कथा के विकासक्रम में परिस्थिति के अनुकूल यथास्थान आंचलिक और स्थानीय रंगों रीति-रिवाज, भाषा आदि का पुट दे दिया जाता है। इस प्रकार के चित्रण को आंचलिकता नहीं कहा जा सकता जहाँ थोड़ी-सी स्थानीय रंगत का प्रयोग हो। वह आंचलिकता की कोटि में नहीं आ सकते, अन्यथा अधिकांश उपन्यासकारों की कृतियाँ आंचलिक ही होतीं। स्थानीय रंगतवाले उपन्यास में किसी अंचल विशेष को कथा का 'फलक' बनाकर उसके रूप-रंग का प्रयोग केवल रंगत भर देने के लिए होता है, अर्थात् तत्त्व के रूप में न होकर साज-सज्जा के रूप में होता है।

डॉ. श्रीनारायण अग्निहोत्री ने भी लगभग यही बात कही है, ''किसी भी कृत्य रचना में जब कथावस्तु की पृष्ठभूमि के विषय में भरपूर सूचना दी जाती और वहाँ के वातावरण का निर्देशन स्थानगत, भौगोलिक, सामाजिक, सांस्कृतिक परिस्थितियों को समष्टि के समन्वय के रूप में प्रस्तुत किया जाता है, तब उसे स्थानीय रंग देना कहते हैं।''

ग्राम्य अंचल ही आंचलिक साहित्य का उपयुक्त आधार इसीलिए लगता है क्योंकि शहरों की ज़िन्दगी में यान्त्रिकता, विकृतियाँ, जटिलता तथा अजनबीपन मिलता है, जबकि गाँवों में मानवीय मूल्य अपने पूरे उत्कर्ष पर दिखाई देते हैं, वहाँ एक सहजता, उन्मुक्तता तथा स्वच्छन्दता मिलती है। यह तो निश्चित ही है कि आंचलिक साहित्य चाहे वह ग्राम्य जीवन पर आधारित हो या नगरीय जीवन पर, उसकी सफलता उसके क्षेत्र विशेष पर निर्भर नहीं करती। यही कारण है कि जब आंचलिक कृतियाँ लिखने का एक दौर उमड़ा तो उस दौर में ज़बरन लिखी गयी कृतियाँ जो ग्राम्यांचल पर आधारित थीं, असफल रहीं। डॉ. चन्द्रेश्वर कर्ण ने लिखा है, ''लेकिन आगे चलकर कुछ फैशनपरस्त, छद्म लेखकों द्वारा सिर्फ़ उसके मुहावरों का वर्क लगाकर आंचलिकता के नाम पर प्रस्तुत किया गया है। लेकिन उनमें हमारा आज का गाँव, उसका बदलता हुआ चेहरा, उसकी नयी-सामाजिक और मानसिक स्थितियाँ और समस्याएँ अपने जीवित सत्य के साथ तो नहीं अभिव्यक्त हो सकीं, बल्कि अक्सर शहरी मध्यवर्ग की मन:स्थितियाँ ही गँवई परिवेश की खूँटी पर टाँग दी जाती हैं।'' आंचलिक कृति की श्रेष्ठता का श्रेय उसकी आंचलिकता पर निर्भर करता है। किसी भी लेखक पर कथा-क्षेत्र के चुनाव को लेकर दबाव नहीं डाला जा सकता। लेखक पूर्ण रूप से स्वतन्त्र है कि वह ग्राम-जीवन के यथार्थ का ईमानदार साक्षात्कार कराये या नागरी जीवन का। राजेन्द्र अवस्थी के अनुसार, ''आंचलिकता का आग्रह परिवेश को सजीवता से प्रस्तुत करने का है, चाहे वह शहर का हो या गाँव का। हिन्दी में पिछड़े ग्रामीण समाज को चित्रित करनेवाली आंचलिक कृतियों की ही अधिकता है। किन्तु संसार की अनेक भाषाओं में सीमित भू-भाग के समुन्नत जीवन को लेकर लिखी गयी श्रेष्ठ आंचलिक कृतियाँ भी मिलती हैं।''

आंचलिक उपन्यासों के आधार उपकरण हैं—क्षेत्र विशेष की प्राकृतिक पृष्ठभूमि का अंकन, वातावरण का चित्रण, लोक संस्कृति, आधुनिक चेतना, स्थानीय बोली का स्वाभाविक प्रभाव और ठेठ आंचलिक स्पर्श। इन सब उपकरणों के समन्वय से आंचलिक उपन्यास रचे जाते हैं। डॉ. इन्दु प्रकाश पांडेय ने ठीक ही लिखा है कि ''किसी एक स्थान के जीवन सत्य को सफलता के साथ एकान्वित एवं केन्द्रित करता है, जिसमें एक विशिष्ट चित्र उत्पन्न होता है।''

हिन्दी के आंचलिक उपन्यासों का उद्भव और विकास

आंचलिक उपन्यास हिन्दी कथा साहित्य की नवीनतम विधा है। इसके विकास में जहाँ एक ओर स्वातन्त्र्योत्तर, राजनैतिक, सामाजिक परिस्थितियाँ हैं, वहीं बाह्य प्रभाव भी स्पष्ट देखा जा सकता है।

हम बता चुके हैं 'आंचलिक' शब्द 'अंचल' से बना है। साहित्यिक सन्दर्भ में इसका अर्थ है—क्षेत्रीय या जनपदीय। कुछ उपन्यासों में किसी प्रदेश विशेष का यथातथ्य और बिम्बात्मक चित्रण प्रमुखता प्राप्त कर लेता है और उन्हें प्रादेशिक या आंचलिक उपन्यास कहा जाता है। परन्तु यह उपन्यास सामाजिक या ऐतिहासिक होते हैं और चारित्रिक के अन्तर्गत आते हैं क्योंकि पात्रों के चरित्र-चित्रों को यथार्थता प्रदान करने के लिए ही उनकी बाह्य परिस्थितियों को जीवन्त रूप में चित्रित किया जाता है। आंचलिक उपन्यास भी एक उपन्यास है, किन्तु इसका परिवेश अन्य उपन्यासों की अपेक्षा संकुचित होता है। 'आंचलिक उपन्यासकार' अन्य उपन्यासकारों की भाँति समस्त मानव समाज एवं अखंड भू-भाग को सामने रखकर अपनी रचना नहीं करता, बल्कि वह उसके लिए एक समाज विशेष एवं भू-खंड को ही आधार बना लेता है, जो समस्त मानव समाज एवं सम्पूर्ण भू-मंडल का अंग होते हुए भी अपनी कतिपय विशेषताओं के कारण भिन्न जान पड़ता है।

अंचल का अर्थ ही होता है, क्षेत्र, जो अपनी कतिपय विशेषताओं के कारण किसी सम्पूर्ण वस्तु का एक अंग होते हुए भी अपना विशिष्ट महत्त्व रखता है। यह एक विशिष्ट—भू-भाग भी हो सकता है और इस पर रहनेवाला एक विशिष्ट समाज भी। आंचलिक उपन्यासकार एक गाँव, एक प्रान्त, एक जाति तथा एक व्यवसाय के लोगों को अपने उपन्यास का विषय बना सकता है।'' उसे कथा क्षेत्र की एक-एक इंच भूमि से भली-भाँति परिचित होना आवश्यक है। उस क्षेत्र की लोक-कथाएँ, लोक-परम्पराएँ, रीति-रिवाज, आचार-विचार, समाजव्यवहार, भाषा-बोली, व्यक्ति-समाज का अत्यन्त घनिष्ठ परिचय अनिवार्य है। अन्य उपन्यासों की भाँति इस प्रकार के उपन्यासों में विविध आन्तरिक अनुभूतियों का सूक्ष्मता से अंकित होना आवश्यक नहीं है। विविध दार्शनिक समस्याओं से उलझना आवश्यक नहीं है। किसी विशिष्ट समस्या का आलोड़न करके कोई निष्कर्षात्मक निदान प्रस्तुत करना आवश्यक नहीं है, किन्हीं नीति, सिद्धान्तों का खंडन-मंडन करना आवश्यक नहीं है। आवश्यक यह है कि अपने निर्दिष्ट प्रदेशांचल के व्यावहारिक जीवन का सच्चा खाका उपस्थित किया जाये।

आंचलिक उपन्यासों की परिभाषा के सम्बन्ध में विद्वानों द्वारा उनके विचार प्रकट किये गये हैं, जिन पर यहाँ विचार कर लेना असंगत न होगा। आचार्य नन्द दुलारे वाजपेयी का इस सम्बन्ध में कहना है कि, ''आंचलिक उपन्यास हम उसे

कह सकते हैं, जिसमें अपरिचित भूमियों और अज्ञात जातियों के जीवन का वैविध्यपूर्ण चित्रण हो। आंचलिक उपन्यास की सबसे प्रमुख विशेषता अपरिचित और किसी हद तक आदिम जातियों के जीवन-चित्रण में पाई जाती है।

वाजपेयी जी का दो शब्दों पर विशेष आग्रह है—अपरिचित और अज्ञात। इन शब्दों के प्रयोग से उनका अभिप्राय—विशेष क्या है, नहीं कहा जा सकता, किन्तु जब हम उनका शाब्दिक अर्थ लेते हैं, तो केवल इतना ही बोध होता है कि जिससे हम परिचित न हों और जो हमारे लिए अज्ञात हों, दूसरे शब्दों में जिन भूमियों से हम परिचित न हों तथा जो जातियाँ अज्ञात हैं, उन्हीं के जन-जीवन का वैविध्यपूर्ण चित्रण करना ही आंचलिक उपन्यासकार का धर्म है।

वाजपेयी जी की इस परिभाषा के अनुसार टामस हार्डी जैसे विश्वप्रसिद्ध आंचलिक उपन्यासकार के उपन्यास भी आंचलिक नहीं कहे जा सकते, क्योंकि उसके लगभग 14 उपन्यासों का परिवेश 'वेसेक्स' का अंचल ही कहा जा सकता है। वहाँ के निवासी तथा भूमि न तो अपरिचित कहे जा सकते हैं और न अज्ञात। 'ए पेअर ऑफ ब्लू आइज़' में जहाँ उसने वेसेक्स के समुद्री तट का वर्णन किया है, 'वुड सैंडर्स' में वहाँ के जंगलों का चित्रण किया है। 'टेस' में उसने वहाँ के चरागाहों डेरीफार्मों, गायों आदि के सुन्दर एवं हृदयग्राही चित्र प्रस्तुत किये हैं।

जहाँ तक इन उपन्यासों में पात्रों का सम्बन्ध है, वे सभी वेसेक्स के ही निवासी हैं। लार्ड लुवसेसियन से लेकर निर्धन वृद्ध व्यक्ति ग्रानफर केटिल तक यहीं के जीते-जागते चित्र हैं। इनके जीविकोपार्जन के साधनों में वेसेक्स की भूमि प्रमुख साधन है, जहाँ ये खेती तथा अन्य उद्योग-धन्धे करते हैं। हार्डी ने अपने उपन्यास में सर्जेंटों एवं डॉक्टरों की अपेक्षा वहाँ के किसानों तथा गड़रियों के जीवन को अधिक महत्त्व दिया है।

हार्डी वेसेक्स की एक-एक इंच भूमि तथा पेड़-पत्ती आदि से पूर्णतया परिचित था, और यही आंचलिक उपन्यासकार की प्रमुख विशेषता होती है, जो उसे अन्य दूसरे कोटि के उपन्यासकारों से अलग करती है। उसे अपने क्षेत्र से भलीभाँति परिचित होना चाहिए। हार्डी के विषय में कहा जाता है कि वह 'वेसेक्स' के वृक्षों की आवाज़ सुनकर अँधेरे में भी बता सकता था कि वह कौन-सा वृक्ष है। उसने अपने उपन्यासों में वहाँ की लोक-कथा, लोक-गीत, परम्परा, गायन, ऐतिहासिक संकेत आदि का उल्लेख किया है।

इस प्रकार वाजपेयी जी की परिभाषा आंचलिक उपन्यासों के सम्बन्ध में सरसरी तौर पर सही नहीं कही जा सकती लेकिन ध्यान से देखने पर वाजपेयी जी के कथन की सत्यता स्पष्ट रूप से परिलक्षित होती है। वास्तव में आंचलिक उपन्यासों में क्षेत्र विशेष की चित्रण पद्धति के कारण उपन्यासकार तो चित्रित क्षेत्र

से विशेष रूप से परिचित होता है जबकि पाठक को उसकी कोई जानकारी नहीं होती है, उसे तो उस चित्रण को पढ़ने के बाद ही क्षेत्र (आंचलिक क्षेत्र) की जानकारी होती है। आंचलिक उपन्यासों के माध्यम से प्राय: अनजान क्षेत्र, जातियाँ और क़बीले पाठकों की जानकारी में आये हैं। इससे स्पष्ट हो जाता है कि वाजपेयी जी की परिभाषा की दृष्टि सही है। विचार को कुछ घुमाकर प्रस्तुत किया गया है।

डॉ. लक्ष्मी सागर वार्ष्णेय ने आंचलिक उपन्यास की परिभाषा देते हुए लिखा है—''जब उपन्यासकार किसी अंचल, गाँव, क़स्बे या मुहल्ले को परिवेश बनाकर वहाँ के लोगों के आचार-विचार, व्यवहार, जीवन-पद्धति, संस्कृति, लोकभाषा, धर्म एवं दृष्टिकोण का सूक्ष्म वर्णन करता है, तो वह आंचलिक उपन्यास ही है।''

अँग्रेज़ी आंचलिक उपन्यासों की समीक्षा प्रस्तुत करते हुए आंचलिक उपन्यासों के सम्बन्ध में फिलिस वेंटली ने लिखा है कि—''यह एक उपन्यास है, जिसका केन्द्र बिन्दु किसी देश का विशेष भाग अथवा विशेष क्षेत्र होता है। इसमें वहाँ का जनपदीय चित्रण इस प्रकार प्रस्तुत किया जाता है कि इसकी विशेषताएँ उभर आती हैं। जिसके कारण यह क्षेत्र के अन्य भाग से सर्वथा विलग दिखाई देता है।''

उपर्युक्त परिभाषाओं के सन्दर्भ में निष्कर्ष रूप में हम कह सकते हैं कि आंचलिक उपन्यास भी एक उपन्यास है, जिसका केन्द्र-बिन्दु किसी देश का विशेष भाग अथवा क्षेत्र होता है। उस कृति में क्षेत्र-विशेष या जनपद की भाषा, संस्कार, धर्म, रीति-रिवाज, व्रत, त्योहार, व्यवसाय, धन्धे, व्यसन, परम्परागत विश्वास तथा ऐतिहासिक एवं भौगोलिक संकेत, वेशभूषा, उद्योग, मनोरंजन के साधन, लोकगीत, लोकोक्तियाँ, कला, गाथाएँ तथा कहानियाँ, राजनैतिक परिस्थितियाँ तथा वे सम्पूर्ण विश्वास, आचरण और अभ्यास जो लोक से सम्बन्धित हैं, जैसे—टोना, टोटका, जादू, शकुन-अपशकुन, भाग्य, भूत-प्रेत, योनि आदि का एक उभरा हुआ चित्र दिखाई दे, वही आंचलिकता की संज्ञा से सम्पन्न की जा सकती है।

अन्य उपन्यासों की भाँति आंचलिक उपन्यासों के भी अपने तत्व होते हैं। फिलिस बेंटली ने उन तत्त्वों की ओर संकेत करते हुए लिखा है कि—''आंचलिक उपन्यासों की विशेषता जानने के लिए यह समझ लेना आवश्यक है कि उपन्यास के तत्त्व किस सीमा तक आंचलिकता से प्रभावित हैं।''

आंचलिक उपन्यासों के तत्त्व

आंचलिक उपन्यासों के पात्र, वर्णित क्षेत्र से सम्बन्धित होते हैं, जबकि अन्य उपन्यासों में प्रयुक्त पात्रों के लिए यह आवश्यक नहीं है। ये देश के किसी भी भू-भाग से सम्बन्धित हो सकते हैं इन पात्रों के परिभ्रमण के साथ-साथ उपन्यासों की कथा भी एक स्थान से दूसरे स्थान तक परिभ्ररण करती हुई दृष्टिगोचर होती

है। अन्य उपन्यासों के पात्र विदेशों तक के भूखंडों से सम्बन्धित हो सकते हैं, लेकिन आंचलिक उपन्यासों के पात्रों के आचार-विचार, रहन-सहन, वेशभूषा, विश्वास तथा उनकी अन्य सामाजिक, आर्थिक एवं राजनैतिक क्रियाएँ, अंचल-विशेष से संयुक्त रहती हैं। वे अपने अंचल में पनपते, खेलते और वृद्धि प्राप्त करते हुए वहीं के संघर्षों से जूझते देखे जाते हैं। इस प्रकार आंचलिक उपन्यासों के पात्रों की परिभ्रमणता केवल अपने अंचल तक ही सीमित रहती है और इसी अंचल में इनका पूर्ण विकास होता है। उदाहरणार्थ 'मैला आँचल' (फणीश्वरनाथ रेणु) और 'जंगल के फूल' (राजेन्द्र अवस्थी) के पात्रों को देखा जा सकता है।

आंचलिक उपन्यासों का कथानक अपने अंचल से ही सम्बन्धित होता है। कथानक का पूर्ण विकास इसी अंचल में होता है। इस प्रकार घटनाओं तथा कार्यों की शृंखला अंचल की धरती से संलग्न रहती है, जबकि अन्य उपन्यासों का कथानक पात्रों के साथ एक नगर से दूसरे नगर तथा एक भूखंड से दूसरे भूखंड में भ्रमण करता हुआ देखा जाता है। इस प्रकार क्षेत्रीय परिवेश से कथानक का विलगाव ही उसे आंचलिकता से पृथक कर देता है। इस दृष्टि से 'काका' (रांगेय राघव) एवं 'बलचनमा' (नागार्जुन) उपन्यास के कथानक देखे जा सकते हैं।

'काका' उपन्यास के कथानक का आंचलिक परिवेश मथुरा नगर है। प्रस्तुत उपन्यास की सम्पूर्ण घटनाओं की शृंखला प्रारम्भ से लेकर अन्त तक इस अंचल से सम्बन्धित है, जबकि 'बलचनमा' के कथानक का आंचलिक परिवेश दरभंगा जनपद का 'रामपुर' नामक गाँव है, जहाँ उपन्यास की घटनाएँ घटित होती हैं, लेकिन कालान्तर में इन घटनाओं का सम्बन्ध पटना नगर से जोड़ा जाता है। इस प्रकार प्रस्तुत उपन्यास का कथानक परिवेश की दृष्टि से असफल-सा लगता है, जबकि एक ही परिवेश से सम्बन्धित होने के कारण 'काका' कथानक की दृष्टि से पूर्ण सफल कृति कही जा सकती है।

आंचलिक उपन्यासों की सर्वाधिक महत्त्वपूर्ण विशेषता दृश्ययोजना होती है। आंचलिक उपन्यासकार अंचल की एक-एक इंच भूमि के साथ प्रगाढ़ भौगोलिक परिचय रखता है। इस परिचय के साथ-साथ भौगोलिक क्षेत्र के प्राकृतिक उपादानों का भी ज्ञान अत्यन्त आवश्यक होता है, क्योंकि इन्हीं प्राकृतिक उपादानों के चित्रण की सहायता से वह उपन्यास के अंचल विशेष को निखारता एवं उभारता है। इस प्रकार के चित्रणों के अध्ययनमात्र से ही ज्ञात हो जाता है कि अमुक क्षेत्र अमुक स्थान पर है। उसकी भौगोलिक स्थिति इस प्रकार है। इसी भौगोलिक संकेत तथा प्रकृति-चित्रण के कारण वर्णित क्षेत्र या भूखंड देश के अन्य भू-भागों से स्पष्ट विलग दिखाई देता है और यही विलगाव आंचलिक उपन्यास की कसौटी है।

आंचलिक उपन्यासों का परिवेश क्षेत्रीय होता है। अस्तु, क्षेत्रीय भाषा तथा

बोली का स्पष्ट प्रभाव इनमें देखा जा सकता है। उपन्यास ही प्रभुविष्णुता की अभिवृद्धि में स्थानीय भाषा के शब्दों का प्रयोग श्लाघनीय है। पात्रों के कथोपकथनों में स्थानीय भाषा का प्रयोग स्वाभाविकता की अभिवृद्धि करता है। जहाँ बिहार प्रान्त के अंचल पर आधारित उपन्यासों में (मैला आँचल, बलचनमा, परती परिकथा, नयी पौध, वरुण के बेटे) आदि में भोजपुरी एवं मैथिली भाषा के शब्दों, लोकोक्तियों तथा मुहावरों का बाहुल्य दिखाई देता है, वहीं बम्बई (मुम्बई) क्षेत्र पर लिखे गये उपन्यास—'सागर, लहरें और मनुष्य' (उदयशंकर भट्ट) में बम्बइया हिन्दी का प्रयोग हुआ है, जिसमें मराठी शब्दों एवं लोकोक्तियों का प्रभाव देखा जा सकता है। पर्वतीय क्षेत्र पर लिखे गये उपन्यास 'हौलदार', 'मुख सरोवर के हंस' (शैलेश मटियानी) में पहाड़ी बोली के शब्द, मुहावरे एवं कहावतें उपलब्ध होती हैं। अवध क्षेत्र पर आधारित उपन्यास—'बूँद और समुद्र' तथा 'जीवन : आग और आँसू' (डॉ. बैजनाथ गुप्त) में अवधी भाषा के शब्दों का प्रयोग मिलता है। 'काका' (रांगेय राघव) नामक उपन्यास में ब्रजभाषा का सुन्दर प्रयोग मिलता है।

डॉ. रामकुमार वर्मा ने आंचलिक उपन्यासों की भाषा का उल्लेख करते हुए लिखा है कि—"बात रह जाती है आंचलिकता में तोला, माशा, रत्ती की यानी कितनी सीमा तक वहाँ के शब्दों में, बोली, रीति-रिवाज, लोकगीत, आचार-विचार आदि का उपयोग उपन्यास में किया जाये। मैं सोचता हूँ, यह बात सिखाने-पढ़ाने की नहीं है। एक कुशल व्यापारी बिना लिखे बाटों में भी तोला, माशा और रत्ती के बाट चुनना जानता है। जाने न जाने वह अभी पक्का बनिया नहीं बना, जो पक्का या पूरा नहीं है उसे अधकचरा कहा जाता है। अधकचरा ज्ञान ख़राब होता है, और अधकचरी बातें भी, कूड़ा-करकट पर साहित्य के खम्भे न कभी खड़े हुए हैं, और न कभी हो सकते हैं।"

उपन्यास के माध्यम से लेखक जिस चित्र को प्रस्तुत करना चाहता है, वह विषय के अन्तर्गत आता है। इस प्रकार आंचलिक उपन्यासों का विषय भी अंचल-विशेष से सम्बद्ध होता है। "अंचल की भौगोलिक संस्कृति के वातावरण में होनेवाले मानवीय कार्य-कलापों का यथाचित्र घटना के रूप में लिखा जाता है और इन घटनाओं को सभ्यता के ऐतिहासिक एवं वैज्ञानिक विकास की कसौटी पर रखकर एक सांस्कृतिक दृष्टिकोण बनाया जाता है।" 'बूँद और समुद्र' में विषय के रूप में नारी समस्या को प्रस्तुत किया गया है, जो कि आंचलिक विषय न होकर एक सार्वभौमिक विषय है। अत: विषय की दृष्टि से इसे सफल आंचलिक उपन्यास नहीं कहा जा सकता, जबकि 'मैला आँचल' और 'जंगल के फूल' इस दृष्टि से श्रेष्ठ आंचलिक उपन्यास कहे जा सकते हैं। क्योंकि इनमें उपन्यासकार ने वर्णित क्षेत्र (अंचल) की राजनैतिक, सामाजिक एवं सांस्कृतिक परिस्थितियों

को उभारकर विषय के रूप में प्रस्तुत किया है। अस्तु, इन्हीं तत्त्वों के आधार पर हम किसी उपन्यास को आंचलिक संज्ञा से अभिहित कर सकते हैं, किन्तु यह आवश्यक नहीं है कि सम्पूर्ण तत्त्व प्रत्येक आंचलिक उपन्यास में प्राप्त हो ही जायें।

अन्य भाषाओं के आंचलिक उपन्यास

अँग्रेज़ी साहित्य में आंचलिक उपन्यासों का प्रादुर्भाव सर्वप्रथम श्री चार्लेट ब्रांटी के उपन्यास 'शर्ले' से स्वीकार किया जाता है, जिसका प्रकाशन सन् 1848 ई. में हुआ था। इसका परिवेश 'यार्कशायर' है। इसके उपरान्त जार्ज इलियट (एडमबीड), अर्नाल्ड बन्नेट (अन्ना ऑफ दी फाइव टाउन्स), टामस हार्डी (टेस, वुडलैंडर्स, ए पेयर ऑफ ब्लू आइज) आदि के आंचलिक उपन्यास अँग्रेजी साहित्य में देखे जा सकते हैं।

किन्तु कतिपय विद्वानों का अभिमत है कि आंचलिक उपन्यासों का जन्म सर्वप्रथम अमेरिका में हुआ। उनका कहना है—'उपन्यास में आंचलिकता का आन्दोलन वस्तुतः अमरीकी साहित्य से प्रारम्भ होता है। सामान्यतः आंचलिक शब्द केथर, फॉकनर, स्टेनवेक की रचनाओं के लिए लागू किया गया। इनका दावा है कि, ''नये औपन्यासिक दृष्टिकोण का आधार संयुक्त राज्य अमेरिका के किसी ख़ास क्षेत्र की भौगोलिक तथा आर्थिक, सांस्कृतिक ख़ासियत है। ऐसे क्षेत्र को व्यक्त करने के लिए वैज्ञानिक माध्यम अपनाया गया है।''...अट्ठारहवीं शताब्दी के उत्तरार्ध में 'विटहार्ट' के उपन्यासों के ज़रिये स्थानीयता को वातावरण के रूप में ग्रहण करने की नयी प्रथा अमरीकी उपन्यासों में चली। वस्तुतः 'विटहार्ट' ने ही आधुनिक आंचलिकतावाद को जन्म दिया।

इस प्रकार उपर्युक्त कथनों के माध्य से हम इस निष्कर्ष पर पहुँचते हैं कि अमरीकी साहित्य के उपन्यासों में आंचलिकता का जन्म अँग्रेज़ी साहित्य से पहले हुआ। किन्तु भारत में सर्वप्रथम आंचलिक उपन्यासों का जन्म बंगाल में हुआ जिसके मूल में अँग्रेज़ी के आंचलिक उपन्यासों की प्रेरणा कही जा सकती है।

बांग्ला साहित्य में आंचलिक उपन्यासों की दृष्टि से शरत्चन्द्र को स्मरण किया जा सकता है। इन्होंने अपने 'पल्ली समाज' में गाँव के सामाजिक संगठन का जो चित्र खींचा है, वह अन्यत्र दुर्लभ है। फिर इनके वंशधर के रूप में आगे जाने वाले बांग्ला लेखक श्री ताराशंकर, विभूति भूषण, मानिक बन्द्योपाध्याय, सतीनाथ भादुड़ी आदि नये कथाकारों ने अत्यधिक प्रगति की। ताराशंकर का 'आरोग्य निकेतन' एवं विभूति बाबू का 'आरण्यक' आदि उपन्यास आंचलिक दृष्टि से अत्यन्त सफल कहे जा सकते हैं।

...श्री भादुड़ी ने 'ढोढ़ाय चरित मानस' में 'पूर्णिया' के पिछड़ी जातियों के चन्द आंचलिक परिवेश के ज़रिये वहाँ की ज़िन्दगी को अच्छी तरह प्रस्तुत किया है।...इन उपन्यासकारों ने अपने ग्रामांचलों में अपनी नयी क्रान्तिकारी, सामाजिक, राजनैतिक विचारधाराओं को ही प्रतिपादित किया है, जिनका आंचलिक संस्कृति के रहस्योद्घाटन से कम ही नाता-रिश्ता है।

इसके उपरान्त इस दिशा में ओड़िया भाषा के लब्धप्रतिष्ठित लेखक गोपीनाथ महान्ती की 'अमृत सन्तान' एक उल्लेखनीय कृति है। इस उपन्यास को विश्व के प्रथम श्रेणी के आंचलिक उपन्यासों की कोटि में रखा जा सकता है। प्रस्तुत उपन्यास उड़ीसा के आदिवासियों (दक्षिणी जंगल) के जीवन पर आधारित है। "आंचलिक उपन्यास की परिभाषा के अनुसार इस उपन्यास में सारा अंचल ही पात्र बन गया है। दिन-प्रतिदिन की घटनाएँ, पर्व, त्योहारों की प्रतिक्रियाएँ आदि को एक साधारण अन्तर्गामिनी कथा-सूत्र में गूँथकर यह उपन्यास उस अंचल के आदिवासी जीवन का बहुत ही उत्तम मानव शास्त्रीय सर्वे प्रस्तुत करता है।"

उपर्युक्त तथ्यों पर विचार करने के उपरान्त हम इस निष्कर्ष पर पहुँचते हैं कि हिन्दी में आंचलिक उपन्यासों का आविर्भाव बांग्ला के आंचलिक उपन्यासों की प्रेरणा से हुआ है। यद्यपि इनके सृजन की पृष्ठभूमि में देश की राजनीतिक एवं सामाजिक परिस्थितियों की भी उपेक्षा नहीं की जा सकती।

हिन्दी का पहला आंचलिक उपन्यास

जैसा कि पूर्व में कहा जा चुका है कि 'मैला आँचल' के पूर्व हिन्दी साहित्य में अनेक आंचलिक उपन्यासों का सृजन हो चुका था, किन्तु उस समय इस धारा का नामकरण नहीं किया गया था, इसलिए उन्हें आंचलिक नहीं कहा गया। उदाहरण के लिए 'बलचनमा', 'नयी पौध' (नागार्जुन), 'काका' (रांगेय राघव), 'बहती गंगा' (शिवप्रसाद मिश्र 'रुद्र') तथा 'देहाती दुनिया' (आचार्य शिवपूजन सहाय)।

तदुपरान्त आंचलिक उपन्यासों पर चर्चा-परिचर्चा होने के बाद लोगों की दृष्टि अतीत के उपन्यासों पर पहुँची और आंचलिक तत्त्वों के आधार पर कुछ विद्वानों ने आचार्य शिवपूजन सहाय कृत 'देहाती दुनिया' उपन्यास को जो 1926 में लिखा गया था—हिन्दी का प्रथम आंचलिक उपन्यास स्वीकार किया। उनका कथन है, 'देहाती दुनिया' अपने ढंग का एक सुन्दर आंचलिक उपन्यास है। उस समय इसका मूल्यांकन भले ही न किया गया हो किन्तु आज आंचलिकता की परम्परा में वह प्रथम उपन्यास स्वीकार किया जाता है।

उपर्युक्त तथ्यों के आधार पर हम इस निष्कर्ष पर पहुँचते हैं कि आंचलिक

उपन्यासों से मिलते-जुलते उपन्यासों का सृजन हिन्दी साहित्य में 'रेणु' के आगमन से पूर्व हो चुका था, किन्तु उन्हें आंचलिक नहीं कहा जाता था। जहाँ तक 'देहाती दुनिया' की आंचलिकता का प्रश्न है, उसमें उन तत्त्वों का समावेश है जिसके आधार पर हम किसी कृति को आंचलिक कह सकते हैं। किन्तु शिल्प की दृष्टि से उसमें वह नवीनता नहीं है, जो हमें आंचलिक उपन्यासों में परिलक्षित होती है। फिर भी इसे हिन्दी का प्रथम आंचलिक उपन्यास स्वीकार किया जा सकता है। ऐसा कुछ विद्वानों का मत है।

इतिहासकार अधिकतर एकमत नहीं होते। इसलिए हिन्दी के पहले आंचलिक उपन्यास का निर्धारण अत्यन्त कठिन कार्य है। 1954 में 'मैला आँचल' के प्रकाशन से इस नवीन विधा का सूत्रपात माना गया, परन्तु इससे पूर्व के ग्राम्य कथा साहित्य में इसके बीज विद्यमान थे। जगन्नाथ प्रसाद चतुर्वेदी की 'बसन्त मालती' (1919), हरिऔध का 'अधखिला फूल' (1907), शिवपूजन सहाय का 'देहाती दुनिया' (1926), मन्नन द्विवेदी कृत 'रामलाल' (1914), वृन्दावन लाल वर्मा का 'मृगनयनी', प्रेमचन्द का 'गोदान' इत्यादि अनेक उपन्यासों में आंचलिक प्रवृत्ति की उद्‌भावना देखी जा सकती है परन्तु इसका स्वस्थ एवं पूर्ण विकास काल में हुए 'मैला आँचल' के प्रकाशन के पश्चात् तो इसने एक रूप धारण कर लिया। प्रेमचन्द के उपन्यासों में गहरा स्थानीय रंग है। प्रेमचन्द ग्रामीण जीवन के चितेरे माने गये हैं। ग्रामीण जीवन का पारदर्शी चित्र साकार करनेवाले वे प्रथम व्यक्ति थे। इतना सब होते हुए भी उनके उपन्यास आंचलिक नहीं माने जा सकते क्योंकि गाँव का चित्रण करना उनका साध्य नहीं था। साधन भर था। 'गोदान' में किसी विशेष गाँव का नहीं अपितु ग्रामांचलों का चित्रण एक साथ हुआ है। प्रेमचन्द के समय में ब्रिटिश साम्राज्य के विरुद्ध भारतीय राष्ट्रीय आन्दोलन अपने उत्कर्ष पर था। अत: उनके उपन्यासों में राष्ट्रीयता का महत्त्व अधिक मिलता था। प्रेमचन्द आदर्शवादी भी थे। गाँव की बहुत-सी असलियत वे इसी कारण स्पष्ट रूप से नहीं लिख सके, दूसरे गाँव के प्रत्येक कोण का सजीव चित्रण करने का अवकाश उनके पास नहीं था क्योंकि उनकी समस्या राष्ट्रीय आन्दोलन को बल देने की अधिक थी। किन्तु प्रेमचन्द का दृष्टिकोण पर्याप्त नहीं है और केवल शोषण का आर्थिक पहलू ही देखना काफी नहीं है। जहाँ प्रेमचन्द के ज़माने में कृषकों के शोषण और परेशानियों का एकमात्र केन्द्र ज़मींदार होता था, वहाँ देश की स्वतन्त्रता के बाद वह केन्द्र एक से अनेक हो गये हैं। ज़मींदारी उन्मूलन के बाद दलबन्दियाँ बढ़ी हैं। शोषण और भ्रष्टाचार का रूप बदला है। परन्तु ऐसा नहीं हुआ कि उसके अनुपात में कोई अन्तर आया हो। स्वातन्त्रयोत्तर भारतीय जीवन का यथार्थ जटिल एवं बहुआयामी था और आंचलिक कथाकारों ने अलग-

अलग स्तरों पर इस यथार्थ को संवेदनात्मक संस्पर्श से रेखांकित किया है। वृन्दावन लाल वर्मा के उपन्यासों में बुन्देलखंड का सामान्य जन-जीवन चित्रित है परन्तु यह चित्रण स्थानिक रंगत और भौगोलिक परिवेश की सजीवता के लिए किया गया है। उनका उद्देश्य अंचल को रूपायित करने का क़तई नहीं था, भौगोलिक पृष्ठभूमि को प्राणवान बनाने के लिए ही प्राकृतिक परिवेश की सर्जना की गयी है। कोहबर की शर्त, गंगा मैया, रामलाल इत्यादि उपन्यासों में भी आंचलिकता के तत्त्व अपरिपक्व होने का अहसास दे जाते हैं परन्तु वास्तव में ये प्रादेशिक अवश्य है पर आंचलिक नहीं। वास्तव में, भारतेन्दु युग में इसका बीज वपन हुआ, प्रेमचन्द युग में अंकुरण और पल्लवन हुआ प्रेमचन्द युग के बाद।

शुद्ध आंचलिक उपन्यासों का आरम्भ नागार्जुन से माना जाता है, हालाँकि रेणु ने सर्वप्रथम इस नवीन विधा का विधिवत् नामकरण किया। डॉ. गणपतिचन्द्र गुप्त के शब्दों में—"आंचलिक संज्ञा का आविष्कार फणीश्वरनाथ रेणु द्वारा उनके 'मैला आँचल' (1954) की भूमिका में हुआ, किन्तु इस परम्परा का सूत्रपात इससे पूर्व ही नागार्जुन के उपन्यासों द्वारा हो चुका था। प्रेमचन्द के 'प्रेमाश्रम', 'रंगभूमि', 'गोदान' आदि को तथा वृन्दावन लाल वर्मा के अनेक उपन्यासों को भी इस परम्परा में स्थान दिया जा सकता है—किन्तु उनमें आंचलिकता को इतना अधिक महत्त्व नहीं दिया गया—जो कि परवर्ती उपन्यासों की विशिष्टता का द्योतक है। इसीलिए विशुद्ध आंचलिक उपन्यासों की परम्परा नागार्जुन से ही शुरू होती है।"

कुछ विद्वानों ने मन्नत द्विवेदी के 'रामलाल' तथा शिवपूजन सहाय के 'देहाती दुनिया', 'जेठानी की कहानी' (पं. गौरी दत्त) को भी हिन्दी का प्रथम आंचलिक उपन्यास कहा है। 'बहती गंगा' में नागरिक समस्याओं का प्रधान्य है तथा 'देवरानी जेठानी' की कहानी में स्थानीय बोली के अतिरिक्त अन्य कोई आंचलिक तत्त्व नहीं मिलता। अत: मात्र बोली के आधार पर किसी कृति को आंचलिक नहीं माना जा सकता।

परन्तु कई आलोचकों का मत है कि मात्र स्थानीय रंगत या आंचलिक तत्त्वों का समावेश होने से ही कोई उपन्यास आंचलिक नहीं कहा जा सकता। यदि आंचलिक उपन्यास की यही कसौटी है तो प्रेमचन्द तथा अन्य ग्रामीण कथाकारों के सभी उपन्यासों को आंचलिक उपन्यास की श्रेणी में रखना पड़ेगा, क्योंकि ग्राम्य जीवन पर आधारित उपन्यासों में कोई एक-आध उपन्यास ही ऐसा निकलेगा जो स्थानीय रंगत से अछूता हो। यही कारण है कि कुछ समीक्षकों को भ्रम हो गया कि वृदावन लाल वर्मा के उपन्यास ऐतिहासिक हैं और उसकी पृष्ठभूमि में बुन्देलखंड का सजीव चित्रण किया गया है जो प्रादेशिक तो अवश्य है परन्तु आंचलिक नहीं। डॉ. रामविलास शर्मा ने ठीक ही कहा है, "उनके उपन्यासों

में बुन्देलखंडीहपन ख़ूब है, लेकिन मैं उन्हें आंचलिक उपन्यासकार न कहूँगा।''

समीक्षकों ने वृन्दावन लाल वर्मा की अपेक्षा नागार्जुन को ही प्रथम आंचलिक उपन्यासकार के रूप में ग्रहण करने पर अधिक बल दिया है। नागार्जुन एक समाजवादी कथाकार के रूप में प्रतिष्ठित हैं। यद्यपि उन्होंने आंचलिक की दृष्टि से कभी नहीं लिखा फिर भी अनायास ही उनके समाजवादी उपन्यासों में आंचलिक रंग अधिक गहरा एवं व्यापक है। डॉ. आदर्श सक्सेना मानते हैं, ''नागार्जुन के उपन्यासों में यदि भाषा-शैली तत्त्व को छोड़ दें तो शायद आंचलिक न लगें।'' उनकी कथा एक विशिष्ट अंचल से ली गयी है परन्तु फिर भी उस अंचल की समूची संश्लिष्ट ज़िन्दगी की अभिव्यक्ति उसमें नहीं होती। इन सभी तर्कों के बावजूद हिन्दी की आंचलिक उपन्यास परम्परा में उनके योगदान को नकारा नहीं जा सकता। इसी कारण समीक्षकों के बीच फणीश्वरनाथ रेणु के 'मैला आँचल' को हिन्दी के पहले आंचलिक उपन्यास का गौरव देने की मान्यता लोकप्रिय रही है। 'मैला आँचल' में आंचलिक उपन्यास की श्रेष्ठ विशेषताएँ एकत्र हैं, लेकिन इसके सूत्र 1926 में प्रकाशित शिवपूजन सहाय के उपन्यास 'देहाती दुनिया' में लक्षित होते हैं। डॉ. श्यामसुन्दर घोष के अनुसार, ''इसके लेखक ने इसे 'उपन्यास' न कहकर ठेठ देहात का औपन्यासिक चित्र कहा है। इसलिए, इसका मूल्यांकन एक प्रेमचन्दयुगीन उपन्यास मानकर जो आंचलिक उपन्यास के रूप में किया जाना समीचीन है।'' यदि किसी आंचलिक उपन्यास में बोली, संस्कृति और रीति-रस्म की क्षेत्रीय जीवन्तता नहीं है, तो वह आंचलिक उपन्यास होने का दावा नहीं कर सकता। इस कसौटी पर 'देहाती दुनिया' एक आंचलिक उपन्यास—हिन्दी का पहला आंचलिक उपन्यास है।

हिन्दी में आंचलिक उपन्यासों की परम्परा

1926 में प्रकाशित शिवपूजन सहाय के उपन्यास 'देहाती दुनिया' से हिन्दी में आंचलिक उपन्यासों का श्रीगणेश हुआ और 1954 में प्रकाशित फणीश्वरनाथ रेणु के उपन्यास 'मैला आँचल' से, आंचलिक उपन्यास की चर्चा बहस में आयी। राजेन्द्र अवस्थी ने कहा है, 'हमारे देश के विभिन्न अंचल ही हमारी संस्कृति के प्रतीक हैं। शहरों ने हमारी संस्कृति को कभी प्रभावित नहीं किया और न उनके बलबूते पर एक विराट सांस्कृतिक धारा बन पाई।' स्वतन्त्रता से पूर्व आंचलिक उपन्यास की सर्जना के लिए अनुकूल परिस्थितियाँ उपलब्ध नहीं थीं क्योंकि देश आर्थिक तथा साम्प्रदायिक संकट के दौर से गुजर रहा था। फ्रॉयड तथा मार्क्स के दर्शन से प्रेरित होकर लेखकों ने मनोवैज्ञानिक यथार्थवादी तथा व्यक्तिवादी उपन्यासों का ढेर-सा लगा दिया। प्रेमचन्द का ग्रामीण यथार्थ इस बोझ के नीचे दब-सा

गया। जब कोई प्रवृत्ति अति पर पहुँच जाती है तब दूसरी प्रवृत्तियाँ उसकी तुलना में अधिक आकृष्ट करती हैं। नागरिक जीवन कृत्रिम एवं नाटकीय भाव प्रदर्शन के कारण रसहीन लगने लगा और उसकी तुलना में गाँवों की आत्मीयता तथा सहजता ने लेखकों को आकृष्ट किया। इस प्रकार प्रेमचन्दोत्तर काल के लेखक अपनी सीमित मान्यताओं एवं कुंठाओं से ऊपर न उठ सके। इस व्यक्तिवाद के विरोध में और विद्रोह स्वरूप ही हिन्दी उपन्यास में एक ऐसी चेतना-लहर उठी जो जीवन की स्वाभाविक दुर्बलता एवं सबलता के साथ देश के नवोन्मेष के स्वागतार्थ उत्सुक थी। नवीनता के इस आग्रह ने ही लेखकों का ध्यान नागरिक जीवन से हटाकर दूरवर्ती विलक्षण समाज की ओर आकर्षित किया। इन्हीं उपन्यासों ने आगे चलकर आंचलिक उपन्यासों की संज्ञा ग्रहण की। व्यक्तिवादी उपन्यासों से जो एक बासीपन आ गया था वह आंचलिक कथा साहित्य के आगमन से एक नई ताजगी में परिवर्तित हो गया। लेखकों ने लेखन की पुरानी परिपाटी को छोड़कर नयी दिशा की ओर कदम बढ़ाया। डॉ. रामदरश मिश्र ने लिखा है, ''एक ओर साहित्य अनुभव की प्रामाणिकता की आवाज उठा रहा था, दूसरी ओर स्वतन्त्र भारत में उपेक्षित और महत्त्वहीन माने जानेवाले गाँवों और जंगलों की महत्ता का उदय हो रहा था। दोनों का संगम हुआ आंचलिक कथाओं में।''

आंचलिक उपन्यास के प्रादुर्भाव का एक कारण यह भी है कि पहली बार हिन्दी साहित्य में लेखकों की एक ऐसी जमात आयी जो गाँवों के कृषक परिवारों से सम्बद्ध थी। अत: ग्राम्य जीवन के प्रति यह रुझान स्वाभाविक ही था। हिन्दी के नये-नये लेखकों ने हठात् अनुभव किया कि नगरों में उलझे हुए कुंठाग्रस्त और अपेक्षाकृत सहानुभूतिहीन जीवन की अपेक्षा शायद देहात के सहज सरल जीवन में आत्मीयता अधिक है और जीवन की नाटकीयता भी। दूसरा, प्रेमचन्द युग में साहित्य का प्रमुख केन्द्र देहाती जीवन था, परन्तु प्रेमचन्द के बाद यह प्रश्न उपेक्षित रह गया। अत: इस उपेक्षित पक्ष की ओर दृष्टिपात कर नये भाव जगत् की उपलब्धि करने का मोह लेखकों में दिखायी पड़ता है। इसके बाद ही हिन्दी में स्वातन्त्र्योत्तर उपन्यासों का विराट विस्तार सामने आया, जब आंचलिक उपन्यास भी विभिन्न कोटियों में विपुल मात्रा में रचे जाने लगे। अंचल और आंचलिकता के अभिलक्षणों से सराबोर आंचलिक उपन्यासों में नागरिक पृष्ठभूमि के उपन्यास हैं तो ठेठ ग्रामीण संस्पर्श के उपन्यास हैं। इनमें जातीय और जनजातीय विशेषताओं को उभारने वाले उपन्यास हैं, तो अंचल विशेष के निवासियों की मौलिकता अभिव्यक्त करनेवाले उपन्यास भी हैं। ये सारे आंचलिक उपन्यास अपने स्वीकृत अंचल या क्षेत्र विशेष की विभिन्न हलचलों और अन्तर्दशाओं को साकार करते हैं। कथाकारों ने पूरी जागरूकता के साथ जीवन और मानवीय व्यवहार की

आंचलिक क्षमता को आंचलिक उपन्यासों में मूर्त किया है।

ग्रामीण पृष्ठभूमि पर आधारित अपने आंचलिक उपन्यासों के साथ नागार्जुन ने भारत की आजादी के बाद एक नयी शुरुआत की। अपने पहले आंचलिक उपन्यास 'रतिनाथ की चाची' (1948) से लेकर 1963 में प्रकाशित 'उग्रतारा' तक नागार्जुन का कथा-संसार आंचलिक संस्पर्श का विलक्षण उदाहरण है। 'बलचनमा' (1952) में अपनी असफल समाजवादी क्रान्ति के उपरान्त वे युवा पीढ़ी के द्वारा 'नयी पौध' (1953) में अहितकारी सामाजिक रूढ़ियों के विरुद्ध संग्राम छेड़ते हैं 'बमपाटी' के युवक तिरहुतिया ब्राह्मणों की प्राचीन विवाह-प्रथा को तोड़कर नये प्रकार के विवाह का सुधारवादी रूप प्रस्तुत करते हैं। 'बाबा बटेसरनाथ' (1954) में वे किसान और जमींदार के संघर्ष को ऐतिहासिक पृष्ठभूमि में चित्रित करते हैं, जिसमें कथावाचक का काम एक पुराना बरगद का पेड़ करता है। 'दुखमोचन' (1957) में लेखक ने एक आदर्श सामाजिक कार्यकर्ता के माध्यम से गाँव की समस्याओं का समाधान कराया है। दलगत संघर्षों का समाधान करते हुए दुखमोचन गाँव में शान्ति और सामाजिक न्याय की स्थापना करता है।

रेणु के उपन्यासों में कथा-नायक प्रकट नहीं होता, और जो नायक की भाँति प्रतीत होता है, वह होता है आंचलिक जीवन का निरीक्षण बिन्दु—जहाँ से स्थान विशेष के मानव समुदाय के विशिष्ट कार्यकलापों को विस्तार एवं स्पष्टता से देखा जा सकता है। 'मैला आँचल' (1954) के डॉ. प्रशान्त और 'परती परीकथा' (1957) के जितन इन उपन्यासों के नहीं हैं, वे केवल माध्यम हैं, दूरबीन की तरह जिसके जरिये देखने से मैरीगंज और परानपुर गाँवों का 'पैनोरैमिक' दृश्य आँखों के सामने फैल जाता है। प्रशान्त और जितन दोनों ही शिक्षित एवं अभिजात्य वर्ग के होने के कारण गाँवों के सामान्य जीवन से पृथक् ही रहते हैं जिसमें ग्रामीण जीवन पर दृष्टि निक्षेप करने के लिए आवश्यक दूरी और ऊँचाई प्राप्त हो जाती है। प्रशान्त की अपेक्षा जितने ग्रामीण जीवन के अधिक निकट है इसलिए 'परती परीकथा' में जीवन की ऊष्मा और संघर्षों की यथार्थता अधिक प्रभावशाली बन पड़ी है और आंचलिक जीवन अधिक प्रखरता से प्रस्तुत हुआ है। रेणु का तीसरा उपन्यास 'जुलूस' (1965) है, जिसमें लेखक ने बंगाली शरणार्थियों और स्थानीय बिहारियों के पारस्परिक सम्बन्धों के आधार पर कथा की रचना की है। ऐसा करने के लिए लेखक ने दोनों पक्षों के पूर्वाग्रहों और संकीर्ण मूल्यों के बीच उत्पन्न संघर्षों का चित्रण किया है।

रेणु के बाद बलभद्र ठाकुर का नाम आंचलिक उपन्यासकारों में प्रमुख है। ठाकुर ने हिमालय के लोक-जीवन पर अनेक रोचक उपन्यास लिखे हैं जिन्हें अच्छे आंचलिक उपन्यासों की कोटि में रखा जा सकता है। इनके उपन्यास

'आदित्यनाथ' (1958) और 'देवताओं के देश में'। (1959) कुल्लू घाटी के जन-जीवन को प्रस्तुत करते हैं। जिनसे घाटी के लोगों के रहन-सहन और रीति-रिवाजों का अच्छा परिचय प्राप्त होता है। 'नेपाल की वो बेटी' (1959) में लेखक ने पश्चिमी नेपाल के मध्यवर्गीय लोगों का विस्तृत चित्रण किया है। ठाकुर एक अच्छे घुमक्कड़ हैं और इन्होंने हिमालय और मणिपुर की विस्तृत यात्राएँ की हैं जिनके फलस्वरूप इन्होंने इन स्थानों पर अन्य अनेक उपन्यासों की रचना की है। अल्मोड़ा और कुमायूँ के लोक-जीवन की पृष्ठभूमि सम्बन्धी शैलेश मटियानी के अनेक उपन्यास हिन्दी जगत् में प्रख्यात हो चुके हैं। इनके उपन्यास 'हौलदार' (1960) और 'चिट्ठीरसैन' (1961) 'सैटिंग' की दृष्टि से आंचलिक उपन्यासों के अन्तर्गत आते हैं यद्यपि ये इन अंचलों के समग्र जीवन को नहीं प्रस्तुत करते। 'हौलदार' उपन्यास के प्रारम्भ में लेखक ने स्वयं स्वीकार करते हुए सूचित किया है कि, ''हौलदार', 'चिट्ठीरसैन' में मैंने अल्मोड़ा के जन-जीवन के सामाजिक-आर्थिक पहलुओं के गहन-व्यापक स्तरों को नहीं छुआ है। 'जिबूका', 'सरूली', 'संयाल-कोसी' और 'लाम' और 'बुरूंश के फूल' आदि अपने नये उपन्यासों में मैं वहाँ के जन-जीवन के सर्वांगीण बिम्बों को रूपायित करने का प्रयास कर रहा हूँ।' अपने उपन्यास 'चौथी मुट्ठी' (1962) में मटियानी ने कुमायूँ अंचल के लोगों की गोलू देवता में अगाध श्रद्धा को प्रस्तुत किया है जिनके आदेश के बिना वहाँ के लोग कोई भी महत्त्वपूर्ण काम नहीं करते।

रामदरश मिश्र का उपन्यास 'पानी के प्राचीर' (1961) गोरखपुर जिले के एक छोटे गाँव पांडेपुर की कथा है जिसमें स्वतन्त्रता प्राप्ति के पहले की अनेक समस्याओं और सामाजिक एवं आर्थिक स्थितियों का विस्तृत चित्रण हुआ है। इनका दूसरा उपन्यास 'जल टूटता हुआ' (1969) पहले उपन्यास का पूरक है या दूसरे भाग की तरह आया है जिसमें कालान्तर से स्वतन्त्रता के बाद के उसी क्षेत्र के ग्रामीण जीवन का अंकन हुआ है। लेखक ने ग्रामीण जीवन के सामाजिक एवं राजनीतिक तनावों, पारस्परिक वैमनस्य और लड़ाई-झगड़ों को विस्तार के साथ रूपायित किया है। इन वर्णनों में ग्रामों का रोमानी, सुन्दर और सरल जीवनवाला रूप न प्रस्तुत कर लेखक ने यथार्थवादी दृष्टि से काम लिया है और ग्रामीण जीवन के उन पक्षों को प्रकाश में रखा है जिनके कारण आजकल गाँवों में शान्ति से रहना असम्भव हो गया है। इन उपन्यासों के पढ़ने से कुल मिलाकर जो प्रभाव पड़ता है वह यह है कि गाँवों का जीवन न केवल दरिद्रता और अज्ञान का केन्द्र है, प्रत्युत पारस्परिक कलह और संघर्ष के कारण विशृंखल हो गया है। ये प्रेमचन्द की परम्परा के उपन्यास हैं।

भैरवप्रसाद गुप्त ने 'गंगा मैया' (1951), 'सती मैया का चौरा' (1958)

और 'धरती' (1964) जैसे उपन्यासों की रचना ग्रामीण जीवन की पृष्ठभूमि पर की है। इनके उपन्यास प्रेमचन्द के 'गोदान' की परम्परा में हैं जिनमें ग्रामीण जीवन को और भी अधिक विस्तार प्राप्त हुआ है। शिल्प की दृष्टि से इनके उपन्यास आंचलिक नहीं कहे जा सकते परन्तु 'गंगा भैया' में आंचलिकता की कुछ विशेषताएँ प्राप्त होती हैं।

शिवप्रसाद सिंह ने गाँवों के इसी टूटते एवं बिखरते हुए रूप को अपने उपन्यास 'अलग-अलग वैतरणी' (1967) में और भी विस्तार देकर गाँवों की स्थिति को निराशापूर्ण घोषित किया है।

मनहर चौहान का उपन्यास 'हिरना साँवरी' (1962) भी एक रोचक उपन्यास है जिसमें छत्तीसगढ़ के एक गाँव और कस्बे की पृष्ठभूमियों के साथ हिरना उर्फ लक्ष्मी के जीवन के चढ़ाव-उतारों को प्रस्तुत किया गया है। विवेकी राय का उपन्यास 'बबूल' (1967) डायरी शैली में लिखा गया है और महेसवा चमकार की दरिद्रता का रोजनामचा लिखने के लिए लेखक ने चित्रगुप्त महाराज के 'पर्सनल असिस्टेंट' (निजी सहायक) को स्कूल मास्टर के रूप में पच्चीस वर्ष के लिए अवतरित किया है, इन्हीं को डायरी के छब्बीस पन्ने 'बबूल' उपन्यास के रूप में प्रस्तुत हुए हैं। जितना प्रभावशाली बन्धन विवेकी राय ने बाँधा है यदि उपन्यास उसका आधा भी प्रभावशाली बन पड़ता तो न केवल महेसवा चमार का कल्याण हो जाता, प्रत्युत गाँव बाढ़नपुर का भी उद्धार हो जाता। रघुवर दयाल का उपन्यास 'त्रियुगा' (1967) में तिरहुत क्षेत्र में बहनेवाली त्रियुग नदी के बदलते हुए किनारों पर बसे हुए जन-समुदाय का चित्रण हुआ है। नदी के पानी के उतार-चढ़ाव के साथ तटवासी लोगों का जीवन दुःख-सुख की लहरों में आन्दोलित होता है। लोक-साहित्य प्रेमी और उत्साही यात्री देवेन्द्र सत्यार्थी ने मध्यप्रदेश के गोंड़ आदिवासियों से सम्बन्धित उपन्यास 'रथ के पहिये' (1953) की रचना की, जिसमें लेखक की रोमानी और आदर्शवादी दृष्टि की प्रमुखता है। उदयशंकर भट्ट ने बारसोवा की कोली मछुआ जन-जाति का विस्तृत निरूपण अपने प्रसिद्ध उपन्यास 'सागर, लहरें और मनुष्य' (1955) में किया है। इस उपन्यास की रचना के लिए लेखक ने तटवर्ती कोलियों के गाँवों का विशेष अध्ययन किया और एक समाजशास्त्री की भाँति सामग्री एकत्र करके कोलियों के जीवन का प्रामाणिक जीवनवृत्त प्रस्तुत किया। उपन्यास में कथा महत्त्वाकांक्षिणी नायिका रत्ना के साथ बारसोवा और बम्बई के बीच भटकती रहती है जिससे आदिवासी जाति के सभ्य समाज के बढ़ते हुए सम्बन्धों का भी परिचय प्राप्त होता है।

उपरोक्त विवेचन स्पष्टतः आंचलिक उपन्यासों के स्वरूप को दर्शाता है।

2

आंचलिक प्रवृत्ति का विकास

आंचलिकता की प्रवृत्ति हिन्दी उपन्यास साहित्य के लिए कोई नयी प्रवृत्ति नहीं है। वह हिन्दी साहित्य के प्रारम्भिक काल से ही दिखाई देती है। भारतेन्दु काल में इसका बीज पड़ा, प्रेमचन्द युग में अंकुरण हुआ और प्रेमचन्द युग के बाद पल्लवित हुआ।

आंचलिकता की प्रवृत्ति मानव की आज की प्रवृत्ति नहीं अपितु अत्यन्त प्राचीन प्रवृत्ति है। प्रत्येक व्यक्ति की, क्योंकि रुचि समान ही नहीं होती, अत: रुचि के अनुरूप मानव भिन्न-भिन्न परिवेशों में रहने लगा। विविध देश एवं प्रदेशों का जन्म उसकी इसी रुचि का परिणाम है। साहित्य जो कि मानव-जीवन की व्याख्या प्रस्तुत करता है, उससे कैसे वंचित रह सकता है। यही कारण है कि साहित्य की विविध विधाओं में यह प्रवृत्ति रूप में अवश्य पाई जाती है। उपन्यास इन विधाओं में मानव-जीवन को चित्रित करने का प्रमुख साधन है। अत: विश्व के उपन्यासों में यह प्रवृत्ति स्वाभाविक रूप से पाई जाती है।

हिन्दी उपन्यास साहित्य में आंचलिक प्रवृत्ति का बीज-वपन भारतेन्दु युग में हो गया था। इस दृष्टि से जगन्नाथ प्रसाद चतुर्वेदी द्वारा रचित 'वसन्त मालती' (1819) हिन्दी का वह प्रथम उपन्यास है जिसमें आंचलिकता का पुट मिलता है। इसका प्रतिपाद्य मुंगेर जिले का मलयपुर अंचल है। लेखक ने वहाँ के लोक-गीतों, लोकभाषा और प्राकृतिक वातावरण के निरूपण द्वारा आंचलिक तत्त्वों को समाविष्ट करने का प्रयास किया है। लेकिन ये तत्त्व हैं अपरिपक्व रूप में ही। इसके साथ ही इसमें अन्य उन तत्त्वों का अभाव है जिसके परिणामस्वरूप किसी उपन्यास को आंचलिक उपन्यास की संज्ञा से अभिहित कर सकते हैं।

अयोध्या सिंह उपाध्याय 'हरिऔध' का 'अधखिला फूल' (1907) भी इसी परम्परा का उपन्यास है। इसमें आंचलिकता के कुछ तत्त्व बीज रूप में विद्यमान हैं। इसमें लेखक ने प्रणय-कथा को चित्रित कर आदर्श-नारी का स्वरूप निर्धारित किया है। आंचलिकता की प्रवृत्ति के कुछ तत्त्वों की समाविष्टि रामचीज सिंह के 'वन विंहगिनी' (1909) में भी हुई है। यह उपन्यास उत्तम पुरुष प्रधान शैली

में लिखा गया। जिसमें लेखक ने आदिम जातियों के जीवन को उजागर किया है। प्राकृतिक वातावरण के चित्र भी अंकित हुए हैं, साथ ही कोल-कुमारियों के लोक-नृत्य, उनके लोकगीतों और उनकी लोक-भाषा में आंचलिकता के तत्त्व विद्यमान हैं। आंचलिक जीवन के चित्रण में लेखक के इस अनायास प्रयास में परवर्ती आंचलिक चित्रण का आविर्भाव देखा जा सकता है।

मन्नत द्विवेदी कृत 'रामलाल' (1914) को भी इसी परम्परा का उपन्यास कहा जा सकता है। इसमें लेखक ने ग्रामांचल की झाँकी प्रस्तुत करते हुए सामाजिक यथार्थ को चित्रित करने का प्रयत्न किया है। आंचलिक उपन्यास में लेखक लोक-जीवन के त्योहारों, मेलों, आदि का वर्णन भी करता है, जो इस उपन्यास में हुआ है। लोक-गीतों का भी समावेश हुआ है। ग्रामांचल की समस्याओं, आस्थाओं, विश्वासों, सुख-दु:खों, अन्धविश्वासों का चित्रण भी उपन्यास में हुआ है। सामन्ती व्यवस्था के टूटने और पूँजीवादी व्यवस्था के प्रभुत्व के स्वर प्रस्तुत उपन्यास में मुखरित हुए हैं। अधिकांश पात्र अंचल का प्रतिनिधित्व करते हैं, परन्तु कथा का क्षेत्र किसी विशेष अंचल में ही सीमित नहीं रह पाता। इस कारण यह आंचलिक उपन्यास नहीं कहा जा सकता। यद्यपि डॉ. बद्री प्रसाद ने लिखा है कि—"'रामलाल' हिन्दी का प्रथम श्रेष्ठ आंचलिक उपन्यास है। यदि 'रामलाल' को हिन्दी का प्रथम श्रेष्ठ आंचलिक उपन्यास मान लिया जाये तो 'मैला आँचल' कौन-सा श्रेष्ठ उपन्यास कहा जाएगा, क्योंकि इसी के प्रकाशन के पश्चात् हिन्दी के आंचलिक उपन्यासों का आंचलिक नामकरण हुआ। इस तरह प्रेमचन्द पूर्व-युग में आंचलिकता का बीज-वपन हो गया था। आंचलिकता के कुछ तत्त्वों का अपरिपक्व रूप या पुट इस युग में देखा जा सकता है। इस सम्बन्ध में डॉ. सक्सेना का अभिमत द्रष्टव है—"प्रेमचन्द पूर्व उपन्यास आंचलिकता के तत्त्वों से रहित हैं परन्तु उनके वातावरण चित्रण में परवर्ती आंचलिक चित्रण का प्रारम्भिक रूप देखा जा सकता है।' शिवपूजन सहाय की 'देहाती दुनिया' (1926) में भी आंचलिकता के अपरिपक्व तत्त्व देखे जा सकते हैं।

प्रेमचन्द युगीन उपन्यासों में आंचलिकता की प्रवृत्ति का अंकुरण देखा जा सकता है। स्वयं प्रेमचन्द जी के उपन्यासों में स्थानीय रंगत गहराई के साथ देखी जा सकती है। ग्रामांचलों के चित्रण में उन्होंने सच्चाई और संश्लिष्टता का परिचय दिया है। परन्तु उनके उपन्यासों की कथा में किसी विशेष अंचल का चित्रण नहीं हुआ है, बल्कि एक साथ कई गाँवों की झाँकियाँ अंकित की गयी हैं। यही नहीं उनकी कथावस्तु आवश्यकतानुसार शहरी परिवेश में भी संगुफित की गयी है। अनेक समकालीन उपन्यासकारों ने भी ग्राम समस्याओं को ही लिया है। लेकिन ये समस्याएँ ग्राम विशेष की न होकर ग्राम सामान्य की थीं। ये किसी विशेष

अंचल की समस्याएँ नहीं थीं। विशेष अंचल की परिधि ही आंचलिक उपन्यास की प्रमुख विशेषता है। जिसकी परिव्याप्ति प्रेमचन्द युगीन उपन्यासकारों में नहीं हो पाई। यद्यपि मुंशी प्रेमचन्द ने 'गोदान' (1936) में ग्राम जीवन का जो जीवन चित्रण प्रस्तुत किया है, वह आंचलिकता की कुछ विशेषताओं से युक्त है। होरी की कथा आंचलिक कथा है, पर उपन्यास की सम्पूर्ण कथा आंचलिकता का अतिक्रमण कर गयी। उनका प्रकृति-चित्रण भी स्थानीय रंग को गाढ़ा करता है। इस तरह उनके उपन्यासों की कुछ विशेषताएँ आंचलिक उपन्यासों के अनुरूप हैं।

'निराला' जी के उपन्यासों में भी स्थानिक रंग का गहरा पुट मिलता है। 'निरुपमा' (1936), 'चोटी की पकड़' (1946) आदि उपन्यासों में प्रादेशिकता को स्थान मिला है, परन्तु उनको हम आंचलिक उपन्यास नहीं कह सकते क्योंकि 'निराला' का उद्देश्य आंचलिकता की प्रवृत्ति के अनुरूप उपन्यास लिखना नहीं था, बल्कि ब्राह्मण वर्ग के प्रति घृणा का भाव चित्रित करना था। वे ब्राह्मणवादी नहीं थे। इसीलिए उन्होंने निम्न वर्ग का अपने उपन्यासों में सहानुभूतिपूर्ण जीवन-चित्रण किया है। अत: आंचलिकता के तत्त्वों का अंकुरण ही उनके उपन्यासों में देखा जा सकता है।

वृन्दावन लाल वर्मा के उपन्यासों में इसी तरह कुछ प्रवृत्तियाँ हैं जो आंचलिकता की प्रवृत्ति के अनुकूल पड़ती हैं। इसी भ्रम से कई आलोचक 'मृगनयनी' को आंचलिक उपन्यास मानने लग गये। उनके उपन्यासों में बुन्देलखंड का चित्रण उजागर हुआ। बुन्देलखंड के जन-जीवन को विगत की पृष्ठभूमि पर अंकित करने से उपन्यास ऐतिहाासिक उपन्यासों की परिधि में परिगणित कर लिये जाते हैं। बुन्देलखंड के प्रति विशेष प्रेम के कारण ही वर्मा जी ने अपने उपन्यासों में स्थानिक रंग और भौगोलिक परिवेश का प्रतिभाशाली अंकन किया है। उनके उपन्यासों में अंकित जन-जीवन बुन्देलखंड का सामान्य जन-जीवन है। अस्तु यह प्रादेशिक है आंचलिक नहीं। इस प्रकार जिस आंचलिक प्रवृत्ति का बीज-वपन भारतेन्दु काल में हुआ, उसका अंकुरण प्रेमचन्द काल में हुआ।

आंचलिक प्रवृत्ति का पल्लवन प्रेमचन्दोत्तर युगीन हिन्दी उपन्यासों में हुआ। नागार्जुन के उपन्यासों में आंचलिकता की प्रवृत्ति का सुदृढ़ और सशक्त रूप देखा जा सकता है। अत: हिन्दी में आंचलिक उपन्यासों की परम्परा का सुदृढ़ और स्वस्थ रूप नागार्जुन के उपन्यासों से ही प्रारम्भ होता है। डॉ. गणपति चन्द्रगुप्त के शब्दों में, "'आंचलिक' संज्ञा का आविष्कार फणीश्वरनाथ रेणु द्वारा उनके 'मैला आँचल' (1954) की भूमिका में हुआ, किन्तु इस परम्परा का सूत्रपात इससे पूर्व ही नागार्जुन के उपन्यासों के द्वारा हो चुका था। प्रेमचन्द के 'प्रेमाश्रम', 'रंगभूमि', 'गोदान' आदि को तथा वृन्दावन लाल वर्मा के अनेक उपन्यासों को भी इस परम्परा

में स्थान दिया जा सकता है—किन्तु उनमें आंचलिकता को इतना अधिक महत्त्व नहीं दिया गया—जो कि परवर्ती उपन्यासों की विशिष्टता का द्योतक है। इसीलिए विशुद्ध आंचलिक उपन्यासों की परम्परा नागार्जुन से ही शुरू होती है।''

महेन्द्र चतुर्वेदी का भी ऐसा ही मत है कि, ''हिन्दी में आंचलिक उपन्यास के आदि उन्नायक के रूप में नागार्जुन का विशेष महत्त्व है। डॉ. सुरेश सिन्हा का मत भी यही है, यों तो आंचलिकता का प्रवेश उपन्यासों में बहुत पहले ही हो चुका था पर शुद्ध रूप से आंचलिक प्रवृत्तियों पर ही अपने उपन्यासों को आधारित करनेवाले नागार्जुन हिन्दी के पहले आंचलिक उपन्यासकार हैं। नागार्जुन के 'रतिनाथ की चाची', 'नयी पौध', 'दु:खमोचन', 'वरुण के बेटे' आदि उपन्यास आंचलिक उपन्यास की श्रेणी में विन्यस्त किये जा सकते हैं। इनका पहला उपन्यास 'रतिनाथ की चाची' है जिसका प्रकाशन 1948 में हुआ जो आंचलिक उपन्यास की श्रेणी में ही आया है।

इस तरह पर्याप्त सर्वेक्षण के उपरान्त कहा जा सकता है कि आंचलिकता की प्रवृत्ति का विकास क्रमश: उत्तरोत्तर परम्परागत हुआ। जैसा कि पहले स्पष्ट हो चुका कि इसका नामकरण बहुत बाद में हुआ। नामकरण से पूर्व आंचलिक उपन्यास लिखे जा चुके थे। 'रेणु' के 'मैला आँचल' के छपने के बाद ही विधिवत इस प्रवृत्ति का नामकरण हुआ। वास्तव में इस (आंचलिक) प्रवृत्ति का रूप मात्र नया है, अन्यथा यह हिन्दी उपन्यास में परम्परागत रूप में विद्यमान रही है यह परम्परा पहले संकीर्णता और धीमी गति से प्रवाहित हुई बाद में उत्तरोत्तर इसकी गति बढ़ती गयी।

हम कहते हैं कि हिन्दी उपन्यासों में आंचलिकता की प्रवृत्ति की वेणी का उद्‌गम स्थान प्रेमचन्द पूर्व युग के उपन्यास हैं। वह निरन्तर शनै: शनै: अज्ञात रूप में ही प्रवाहित होती रही और अन्त में 'मैला आँचल' में आकर पूर्ण शक्ति के साथ प्रकट हुई, तब आलोचकों का उसके नामकरण की तरफ़ ध्यान गया।

हम आंचलिक उपन्यासों को तीन युग में बाँटकर देख सकते हैं—

(क) प्रेमचन्द पूर्व उपन्यासों में आंचलिक तत्त्व

(ख) प्रेमचन्द युग में आंचलिक तत्त्व

(ग) प्रेमचन्दोत्तर काल के उपन्यासों में आंचलिक तत्त्व

(क) प्रेमचन्द पूर्व उपन्यासों में आंचलिक तत्त्व

गद्य के विकास के साथ-साथ हिन्दी उपन्यास की परम्परा का सूत्रपात 19वीं शताब्दी में हुआ है। यूरोप की औद्योगिक क्रान्ति ने हिन्दी उपन्यासकारों में नयी शक्ति उत्पन्न कर आधुनिक उपन्यास को समाज-सापेक्ष इतिवृत्त की ओर उन्मुख

किया। 19वीं सदी का उत्तरार्द्ध राजनीतिक-चेतना के साथ-साथ सामाजिक चेतना का भी युग रहा है। भारतीय समाज अनेक प्रकार के वाद-विवादों से ग्रस्त होकर अपने अन्तर्विरोधों एवं कट्टरवादिता के कारण शिथिल हो रहा था। दूसरी ओर इन्हीं समस्याओं का हल करने के उद्देश्य से सुधारवादी सक्रिय होने लगे थे। अत: जीवन में संघर्ष का जन्म हुआ। पाश्चात्य विचारों से भारतीय मनीषियों की विचारधारा में परिवर्तन आया और भारतीय समाज के गुण-दोषों का विश्लेषण किया जाने लगा। पूर्व और पश्चिम के सम्पर्क से नवचेतना उत्पन्न हुई, समाज अपनी खोयी हुई शक्ति बटोर कर गतिशील हुआ, नवयुग के जन्म के साथ विचार स्वतान्त्र्य का जन्म हुआ, साहित्य में गद्य की वृद्धि हुई और कवियों ने अपनी परिपाटी विहित और रूढ़िग्रस्त कविता को छोड़कर दुनिया नयी आँखों से देखनी शुरू की। उपन्यास, नाटक, निबन्ध, समालोचना आदि ने नवीन चेतना का अनुसरण किया। इस विद्या के जन्म से पूर्व हिन्दी भाषी संस्कृत से अनूदित पौराणिक तथा धार्मिक कथाओं और फारसी उर्दू के किस्सों से अपना मन बहला रहे थे। 19वीं शती के पूर्वार्द्ध की रचनाओं को हम मोटे रूप से चार वर्गों में बाँट सकते हैं— ऐतिहासिक, सामाजिक, तिलिस्मी और जासूसी। तिलिस्मी तथा जासूसी उपन्यास अधिक संख्या में मिलता है। इन कथाकारों का उद्देश्य अच्छी कथा कहने का उतना नहीं था जितना उसे कौतूहल उत्पन्न करने के लिए विस्मयकारी, अलौकिक, अद्भुत, नाटकीय घटनाओं से भरने की ओर था। उपदेशात्मकता भी इनकी कथा-कृतियों में देखी जा सकती है। इन सभी उपन्यासों में सामाजिक तटस्थता का भाव लक्षित होने के कारण आधुनिक उपन्यास के सन्दर्भ में इनका कोई विशेष महत्त्व नहीं रह जाता। इन उपन्यासों की संख्या अधिक है। अत: प्राय: यह आक्षेप लगाया जाता है कि प्रेमचन्द पूर्व युग के उपन्यासों का संख्या में कम होने के कारण अनदेखा कर दिया जाता है। परन्तु प्रेमचन्द पूर्व के उपन्यासकारों की एक पूरी की पूरी परम्परा विद्यमान है जिन्होंने इस विधा की समृद्धि के लिए प्रारम्भिक प्रयास किये। ये कथाकार साहित्यिक दृष्टि से भले ही किसी महान कृति का निर्माण न कर पाये हों किन्तु उन्होंने साहित्य के प्रति जनरुचि का निर्माण किया जो स्वयं में एक बहुत बड़ी बात थी। इन्होंने अपनी योग्यता के अनुपात में पाश्चात्य विचारधारा से प्रेरित सामाजिक चेतना को अपने उपन्यासों में इंगित किया और साथ ही उसे एक रूप देने का कार्य किया। सुधारवादी दृष्टिकोण के तहत सामाजिक चेतना के चित्रण की यह वह भूमि थी, जिस पर बाद में प्रेमचन्द के कथा-साहित्य का भवन निर्मित हुआ।

अब प्रश्न यह उठता है कि क्या इन उपन्यासों में आंचलिकता किसी अन्य रूप में विद्यमान थी? इस सम्बन्ध में यही कहा जा सकता है कि इन उपन्यासों

में प्राकृतिक परिवेश के सजीव चित्रों में परवर्ती आंचलिक उपन्यासों की विशिष्ट प्रवृत्ति 'प्राकृतिक पार्श्वभूमि' का प्रारम्भिक रूप देखा जा सकता है। अत: इन उपन्यासों में आंचलिक संस्पर्श तो मिलता है परन्तु आंचलिकता के प्रति प्रतिबद्धता नहीं मिलती। वातावरण विशेष को सजीव बनाने तथा यथार्थ चित्रण के आग्रह के कारण आंचलिक पुट अनायास ही आ गया है।

किसी उपन्यास में आंचलिक संस्पर्श प्राप्त होना और किसी उपन्यास का आंचलिक होना सर्वथा दो भिन्न बाते हैं। हिन्दी गद्य साहित्य का जन्म पाश्चात्य साहित्य से प्रेरित था। अँग्रेजी साहित्य से सर्वप्रथम बांग्ला तथा मराठी साहित्यकार प्रभावित हुए। उपन्यास विधा का रूप स्थिर करने में भी अनुवादों का विशेष योगदान रहा है। वैसे भी आंचलिक उपन्यासों का मूल स्रोत बांग्ला उपन्यास में फूटता है। प्रेमचन्द पूर्व के अधिकांशत: सभी अनूदित उपन्यासों में आंचलिक संस्पर्श खोजा जा सकता है। उदाहरणार्थ दुर्गेशनन्दिनी, कपाल-कुंडला इत्यादि। प्रारम्भ में पूर्व प्रेमचन्द युगीन कथाकार अप्रत्यक्ष रूप से बंगाली कथाकारों से प्रेरणा ग्रहण करते रहे, परन्तु धीरे-धीरे यह प्रभाव कम होता गया और हिन्दी लेखक ग्रामांचलों के जन-जीवन में रुचि लेने लगे। रूस में अनेक युद्ध और सुन्दर आंचलिक उपन्यास हैं, जिन्हें पढ़कर हमारे लेखकों का ध्यान अपने पिछड़े जन-जीवन के चित्रण की ओर गया। परिणामस्वरूप कुछ ऐसे उपन्यास लिखे गये जिन्हें परवर्ती विद्वानों ने निस्संकोच आंचलिक उपन्यास माना है। कुछ ने तो मन्नन द्विवेदी के 'रामलाल' को हिन्दी का सर्वप्रथम आंचलिक उपन्यास घोषित किया है। शिवपूजन सहाय के 'देहाती दुनिया', पं. गौरीदत्त के 'देवरानी जेठानी की कहानी' तथा शिव प्रसाद 'रुद्र' के 'बहती गंगा' को भी कुछ विद्वानों ने आंचलिक उपन्यास सिद्ध करने का प्रयत्न किया है। किन्तु ये सभी उपन्यास शुद्ध आंचलिक उपन्यासों की कोटि में नहीं आते क्योंकि इनमें चित्रित लोक जीवन इस प्रदेश का वैशिष्ट्यपूर्ण जन जीवन नहीं है, उसकी अपनी चारित्रिक विशेषताएँ नहीं हैं, ऐतिहासिक तथा भौगोलिक पार्श्वभूमि में लोक जीवन की परम्पराओं का अध्ययन नहीं है। अत: ये उपन्यास आंशिक आंचलिक उपन्यासों के वर्ग में रखे जा सकते हैं। इन आंशिक आंचलिक उपन्यासों में शुद्ध आंचलिक उपन्यासों की श्रेणी में भुवनेश्वर मिश्र का घराऊ घटना, बलवन्त भूमिहार, जगन्नाथ प्रसाद चतुर्वेदी का वसन्त मालती, हरिऔध का अधखिला फूल, गोपालराम गहमरी का भोजपुरी की ठगी, रामचीज सिंह का वन-विहंगिनी, ब्रजनन्दन सहाय का राधाकान्त और आरण्यबाला आदि प्रमुख हैं। कहीं मेरठ अंचल, कहीं बिहार प्रदेश का सामन्तवादी जीवन तो कहीं सन्थाल प्रदेश तो कहीं विन्ध्यांचल के पहाड़ी गाँवों को कथा का केन्द्र बनाया गया है। इन उपन्यासों में अंचल की मिट्टी की गन्ध भी है और लोकगीतों तथा लोकभाषा

का रस भी है। आंचलिकता के सभी पोषक तत्त्व विद्यमान हैं। इनमें अंचल विशेष के लोकगीतों का प्रयोग, प्राकृतिक दृश्यों का सजीव चित्रण, जनसंस्कृति का यथार्थ चित्रण तथा जनपदीय भाषा का प्रयोग सफलतापूर्वक किया गया है।

कहा जाता है कि युगीन उपन्यासों में आंचलिक उपन्यास की सुनिश्चित परम्परा का भले ही अभाव रहा हो परन्तु स्थानीय रंगत से सम्पन्न ये उपन्यास आगामी श्रेष्ठ आंचलिक उपन्यासों का पूर्व रूप अवश्य निर्धारित करते हैं।

(ख) प्रेमचन्द युग में आंचलिक तत्त्व

बीसवीं शती के प्रारम्भ में हिन्दी कथा साहित्य में जो प्रवृत्तियाँ विकसित हुई, उन्हीं का क्रमशः विकास प्रेमचन्द युग में हुआ और साथ ही साथ कुछ नवीन प्रवृत्तियाँ भी विकसित हुईं। हिन्दी के मूर्धन्य उपन्यासकार प्रेमचन्द को इस युग के कथा साहित्य का दिशा-निर्देशन करने का श्रेय दिया जाता है। यही कारण है कि इस युग को प्रेमचन्द युग कहा गया है। प्रेमचन्द के आगमन से कथाकारों के उद्देश्य और दिशा दोनों में परिवर्तन आ गया। परिणामस्वरूप तिलिस्मी, जासूसी अय्यारी आदि प्रवृत्ति का स्थान स्थानीय रंगत में सज्जित ग्रामीण कथाओं ने ले लिया। प्रेमचन्द-युग में सामाजिक, ऐतिहासिक, मनोवैज्ञानिक तथा स्वच्छन्तावादी उपन्यास प्रमुख रूप से लिखे गये। वास्तव में प्रत्येक उपन्यास सामाजिक चेतना युक्त होता है क्योंकि ऐतिहासिक, आंचलिक, मनोवैज्ञानिक कहलाने वाले उपन्यास भी मूलतः एक मानव समाज का वर्णन करते हैं।

हिन्दी कथा साहित्य के लिए प्रेमचन्द वरदान माने गये हैं। प्रेमचन्द ने उपन्यास को तिलस्म, जासूसी, मनोरंजन तथा कल्पना के लक्ष्य से तोड़कर कठोर यथार्थ की भूमि पर लाकर खड़ा किया। प्रेमचन्द धर्म, नीति व सिद्धान्त की अपेक्षा मनुष्य को अधिक वन्दनीय मानते हैं। समाज का ऐसा कोई व्यक्ति नहीं रहा जो प्रेमचन्द के उपन्यासों का प्रमुख पात्र न बना हो। प्रेमचन्द का दृष्टिकोण आदर्शोन्मुखी यथार्थवादी रहा तथा समाज-सुधार की भावना प्रधान लक्ष्य रही। प्रेमचन्द मूलतः सामाजिक समस्याओं के शिल्पी उपन्यासकार हैं। डॉ. रामदरश मिश्र के अनुसार— "यह युग राष्ट्रीय और सामाजिक उथल-पुथल का युग था। यह संक्रान्ति काल था—दो प्रकार की संस्कृतियों का, दो प्रकार के मूल्यों का। साथ ही संघर्ष काल था। साम्राज्यवाद से राष्ट्रवाद का, सामन्ती सभ्यता से महाजनी सभ्यता का, सामन्ती और महाजनी दोनों सभ्यताओं से शोषित किसानों और मजदूरों की शक्तियों का।" जमींदार, महाजन, पंचायत, पुलिस और हाकिमों के शोषण से पिसते किसानों की मर्मव्यथा को प्रेमचन्द से ज्यादा शायद ही किसी अन्य लेखक ने समझा हो।

प्रेमचन्द युग की सामाजिक चेतना का क्षेत्र अत्यन्त व्यापक है। एक ओर

प्रेमचन्द तथा उनके अनुगामी उपन्यासकार सामाजिक चेतना का यथार्थ चित्रण कर सुधारवाद का आश्रय लेते हैं तो दूसरी ओर मनोवैज्ञानिक उपन्यासकार सामाजिक चेतना का यथार्थवादी दृष्टिकोण प्रस्तुत करते हैं। यद्यपि इन लेखकों ने स्वच्छन्दतावादी दृष्टि को प्रधानता दी है तथापि वे सामाजिक, राजनीतिक, धार्मिक चेतना को यथास्थान प्रश्रय देते हैं। जहाँ प्रेमचन्द वर्ग ने सामाजिक चेतना के माध्यम से सामाजिक व राष्ट्रीय उत्थान को प्रमुखता दी है वहाँ व्यक्तिवादी लेखकों ने वैयक्तिक उत्थान को। इस प्रकार से संक्षेप में निष्कर्ष रूप में कह सकते हैं कि युगीन लेखकों ने विवाह समस्या, वेश्या समस्या, विधवा समस्या, संयुक्त परिवार प्रथा, अवैध प्रेम प्रसंग, दहेज प्रथा, जाति भेद, अछूत समस्या, नारी के सम्पत्ति के अधिकारों की समस्या इत्यादि को वाणी दी है। इन समस्याओं का विश्लेषण भिन्न-भिन्न दृष्टियों से किया गया है। कुछ लेखक आदर्शवादी रहे, कुछ यथार्थोन्मुख आदर्शवादी रहे और कुछ लेखकों ने समस्याओं को वैयक्तिक मोड़ देकर उसे मनोवैज्ञानिक भूमि प्रदान की है। हिन्दी में आंचलिक उपन्यासों का अविर्भाव एवं विकास स्वाभाविक ढंग से हुआ। ग्रामीण जीवन के निकटतर आने का जो प्रयत्न प्रेमचन्द ने किया उसकी चरम परिणति आंचलिक उपन्यासों में हुई। गाँधीजी के जनवादी आन्दोलन से प्रेरित होकर कथाकारों ने गाँव की ओर दृष्टिपात किया। इस युग में चार प्रकार के उपन्यास लिखे गये—यथार्थवादी, स्वच्छन्दतावादी, मनोवैज्ञानिक तथा ऐतिहासिक। यथार्थवादी तथा ऐतिहासिक उपन्यासों में आंचलिकता के गुणों के लिए पर्याप्त साधन था और आंचलिकता एक उपादान के रूप में इन उपन्यासों में सहायक भी बनी परन्तु इन्हें आंचलिक उपन्यास की संज्ञा नहीं दी ज़ा सकती। यथार्थ दोनों प्रकार के उपन्यासों में प्रकट है परन्तु जब हम सामाजिक उपन्यास की बात करते हैं तो अनायास ही विधवा समस्या, वेश्या समस्या, अछूत-समस्या इत्यादि समस्याएँ ध्यान में आ जाती हैं परन्तु आंचलिक उपन्यासों का नाम लेने पर ऐसी कोई समस्या ध्यान में नहीं आती वरन् सम्पूर्ण अंचल का चित्र उपस्थित हो जाता है। ग्रामीण अंचलों को प्रभावशाली सुन्दर ढंग से प्रेमचन्द ने ही प्रथम बार उपन्यास में स्थान दिया। प्रेमचन्द पहले भारतीय उपन्यासकार हैं जिन्होंने विस्तृत चित्रफलक पर किसान और मध्य-वर्ग के जीवन का बड़ी ईमानदारी से और तत्परतापूर्वक चित्रण किया। आंचलिक उपन्यास का आविर्भाव एक आकस्मिक घटना नहीं है। उसके पीछे कई शक्तियों की प्रेरणा निहित है, जिनमें प्रेमचन्द का स्थान भी महत्त्वपूर्ण है। कुछ विद्वानों ने प्रेमचन्द के प्रेमाश्रम, रंगभूमि, कर्मभूमि और गोदान उपन्यासों में बनारस और उसके समीपवर्ती अंचलों के सजीव चित्रों के आधार पर इनके कुछ अंशों को आंचलिक माना है। 'प्रेमाश्रम' में जमींदारों और किसानों के शोषण एवं संघर्ष की गाथा वर्णित है परन्तु यह समस्या तो ग्रामीण

जन-जीवन की देशव्यापी समस्या है। उपन्यास के पात्र अपनी जाति एवं पेशे का प्रतिनिधित्व करते हैं परन्तु केवल इसी आधार पर इसे आंचलिक उपन्यास नहीं माना जा सकता। हाँ, सीमित मात्रा में आंचलिकता के कुछ तत्त्व अवश्य मिलते हैं 'रंगभूमि' में कहीं-कहीं जनपदीय शब्दों, कहावतों के प्रयोग तथा प्राकृतिक दृश्यावली के चित्रण में ही आंचलिकता का आभास मात्र मिलता है। प्रेमचन्द के उपन्यासों में पात्रों के स्वाभाविक चित्रण के उद्देश्य से स्थानीय रंग का प्रयोग किया गया है। परन्तु जनवादी दृष्टिकोण, नवीन, चेतना, जनपदीय भाषा, वर्गीय पात्र तथा ग्रामीण परिवेश आदि के कारण प्रेमचन्द का आंचलिक प्रवृत्ति के विकास में महत्त्वपूर्ण योगदान माना गया है। 'गोदान' में आंशिक आंचलिकता को स्वीकार किया जा सकता है। अवध के ग्रामीण परिसर में स्थित किसान जीवन का सम्पूर्ण चित्र प्रस्तुत किया गया है। प्रेमचन्द ने ग्राम्य जीवन के विभिन्न पहुलओं पर विस्तार से विवेचन किया है। लखनऊ के डॉक्टरों, प्राध्यापकों, स्थानीय नेताओं आदि पात्रों की सृष्टि कथांचल का विस्तार मात्र है। 'गोदान' के माध्यम से भारतीय समाज में व्याप्त आर्थिक तथा सामाजिक विषमता, अन्तर्विरोध, सामाजिक दुर्व्यव्यवस्था, आडम्बर, सामन्ती तथा महाजनी शोषण, धार्मिक ढकोसला, अनमेल विवाह इत्यादि पर कुठारघात किया है। गोपाल कृष्ण कौल की उक्ति उचित है कि "वह अपने युग का प्रतिबिम्ब और आगे आनेवाले युग की प्रसव-कथा है।" होरी जीवन भर परिस्थितियों से संघर्ष करता रहा पर अन्त में वह भी हार जाता है। इसमें महाजनों जमींदारों और धर्म के ठेकेदारों की तस्वीर है। किसान का न तो अपने श्रम पर अधिकार है और न उसके द्वारा पैदा होनेवाली फसल पर। होरी केवल मरजाद से रहना चाहता है—'हम राज नहीं चाहते, भोग-विलास नहीं चाहते, खाली-खाली मोटा-झोटा खाना और पहनना और मरजाद के साथ रहना चाहते हैं।' ऋण लेना और जीवन पर्यन्त उसे न चुका पाने पर अभावग्रस्त जिन्दगी जीना ही होरी की नियति बन गयी है। प्रत्येक गृहस्थ की भाँति गऊ की लालसा होरी के मन में भी चिरकाल से संचित है। होरी के घर गाय आ जाती है और वह इतना उत्साहित होता है कि यह भी भूल जाता है कि इस फसल में सबकुछ खलिहान में तौल देने पर भी अभी उस पर कोई तीन सौ कर्ज था, जिस पर कई सौ रुपये सूद के बढ़ते जाते हैं। इस अवसर पर सोना, रूपा, गोबर, धनिया और यहाँ तक कि सारे गाँव के मनोभावों का सूक्ष्म चित्रण प्रेमचन्द ने किया है। होली के वर्णन के माध्यम से महाजनी शोषण का पर्दाफाश किया है। किसान देश की उन्नति की रीढ़ है। स्वराज्य प्राप्ति सही अर्थ में तभी सम्भव है जब आर्थिक ढाँचे में परिवर्तन लाया जाये। किसानों की आर्थिक दशा के साथ-साथ सामाजिक तथा धार्मिक पक्ष पर भी दृष्टिपात किया है। खन्ना और गोविन्दी, मीना

और दिग्विजय, गोबर और झुनिया, भोला-नोहरी, दातादीन-झुनियाँ आदि के आपसी सम्बन्धों के माध्यम से वैवाहिक जीवन की वैचारिक विषमता को अभिव्यक्त किया गया है। ग्रामीणों के धार्मिक ढकोसले अन्धविश्वास, छुआछूत, जातिपाति, विधवा दुर्दशा, पारिवारिक कलह, देवरानी-जेठानी का झगड़ा इत्यादि कोई भी छोटे-से-छोटे प्रसंग प्रेमचन्द की पैनी दृष्टि से नहीं बच सका है। लोक जीवन की विभिन्न परम्पराओं, रीति-रिवाजों, विश्वास-आस्थाओं आदि का वर्णन आंचलिक उपन्यासों में जितना आवश्यक है उतना ही जनजीवन की विभिन्न समस्याओं का उद्घाटन। उपन्यासों का उद्देश्य अंचल-विशेष की जन-संस्कृति का परिचय देना होता है। जन संस्कृति अर्थात् लोक संस्कृति का चित्रण। 'गोदान' मूलतः यथार्थवादी ग्रामीण उपन्यास है परन्तु फिर भी उसमें आंचलिक वातावरण का निर्माण कुशलतापूर्वक किया गया है। लेखक ने सेमरी और बेलारी नामक काल्पनिक गाँवों की भौगोलिक स्थिति, उसके प्राकृतिक परिवेश को हू-ब-हू प्रस्तुत करने का प्रयास किया है। इन सजीव चित्रों के माध्यम से वे अवध प्रान्त के ग्रामीण जीवन की तस्वीर प्रस्तुत करते हैं। उदाहरण के लिए यह चित्र द्रष्टव्य है—"सारे गाँव का यही खलिहान था। कहीं मँड़ाई हो रही थी, कोई अनाज ओसा रहा था, कोई गल्ला तौल रहा था। नाई बारी, बढ़ई, लोहार, पुरोहित, भाट, भिखारी सभी अपने-अपने जेवरे लेने के लिए जमा हो गये थे।" किसानों के घर-द्वार, खेत-खलिहानों, बिरादरी, पंचायत, किसानों के रहन-सहन, खान-पान आदि के जीवन्त चित्र किसी आंचलिक परिवेश से कम नहीं। परिवेश के अन्तर्गत प्राकृति सौन्दर्य के चित्रों में भी प्रकृति की छोटी-से-छोटी वनस्पति का भी उल्लेख करते हैं, "लू चल रही थी, बगूले उठ रहे थे, भूतल धधक रहा था। जैसे प्रकृति ने वायु में आग घोल दी हो।"

प्रेमचन्द ने ग्रामीण पात्रों के नामकरण और उनकी वेशभूषा में जातिगत व आर्थिक श्रेणियों की ओर विशेष ध्यान दिया है जैसे उच्चवर्ग पात्रों के नाम के साथ पंडित, सिंह, सहुआइन आदि उपाधियाँ लगी हुई हैं। होरी खास मौकों पर ही दुपट्टा व पगड़ी पहनने को इच्छुक है वरना तो रोज धोती-बनियान से ही काम चल जाता है। औरतों में शृंगार के प्रति मोह स्वाभाविक है। आभूषणों में गले में हँसली, कानों में करनफूल और सोने की बालियाँ, हाथों में चाँदी के चूड़े और कंगन पहनने की प्रथा विवाह के अवसर पर ही होते हैं वरन् "न केशों में तेल, न आँखों में काजल, न देह पर कोई आभूषण जैसे गृहस्थी के भार ने यौवन को बौना कर दिया हो।"

सम्पन्न घरों में बिछाने को दरी व चारपाई भले ही मिल जाये पर आम गृहस्थ जीवन निम्नस्तरीय ही है तभी तो होरी पुरानी मिरजई में सिमटकर अपना बुढ़ापा काट लेना चाहता है।

कृषि संस्कृति का मुख्य आधार है जमीन और गोधन। अपनी जमीन पर कड़ी मेहनत करने में जो शान है वह मजदूरी में नहीं। किसान को कर्म-फलवाद, नियतिवाद तथा वर्णाश्रम व्यवस्था में दृढ़ आस्था है। किसानों की परम्परागत धारणा है, ''हमारा जन्म इसीलिए हुआ है कि अपना रक्त बहावें और बड़ों का घर भरें।'' ग्रामीण संस्कृति परम्परावादी है। गो-लालसा इतनी प्रबल है कि उसके लिए छल-कपट का सहारा भी लेना पड़े तो किसान पीछे नहीं रहेगा। विवाह में उपव्यय करना मरजाद की रक्षा करना है भले ही उसके लिए कर्ज क्यों न लेना पड़े। किसान की व्यक्तिगत जिन्दगी बिरादरी के नियमों से संचालित है। शादी-ब्याह, मुंडन-छेदन और जन्म-मरण सभी कार्यों के अच्छे-बुरे का निर्णय बिरादरी करती है। अन्तर्जातीय विवाह करने पर बिरादरी को दंड भरना पड़ना है या फिर जाति बहिष्कृत होने का दंड भुगतान पड़ता है। झुनिया को घर पर रखने पर होरी को सौ रुपये नकद और तीस मन अनाज का दंड चुकाना पड़ता है।

प्रेमचन्द ने ब्राह्मतत्त्व के खोखलेपन पर भी प्रकाश डाला है। जमींदार की भाँति ब्राह्मण भी आर्थिक शोषण करते हैं। दातादीन ब्राह्मण हैं, अत: धर्म-अधर्म की व्याख्या करने के लिए स्वतन्त्र हैं। धर्म के पाखंड के वास्तविकता से परिचित कराने के लिए मातादीन, दातादीन और सिलिया की कथा ली है। रूढ़ियों और अन्धविश्वासों पर आधारित धर्म का व्यापक चित्रण गोदान में मिलता है। दूसरी ओर नवीन चेतना के प्रतीक गोबर द्वारा धर्म की प्रभुता को नकारने का भी वर्णन मिलता है, ''तुम्हारे घर में किस बात की कमी महाराज, जिस यजमान के द्वार पर जाकर खड़े हो जाओ कुछ-न-कुछ मार ही लोगे, जनम में लो, मरन में लो, शादी में लो, गमी में लो। किसी से कुछ भूल-चूक हो जाये तो डांड़ लगाकर उसका घर लूट लो।''

अभिवादन के लिए 'राम-राम' कहना, सत्यापन के लिए मन्दिर में या गंगाजल लेकर शपथ ग्रहण करना, गो-हत्या करने पर प्रायश्चित करना, सत्यनारायण कथा का आयोजन, अतिथि की शरबत एवं हुक्के से खातिरदारी करना, लू लगने पर आम का पत्ता खाना, प्लेग से बचने के लिए बकरा चढ़ाना इत्यादि का विश्वसनीय चित्रण महत्त्वपूर्ण होता है। 'गोदान' में देशकाल के चित्रण में युग चेतना का निर्वाह पूर्णरूप से हुआ है।

वातावरण के साथ-साथ अवध प्रान्त की ग्रामीण भाषा का भी प्रयोग अधिकाधिक किया गया है। हालाँकि भाषा खड़ी बोली है तथापि उन शब्दों का प्रयोग अवधी, भोजपुरी क्षेत्र के ग्रामीण किसान दिन-रात करते हैं जैसे अबेर, अढ़ैना, अगोरना, कलेऊ, बौड़म, गोड़ना, बाट, सहायलग इत्यादि। इसी प्रकार से संस्कृत, उर्दू व अँग्रेजी के पथभ्रष्ट रूपों द्वारा ग्रामीण शब्दावली का सटीक प्रयोग किया गया है।

मुहावरे और लोकोक्तियों का प्रयोग ग्रामीण पात्रों की व्युत्पत्ति की भाषा का महत्त्वपूर्ण अंग है। ग्रामीण पात्रों के मुहावरे आंचलिक पुट लिये हुए हैं, जैसे, 'वह मुआ बह्मार घाट का पानी पिये हुए हैं'' या फिर 'नाटन खेती बहुरियन घर' इत्यादि।

सारांश में, यथार्थवादी ग्रामीण उपन्यास होते हुए भी आंचलिक वातावरण का निर्माण सफलतापूर्वक किया गया है। 'गोदान' स्वयं एक पूर्णतया आंचलिक उपन्यास नहीं है, किन्तु उसने आनेवाली आंचलिक औपन्यासिक परम्परा की पूर्वपीठिका तैयार करने में विपुल सहायता की है। एक प्रकार से सीमित ग्रामीण अंचल समग्र सांस्कृतिक जीवन दर्शन, सामूहिक तथा व्यक्ति प्रधान चरित्र चित्रण, नवीन सामाजिक चेतना, यथार्थवाद, लोकतन्त्रात्मक दृष्टिकोण, स्थानीय भाषा का प्रयोग, आंचलिक टाइप पात्र आदि विशेषताओं के कारण 'गोदान' आंशिक आंचलिक उपन्यास के रूप में स्वीकृत किया जा सकता है।

आंचलिक संस्पर्श से समन्वित उपन्यासों को लिखनेवाले दूसरे प्रमुख उपन्यासकार वृन्दावनलाल वर्मा का पूरा साहित्य ही राष्ट्रीय जागरण और सांस्कृतिक चेतना की धारा से आप्लावित है। अधिकांश उपन्यासों का कथानक बुन्देलखंडी संस्कृति से अनुप्राणित है। वर्मा जी को बुन्देलखंड के कण-कण से गहरा प्रेम था। इसी प्रेम ने बुन्देलखंड के खेतों-खलिहानों, मन्दिरों, गढ़-गाढ़ियों, नदी-नालों, वृक्ष-झाड़ियों, टौर-टीरियाँ और डावर भर तक को साकार करने को प्रेरित किया है। केवल फूल का ही नहीं भूल का चित्रण निष्पक्षता से किया है। जातिगत दम्भ, पारस्परिक फूट, अदूरदर्शिता, तथा रूढ़िमोह जैसे दोषों का भी प्रणयन किया है। कह सकते हैं कि बुन्देलखंड की लोक संस्कृति जो प्रदेश-विशेष की विशिष्ट प्रवृत्ति है, उसकी सरस अभिव्यक्ति हुई है।

बुन्देलखंड भूखंड ऐतिहासिक और राजनैतिक हलचलों का इतिहास है, अत: उपन्यास का वर्ण्य शौर्य और स्वातन्त्र्य भावना से ओत-प्रोत है। शूरवीरता और दिलेरी बुन्देलखंड की मिट्टी और पानी का रंग है, अत: यहाँ के लोगों का जन्मजात गुण है। डॉ. कृष्ण अवस्थी ने लिखा है—''ग्रामीण जीवन का अनिवार्य अंग हैं उत्सव-त्योहार। भौतिक रूप से बहुत समृद्ध न होते हुए भी फाग-राछरे गाते, अपनी झीलों-नदी-नालों के किनारे राई-रावला नाचते रंगीन कल्पनाओं में मोद-मग्न होते हुए भी बुन्देलखंडवासी वर्ष भर पर्व-त्योहार मनाने का मानो बहाना ढूँढ़ते रहते हैं। वर्मा जी के उपन्यासों में बुन्देलखंड की स्थानीय संस्कृति का यह मूर्त्त मनोरम पक्ष स्थानीय रीति-रिवाजों और शृंगार-सज्जा से अलंकृत होकर चित्रित हुआ है।'' प्रत्यागत में रामनवमी का, कचनार तथा कीचड़ और कमल में अक्षय-तृतीया का, लगन में दशहरे का, संगम में रक्षा-बन्धन का,

आहत में गणेश चतुर्थी का, देवगढ़ की मुस्कान में दुर्गापूजा की चहल-पहल का अमरबेल तथा सोना में दीवाली का, विराटा की पद्मिनी में मकर संक्रान्ति का, गढ़कुंडार में होली का वर्णन विस्तारपूर्वक मिलता है। गीतों के सजीव वर्णन के साथ-साथ नैमित्तिक गीतों और नृत्यों के चित्रण में आंचलिकता के सजीव स्वरूप के दर्शन होते हैं।

त्योहारों के साथ-साथ संस्कारों एवं लौकिक रीति-रिवाजों की बहुरंगी झलक विशेष रूप से द्रष्टव्य है। विवाह-संस्कार के अन्तर्गत स्थानीय वैवाहिक रीति-रिवाजों का वर्णन आंचलिकता की परिधि में ही गिना जा सकता है-विवाह के लिए कन्या और वर की जन्म कुंडली मिलाना, सगाई में नारियल और पान भेजने की रीति का निर्वाह करना, विवाह में नेगाचार का निर्वाह, मुंडनोत्सव तथा सामूहिक मंगलगान, बरात का वर्णन, जनवासा और पौनक्षक की पुड़ी परम्परा, टीके की रीति, दूल्हा-दुल्हिन की पारम्परिक श्रृंगार का वर्णन, पाणिग्रहण संस्कार, पक्की रसोई, खिचड़ी फेरा की पंगत आदि अनेक वैवाहिक रीतियों का क्रमानुसार चित्रण मिलता है। शायद ही विवाह संस्कार का कोई पक्ष अछूता रहा हो। वृन्दावनलाल वर्मा के ऐतिहासिक उपन्यासों में जौहर प्रथा, सती प्रथा, मरणोपरान्त रीतियों, हड़ैती आदि का विशुद्ध विवेचन मिलता है। इसे अतिरिक्त मुहूर्त, शगुन-अपशगुन, ज्योतिष, मनोकामना पूरी होने पर देवता की प्रसन्नता के लिए पूजा-पाठ, पीपल पर दीप जलाना, बलि प्रथा इत्यादि आस्थाओं तथा खेती से सम्बन्धित विश्वासों जैसे अंकुरित बीजों पर हड्डियों के काले डिठौने लगाना इत्यादि का कलात्मक अंकन किया है।

उपन्यासों में प्राकृतिक वैभव, अद्भुत शौर्य सम्पन्न इतिहास और वैविध्यपूर्ण स्थापत्य, उत्सव, मेलों, तीज त्योहारों का वर्णन बुन्देलखंड को सजीव कर देता है। इन सब तत्त्वों का सजीव एवं विशद विवेचन बुन्देलखंड की संस्कृति को एक वैशिष्ट्य प्रदान करता है जो इसे आंचलिक उपन्यासों की श्रेणी में ला खड़ा करता है। प्राकृतिक परिवेश, भौगोलिक परिवेश तथा सांस्कृतिक परिवेश—आंचलिकता की सभी प्रवृत्तियों की अभिव्यंजना इन उपन्यासों में हुई है। फिर भी इन्हें शुद्ध आंचलिक उपन्यास नहीं कहा जा सकता।

प्रेमचन्द युग में आंचलिकता की प्रवृत्ति के पोषक लेखकों में शिवपूजन सहाय का नाम प्रमुख है। इन्होंने 'देहाती दुनिया' के कथ्य एवं नवीन शिल्प विधि के माध्यम से आंचलिकता की विशेषताओं को विकसित करने का प्रयत्न किया। आंचलिक उपन्यास विधा की पूर्ण स्थापना प्रेमचन्दोत्तर काल में ही हुई परन्तु इस परम्परा का बीज वपन करने का ऐतिहासिक श्रेय शिवपूजन सहाय के इस प्रयास को भी जाता है। कथा क्षेत्र की दृष्टि से 'देहाती दुनिया' का कथानक एक सीमा

तक आंचलिक माना जा सकता है। भोजपुर जनपद के एक अंचल विशेष को कथानक का विषय बनाया गया है। बकरों की बलि, यात्रा के समय पोथी देखना, अशुभ दर्शन, रासलीला वर्णन, साधुओं का पाखंडी जीवन, ओझा का तन्त्र-मन्त्र, गंगाजल तथ गाय की पूँछ पकड़वाकर हलफ उठाना, तीर्थस्थानों के प्रति श्रद्धा-भाव, आदि अनेक रीतियों, परम्पराओं अन्धविश्वासों का विस्तार से वर्णन किया गया है। अंचल की आम जनता की वेशभूषा खान-पान तथा उनकी द्वन्द्वप्रियता का भी उल्लेख मिलता है। बालकों तथा खेले जाने वाले खेलों, नाटकों, रासलीला तथा विवाह-प्रथाओं का विशद विवेचन विशेष रूप से द्रष्टव्य है। लेखक ने स्थानीय बोली, मुहावरों, कहावतों तथा लोकगीतों का प्रयोग यत्र-तत्र किया है। भोलानाथ की माँ तथा बाबूजी के संवाद ठेठ देहाती रंगत में रंगे हुए हैं। पात्रों की चारित्रिक विशेषताएँ इन्हें व्यापक ग्रामीण जीवन से जोड़ देती हैं। माता का बेटे के प्रति प्रेम, पिता का पुत्र के भविष्य के लिए जागरूकता, जमींदार के अत्याचार, छोटी जाति की औरतों के अनैतिक सम्बन्ध, बेटी बेचकर काम चलाने वाले लोगों की प्रवृत्तियों आदि का सम्बन्ध किसी भी कोने के देहात के जीवन से जोड़ा जा सकता है।

लेखक ने उपन्यास के आरम्भिक पृष्ठ पर नाम दिया है ठेठ देहात का औपन्यासिक चित्र। लेखक ने यह उपन्यास अपने देहाती मित्रों के मनोरंजन के लिए लिखा है। 'ठेठ देहात का रहनेवाला हूँ। जहाँ इस युग की नयी सभ्यता का बहुत ही धुँधला प्रकाश पहुँचा है, वहाँ केवल दो ही चीजें प्रत्यवान देखने में आती है—अज्ञानता का घोर अन्धकार और दरिद्रता का तांडव नृत्य।'

वहीं पर मैंने स्वयं जो कुछ देखा-सुना है, उसे यथाशस्त्रित ज्यों-का-त्यों इसमें अंकित कर दिया है। इसका एक शब्द भी मेरे दिमाग की खास उपज या मेरी मौलिक कल्पना नहीं है। यहाँ तक कि भाषा का प्रवाह भी मैंने ठीक वैसा ही रखा है, जैसा ठेठ देहातियों के मुख से सुना है। हालाँकि लेखक स्वयं यह घोषणा कर रहा है कि इसमें देहाती कथ्य एवं शिल्प है और कुछ विद्वानों ने इसे सर्वप्रथम आंचलिक उपन्यास भी घोषित किया है। इन सभी विशेषताओं के बावजूद इसे आंचलिक उपन्यासों की परम्परा की भूमिका के रूप में तो महत्त्व दिया जा सकता है परन्तु शुद्ध आंचलिक उपन्यासों की परम्परा की भूमिका के रूप में तो महत्त्व दिया जा सकता है परन्तु शुद्ध आंचलिक उपन्यास के रूप में नहीं। अंचल की समस्याओं का चित्रण अवश्य मिलता है सामाजिक, धार्मिक, आर्थिक, शैक्षणिक एवं नैतिक समस्याओं का संकेत दिया गया है परन्तु इनका विस्तार नहीं मिलता। आंचलिक कथाकारों के सदृश्य फोटोग्राफिक शैली नहीं मिलती हाँ, कहीं-कहीं ऐसा आभास जरूर होता है। हिन्दी का पहला आंचलिक

उपन्यास कहलाने वाले उपन्यास 'देहाती दुनिया' का वातावरण ग्रामीण है। स्थानीय बोली, सीमित कथा क्षेत्र, लोक साहित्यिक के उपयोग आदि कई विशेषताओं के कारण आचार्य नलिन विलोचन शर्मा, डॉ. प्रतापनारायण टंडन, डॉ. लक्ष्मीकान्त सिन्हा ने इसे आंचलिक उपन्यास घोषित किया है परन्तु वास्वत में यह उपन्यास ग्रामीण अधिक है, आंचलिक कम। इसमें चित्रित लोक जीवन उस प्रदेश विशेष का जन-जीवन नहीं है। ऐतिहासिक तथा भौगोलिक पृष्ठभूमि में जनपदीय संस्कृति का परिचय नहीं मिलता। अत: इसे आंशिक आंचलिक उपन्यास माना जा सकता है।

(ग) प्रेमचन्दोत्तर हिन्दी उपन्यासों में आंचलिक तत्त्व

प्रेमचन्दोत्तर काल विविध आन्दोलनों का काल है। नये कथा साहित्य का नयापन वस्तुगत भी है और शिल्पगत भी। वस्तु को आधुनिकता ने और शिल्प को आंचलिकता ने सर्वथा नयी दीप्ति से आलोकित किया। भारत-विभाजन, भीषण नरबलि, साम्प्रदायिक दंगे, शरणार्थी समस्या, कश्मीर समस्या, देशी राज्यों का विलयन, जमींदारी उन्मूलन, चुनाव प्रणाली, पंचवर्षीय योजनाएँ, पंचायत राज, भ्रष्टाचार, महँगाई, स्वार्थी नेताओं की नीम सामन्तशाही, चीन-पाकिस्तान आक्रमण इत्यादि परिस्थितियों के समक्ष जन सामान्य अन्तर्विरोधों और विसंगतियों का पुतला बन दिशाहारा हो भटकता है। अत: व्यक्ति के स्तर पर तथा समाज के स्तर पर अभिव्यक्त पाते हैं। वैयक्तिक चेतना तथा सामाजिक चेतना—इन दो धाराओं ने कथाक्षेत्र को वैविध्य प्रदान किया। आधुनिकता का आग्रह दोनों धाराओं में प्रबल है।

प्रेमचन्दोत्तर युग में सामाजिक चेतना के चित्रण की नूतन शैलियाँ आविर्भूत हुईं। मार्क्सवाद से प्रभावित लेखकों ने सर्वहारा वर्ग के दयनीय जीवन के साथ-साथ मध्यवर्गीय जीवन के संघर्ष के चित्रण को ही सामाजिक यथार्थ के रूप में ग्रहण किया। वैयक्तिक चेतना के स्तर पर व्यक्तिगत मनोव्यापारों को वाणी दी तो कुछ लेखक इसे मनोवैज्ञानिक यथार्थ के रूप में प्रस्तुत करते हैं। व्यक्तिवादी और समाजवादी शिल्प से इतर एक और स्वर सुनाई देता है, वह है—ग्रामबोध का स्वर। डॉ. विवेकी राय ने लिखा है, "आधुनिक जीवन की जटिलता और संश्लिष्टता ने वैयक्तिक चेतना और सामाजिक चेतना को भी संश्लिष्ट कर दिया और अब उपन्यासों में वैयक्तिक सामाजिकता और सामाजिक वैयक्तिकता के नये बोधोदय की बात चली।"

प्रेमचन्दोत्तर काल के मनोवैज्ञानिक, समाजवादी, सामाजिक, ऐतिहासिक और आंचलिक सभी प्रकार के उपन्यासों में यथार्थ के विविध आयामों का ही चित्रण

है। यद्यपि आंचलिकता का हल्का-फुल्का पुट प्रेमचन्द युग में भी मिलता है परन्तु इसका पूर्ण एवं समुचित विकास प्रेमचन्दोत्तर युग में ही हुआ। प्रेमचन्द ने ग्राम्य जीवन के प्रति अपने महत्त्व को प्रकट कर आगामी कथाकारों के लिए पथ प्रदर्शक का कार्य किया। गाँधी जी ने 'गाँव की ओर लौटो' का नारा दिया, तो प्रेमचन्द और राहुल सांकृत्यायन ने जनपदीय संस्कृति का स्मरण कराया। सरकारी तौर पर ग्रामजीवन में क्रान्तिकारी परिवर्तन एक ऐतिहासिक निर्णय था। स्वतन्त्रता के पश्चात् विकास योजनाओं के तहत जितने भी नवीन कार्यक्रम आरम्भ किए गये, उनमें से 75 प्रतिशत का सम्बन्ध ग्रामांचलों से था। इसी लहर से प्रेरित होकर राष्ट्रीय विचारधारा वाले लेखक राष्ट्रीय समस्याओं की ओर उन्मुख हुए। आदिवासी समाज, जन-जातियाँ, पिछले वनांचल एवं पर्वतांचल लेखकों को अपनी ओर आकर्षित करने लगे। प्रेमचन्द के बाद जो कथाकार आये, वे मूलतः ग्रामीण परिवेश से आये थे, परन्तु महानगरीय आधुनिकता के मोहवश वे नागरिक भावों में रमते गये। अकेलापन, कुंठा, सन्त्रास, व्यक्तिगत दमन, मोहभंग और घुटन इत्यादि नागरिक भावबोध ने कथाकार के रागबोध को सोख लिया, अतः कुछ समय पश्चात् जब राष्ट्रीय स्तर पर ग्रामोत्थान की लहर आयी, तब वह उससे अछूता नहीं रहा। उसने अनुभाव किया—''जिस वातावरण में पहले-पहल सपनों ने मोहक रूप धारण किया, उसे छोड़कर अथवा उसे अपने व्यक्तित्व से काटकर अपनी अनुभूति के प्रति ईमानदार और सहज तथा स्वाभाविक बने रहना असम्भव है।'' फलतः ग्रामोन्मुखता की इस चेतना ने आंचलिकता की प्रवृत्ति को पुष्ट किया। उपन्यास क्षेत्र में स्वतन्त्रता के बाद 'आंचलिकता' के आन्दोलन ने जोर पकड़ा और आंचलिक उपन्यासों के रूप में एक सर्वथा नये बोध का उदय सांस्कृतिक स्पर्श के साथ लोक-जीवन के तरल राग-बोध के स्तर पर हुआ। आंचलिकता स्वातन्त्र्योत्तर उपन्यास साहित्य में एक प्रवृत्ति विशेष के रूप में आयी। जिससे फणीश्वरनाथ रेणु ने 'आंचलिक' नाम से प्रसिद्ध किया। रेणु के 'मैला आँचल' से आंचलिक उपन्यास का उत्कर्ष माना जाता है परन्तु आंचलिकता की परम्परा को रेणु तक पहुँचाने वाले प्रेमचन्दोत्तर कथाकारों में रांगेय राघव, देवेन्द्र सत्यार्थी, शिव प्रसाद सिंह, नागार्जुन के नाम विशेष रूप से उल्लेखनीय हैं।

प्रेमचन्द की ग्रामीण संवेदना नागार्जुन के उपन्यासों में समाजवादी चेतना का रूप लेकर विकसित हुई है। मिथिला की शस्य श्यामला भूमि के लोक जीवन को आधार बनाकर आंचलिक उपन्यासों की रचना नागार्जुन ने की। उन्होंने जिस अंचल, जिस समाज-जीवन का चित्रण किया है, वह उनका स्वयं का भोगा हुआ सत्य है, अतः अधिक यथार्थपरक है।

'रतिनाथ की चाची' एक कुलीन किन्तु अकिंचन विधवा की दुखमय गाथा

है। चाची के करुण जीवन की कहानी के साथ अंचल का समस्त सामाजिक, आर्थिक व सांस्कृतिक वातावरण जुड़ा हुआ है। तभी तो परम्परागत सामाजिक मूल्यों की आलोचना करते हुए लेखक कहता है, ''समाज उन्हीं को दबाता है जो गरीब होते हैं। शास्त्रकारों को भी बलि के लिए बकरे ही नजर आएँगे। बाघ और भालू का बलिदान किसी को नहीं सूझा। बड़े-बड़े दाँत और खूनी पंजे पंडितों के सामने थे। इसलिए उधर से नजर फेरकर बेचारे बकरों का फतवा दे डाला।''

'बलचनमा' होरी से आगे की सृष्टि है। 'बलचनमा' एक ऐसे पात्र की कहानी है जो हमेशा से अवांछित, अशिक्षित तथा पीड़ित रहा है। बलचनमा के माध्यम से कथाकार ने खेतिहर निम्नवर्गीय मजदूरों की करुण जीवन गाथा को वाणी दी है। होरी समझौता करते-करते टूट जाता है। परन्तु बलचनमा समझौते के स्थान पर विद्रोह कर उठता है—''जैसे लोग अँग्रेज बहादुर से सौराज लेने के लिए झगड़ा-झंझट मचा रहे हैं, उसी तरह बन बनिहार, कुली मजदूर और बहिया-ख्वास लोगों को भी अपने हक के लिए बाबू से लड़ना पड़ेगा।''

स्वतन्त्रता के पश्चात् नवविकसित औद्योगिकीकरण की अमानवीयता 'वरुण के बेटे' उपन्यास में देखी जा सकती है। मल्लाही। गोएियारी के छोटे से ग्रामांचल की कथा के माध्यम से नागार्जुन जमींदारों के खिलाफ सतत संघर्ष का आह्वान करते हैं। जमींदारी उन्मूलन के पश्चात् भी जमींदार गढ़पोखर जैसे जलाशय को अपनी व्यक्तिगत जायदाद मानकर मछुआरों को जलकर देने के लिए विवश करते हैं। जलकर न पाने पर जब जमींदार धीरे-धीरे पोखर और चरागाहों को बेचना शुरू कर देते हैं तब संघर्ष आरम्भ हो जाता है। ''यह पानी सदा से हमारा रहा है किसी भी हालत में हम इसे नहीं छोड़ सकते। पानी और माटी न कभी बिकी है, न कभी बिकेगी। गरोखर पानी मामूली पानी नहीं। वह तो हमारे शरीर का लहू है। जिन्दगी का निचोड़ है।''

शोषण के प्रति विद्रोह का स्वर उनकी समाजवादी चेतना का परिणाम है। यथार्थ का अंकन तो उनकी आंचलिक प्रवृत्ति की प्रथम विशेषता है। अंचल की सभी कुरीतियों व समस्याओं का लेखक ने स्पर्श किया है। वैधव्य की समस्या व उसका व्यावहारिक समाधान 'रतिनाथ की चाची' में अनमेल विवाह नयी पौध, नारी की नवोन्मेष चेतना 'वरुण के बेटे' गरीबी व बेरोजगारी से पीड़ित लोगों के जीवन-यापन की समस्या 'दुखमोचन' धर्म के ठेकेदारों द्वारा मठों एवं सम्प्रदायों में व्याप्त भ्रष्टाचार 'इमरतिया' में देखा जा सकता है। बाबा बटेसरनाथ में भी गाँव के जन-आन्दोलन को प्रदेश-व्यापी संघर्ष से जोड़े जाने का प्रयत्न किया जाता है, 'बाबा बटेसरनाथ' में वटवृक्ष के विश्वसनीय एवं कलात्मक प्रतीक द्वारा कृषक एवं श्रमिक जीवन के शोषण का यथार्थ इतिहास जैकिसुन के समक्ष प्रस्तुत कर

उसे अन्याय और उत्पीड़न का प्रतिकार करने के लिए तत्पर बनाना और सर्वहारा वर्ग की संगठित शक्ति द्वारा एक नवीन व्यवस्था स्थापित करने की प्रेरणा देना ही उपन्यास के इस कथानक का उद्देश्य है।

नागार्जुन का मिथिला अंचल की मिट्टी, रीति-रिवाजों, परम्पराओं के प्रति लगाव उनके उपन्यासों में मुखर हो उठा है। मातृभूमि के प्रति यह प्रेम ही उनके उपन्यासों की सफलता का रहस्य है। उनके उपन्यासों में प्राचीन रूढ़ियों, धार्मिक अन्धविश्वासों, पाखंडों, जात-पात तथा छुआछूत इत्यादि के प्रति विरोधाभाव को परिलक्षित किया जा सकता है। भाषा में मैथिल का प्रभाव है। अंचल विशेष की गन्ध को पग-पग महसूस किया जा सकता है—"सखि है मजरल आमक बगान नामक स्त्रीगत का फिर बाकीं धवहा कुकुर कहीं भाके कोटा, कहीं दत निपोड़ा कललर...।" इत्यादि गीतों में आंचलिक लोक परिवेश साकार हो उठता है। आंचलिक गतियों का प्रयोग भी ज्यों-का-त्यों किया गया है। प्रेमचन्दोत्तर काल में नागार्जुन के उपन्यासों में आंचलिकता व्यापक फलक पर उभरी इसमें सन्देह की गुंजाइश नहीं।

हिन्दी के आंचलिक उपन्यासों की चरम उपलब्धि के रूप में रेणु को सम्मानित किया जाता है। इस नवीन विधा के लिए यह 'आंचलिक' नाम स्वयं रेणु की हिन्दी आलोचना की देन है। डॉ. सुवास कुमार ने लिखा है—"रेणु हिन्दी के एकमात्र ऐसे ग्राम-केन्द्रित आंचलिक उपन्यासकार ठहरते हैं, जो प्रेमचन्द के बाद के ठहराव को गति देते हैं—कथ्य और शिल्प दोनों ही स्तरों पर।"

रेणु ने 'मैला आँचल', 'परती परिकथा' जैसे सामाजिक यथार्थवादी उपन्यासों के माध्यम से प्रेमचन्द की सुप्त परम्परा का पुनः स्मरण कराया। रेणु का लक्ष्य लुप्त होती सामाजिकता के साधन की ओर निरन्तर लगा रहता है। नागार्जुन व रेणु इन दोनों कथाकारों ने अंचल के शूल कूल थूल को स्वयं भोगा है। अतः इन्हीं के उपन्यास सही अर्थों में आंचलिक हैं, बाकी जिन लेखकों ने शहरी दूरबीन से गाँवों को जाँचा-परखा है, वे मात्र रेणु की नकल बनकर रह गये हैं। रेणु ने अंचल के प्रत्येक आदमी का चरित्रांकन बगैर उसे आदर्शीकृत किये हुए किया है। अंचल की प्रत्येक धड़कन को रेणु ने सुना है 'मैला आँचल' अभिनव प्रयोग नहीं, हिन्दी उपन्यास साहित्य के महत्त्वपूर्ण मोड़ पर गड़ा मील का पत्थर है।

'मैला आँचल' के कथानक में शोषण, भ्रष्टाचार, अन्याय और उत्पीड़न का सही स्वर है, जो अन्य अंचलों में भी कमोबेश सम्भव है, परन्तु वहाँ का सौन्दर्य वहाँ का संगीत, परम्परा, रीति-रिवाज, चरित्र, सांस्कृतिक विरासत इत्यादि विशिष्ट हैं। जो उसे अन्य गाँवों से भिन्न करते हैं।

अंचल के आर्थिक राजनैतिक, सामाजिक एवं सांस्कृतिक पहलू को रेणु ने

पूरी विश्वसनीयता के साथ चित्रित किया है। 'मैला आँचल' की किंवदन्तियाँ नील युग की गुलामी और शोषण की याद को ताजा कर देती हैं। किंवदन्तियाँ, अन्धविश्वास धार्मिक रहस्यात्मक कथाओं के भीतर छिपी ध्वनि और व्यंग्य का अंकन रेणु के प्रशंसनीय गुण हैं।

'परती परिकथा' उपन्यास 'मैला आँचल' से अधिक परिपक्वता लिये हुए है। 'परती परिकथा' की परीकथा अर्थात् उपकथाओं के सम्मिलन से बनी कथा अपने आप में अधिक समृद्ध है। परती को शस्य श्यामला बनाने की योजना और उसी सन्दर्भ में रचनात्मक कार्यों की कहानी के माध्यम से कोसी अंचल का समग्र जीवन साकार हो उठा है। विकास कार्यों के उपक्रम में वैज्ञानिक प्रगति की पहचान लेखक ने करायी है। स्वतन्त्रता, औद्योगीकीकरण, विकास कार्यक्रमों, पूँजीवाद तथा वैज्ञानिक प्रगति ने इन पिछड़े क्षेत्रों को किस सीमा तक प्रभावित किया है, उसका ब्यौरा रेणु ने प्रस्तुत किया है।

आंचलिक उपन्यासों की परम्परा का एक विशिष्ट उपन्यास है—'कब तक पुकारूँ'। इसके अतिरिक्त रांगेय राघव के 'काका' तथा 'धरती मेरा घर' उपन्यास भी आंचलिक उपन्यासों की श्रेणी में गिने जाते हैं।

'काका' आंचलिक उपन्यासों के प्रारम्भिक काल की दृष्टि से सुलभ कहा जा सकता है। मथुरा के पुजारियों के अनैतिक कार्यों के अनावरण की कथा इसमें प्रमुख है, साथ ही विधवा समस्या का भी विवेचन आ जाता है। मथुरा की प्रत्येक गतिविधि, विभिन्न जातियों की प्रतिस्पर्धा, वृद्धा की विवाह-लालसा, मठों का बाहरी आडम्बर इत्यादि अनेक प्रसंगों का उल्लेख मथुरा के जीवन से साक्षात्कार कराता है।

खानाबदोश जीवनयापन करनेवाले जयरायम पेशा नटों के जीवन पर आधारित उपन्यास हैं 'कब तक पुकारूँ'। स्वतन्त्रता के पश्चात् गाँव के किसानों, कारखानों के मजदूरों के लिए तो विकास कार्य हुए पर जिनका न अपना कोई खेत है, न घर, जो चोरी करके—शहद बेचकर, खेल-तमाशा दिखाकर अपना जीवनयापन करते हैं, उनकी दयनीय दशा पर न तो समाज की दृष्टि गयी—न सरकार की। इस उपेक्षित जाति को अपने आंचलिक उपन्यास का विषय बनाया रांगेय राघव ने। नटों की संस्कृति, रीति-रिवाज, विश्वास, नैतिकता तथा अनैतिकता के अनेकानेक सजीव चित्र उपन्यास में भरे पड़े हैं। जैसे चन्दन का मरघट जाकर सिद्धियाँ प्राप्त करना, निरोती ब्राह्मण से गुड़ की एक ढेली पाने की आशा में लड़कियों का यौन सम्बन्ध स्थपित करना, कंजरी का विवाहित होते हुए भी कंजरों के यहाँ जाना, प्यारी का शराब पीना तथा दारोगा की रखैल बनना इत्यादि।

ठाकुरों, ब्राह्मणों तथा पुलिस का नटों पर किए गये अत्याचारों व झूठे इल्जामों

का चित्रण जितना सहज है, उतना ही उन्हें छुड़ाने के लिए उनकी स्त्रियों का समर्पण भी। नट-करनटों से सम्बन्धित भाषा के प्रयोग में स्थानीय कहावतों, मुहावरों, प्रतीकों, दृष्टान्तों तथा ध्वनि-संकतों का प्रयोग इसे प्रेमचन्द की भाषा सजीवता के निकट ला खड़ा कर देता है। डॉ. लाल साहब सिंह के अनुसार हिन्दी के समस्त आंचलिक उपन्यासों में 'थी एक लकीर हृदय में जो अलग रही लाखों में' के समान सबसे अलग, सबसे निराला है।

नटों के समान ही वैरगाँव के लोहपीटों के जीवन पर आधारित उपन्यास है 'धरती मेरा घर'। इस उपन्यास में कथाकार ने एक विशेष जनजाति के साथ-साथ विशेष कालखंड (1935-1960) को चर्चा का विषय बनाया है। इस काल के भीतर होनेवाली प्रत्येक घटना का संकेत इस उपन्यास में मिलता है। विज्ञान तथा भौतिकता के विकास से गाँव नयी करवट ले रहा है इसकी आहट सुनाई देती है। जातिवाद और राजनीतिक गतिविधियों को मुख्य समस्या के रूप में उभारा गया है। सभी पात्र यथार्थ के धरातल पर जीते हुए भी आदर्शोन्मुख हैं। लोहपीटों जाति इसी आशा में जी रही है कि कभी तो उनके भटकने का अन्त होगा।

शिव प्रसाद सिंह के 'अलग-अलग वैतरणी' में स्वतन्त्रता पश्चात् का पूरा भारतीय ग्राम परिवेश सिसक रहा है। करैता गाँव अकाल, अभाव, गरीबी, बेरोजगारी, दलबन्दी इत्यादि असंख्य विद्रूपताओं से जड़ बन गया है। पंचायती चुनाव दलबन्दी का पर्याय बनकर रह गया है। चुनाव के नाम पर खलिहान फूँके जा रहे हैं, लोगों को लालच देकर भरमाया जा रहा है। यौन-सम्बन्धों के नाम पर षड्यन्त्र रचे जा रहे हैं। अध्यापक अनैतिक सम्बन्धों के द्वारा शिष्यों को गुमराह कर रहे हैं। और इन सबके बीच नेता और पुलिस अपनी जेबें गरम करने में व्यस्त हैं। इस अभिशप्त जिन्दगी में रामनवमी का मेला, हल पर्वरी और मकर संक्रान्ति पर्व ही इस एकरसता को तोड़ने में समर्थ हैं। वास्तव में स्वतन्त्रता-पश्चात् गाँवों के पारिवारिक व सामाजिक जीवन में जो परिवर्तन आया है, उसकी अभिव्यंजना करैता गाँव के माध्मय से की गयी है। स्वतन्त्रता पूर्व की सभी आशा-आकाक्षाएँ, अन्तहीन अँधेरे में बदल गयी हैं 'जो भी पढ़ा-लिखा है, चेहरेवाला है, काम का है, वह यहाँ से जा रहा है।' युवा वर्ग शहरों की ओर पलायन कर रहा है क्योंकि करैता जैसा बदनाम, दरिद्र, गिरा हुआ बीमार गाँव शायद ही कहीं हो। यहाँ कोई भला आदमी रह नहीं सकता। उपन्यास के प्रत्येक पात्र, प्रत्येक घटना, प्रत्येक वर्णन से आंचलिक गन्ध टपकती है। लेखक इस कण-कण की गन्ध को स्वरों व संकेतों से मूर्त करता चलता है।

जाति-विशेष से सम्बन्धित उपन्यासों में उदय शंकर भट्ट का 'सागर लहरें और मनुष्य' उपन्यास विशेष महत्त्व रखता है। बम्बई के बरसोवा के समुद्र तट

पर बसनेवाली कोली जाति अर्थात् मछुआरों की सामाजिक स्थिति, संघर्षपूर्ण जिन्दगी और गरीबी की करुण प्रस्तुति हुई है। बस्तर में रहनेवाले आदिवासी गोड़ों पर आधारित उपन्यास है—'जंगल के फूल' (राजेन्द्र अवस्थी)। इस उपन्यास में गढ़ बंगाल के भौगोलिक-प्राकृतिक परिवेश तथा घोंटुल जीवन से सम्बन्धित अनेकानेक चित्रों में आंचलिकता झलकती है। रामदरश मिश्र ने अपने उपन्यास 'जल टूटता हुआ' में गोरखपुर जिले के एक अविकसित गाँव तिवारीपुर के अंचलीय जीवन के माध्यम से स्वतन्त्रता पश्चात् की टूटन, निराशा व अजनबीपन को अभिव्यक्ति दी है। 'पानी के प्राचीर' के लोकगीतों में भी यही करुणा के स्वर मुखरित होते हैं। आनन्द प्रकाश जैन कृत 'आठवी भँवर' उपन्यास गोसाइयों के जीवन पर आधारित एक सुन्दर आंचलिक कृति है। 'लोक परलोक' में (उदय शंकर भट्ट) सम्पूर्ण अंचल को चरितार्थ करने की तीव्रता दिखाई देती है। इसके अतिरिक्त 'ब्रह्मपुत्र' (देवेन्द्र सत्यार्थी) 'चिट्ठी रसैन', 'हौलदार' (शैलेश मटियानी), 'आधा गाँव' (राही मासूम रजा), 'सति मैया का चौरा' (भैरव प्रसाद गुप्त), 'नदी फिर बह चली' (हिमांशु श्रीवास्तव) इत्यादि अनेक सफल आंचलिक उपन्यास लिखे गये। इन सभी उपन्यासों में आंचलिकता कथा एवं पात्रों में निहित नहीं, वरन् विवरणों एवं वर्णनों में जीवित हैं। प्रेमचन्दोत्तर काल में रेणु और नागार्जुन की प्रेरणा से आंचलिक उपन्यासों की बाढ़-सी आ गयी और नित नये-नये प्रभाव ग्रहण करती हुई यह धारा आज तक प्रवहमान है। इन सभी उपन्यासों में सांस्कृतिक संस्पर्श से सम्पन्न आंचलिकता का विस्तार है। इस काल को हम आंचलिक उपन्यासों का स्वर्णयुग कह सकते हैं।

3

प्रमुख पाश्चात्य एवं हिन्दी के आंचलिक उपन्यासकार

मरिया एजवर्थ (1767-1849)

मरिया एजवर्थ ने सन् 1800 ई. में प्रथमत: आयरलैंड के लोगों के जनजीवन को ग्राम्य परिवेश से संयुक्त करके देखा अपनी श्रेष्ठ आंचलिक औपन्यासिक कृति 'वैसैल रेयरेन्ट' में। एजवर्थ अँग्रेजी उपन्यास में ही नहीं, वरन् विश्व उपन्यास साहित्य में भी प्रथम आंचलिक उपन्यासकार मानी जाती हैं। आयरिश लोगों के अकृत्रिम, सरल एवं भावपूर्ण जीवन को एजवर्थ ने अधिक उभारा। 'वैसैल रेयरेन्ट' में एक ऐसे जमींदार की कथा वर्णित है, जो 18वीं शताब्दी से जुड़ा है। वह अपनी सम्पत्ति स्वयं ही लुटाकर अपनी दुर्दशा कर लेता है। लगभग अस्सी वर्ष बाद मार्क ट्वैन ने अपने उपन्यास 'हेवलबरी किन' को भी इसी उपन्यास के आधार पर लिखा जो एक श्रेष्ठ आंचलिक उपन्यास माना जाता है।

एजवर्थ के अन्य उपन्यासों में प्रमुखत: 'बेलिंडा' (1801) व 'द अबसेन्टी' (1812) आते हैं। स्कॉट, फूलाबेर, मारिश, तुर्गनेव, लोवल, लेवर, सोमर, व्हिले और रास आदि पर भी एजवर्थ का गहरा प्रभाव पड़ा। ये सभी इसी परम्परा के लेखक सिद्ध हुए।

सर वाल्टर स्कॉट (1717-1832)

वाल्टर स्कॉट ने स्कॉटलैंड के जनजीवन को अपने आंचलिक उपन्यासों का केन्द्रबिन्दु बनाया। इनके प्रमुख उपन्यासों में 'ओल्ड मारटेलिटी' (1861), 'केनिलवर्थ', 'क्वेंटिन डरवर्ड', 'द टालिस्मान', 'द हार्ट ऑव मिडलोथियन' इत्यादि आते हैं। इनके उपन्यासों में एक ओर जीवन की हलचल और चहल-पहल, गुंजार, सड़कों की भीड़-भाड़, घटनाओं का उद्वेग, हास-परिहास, करुणा और वीरत्व है तो दूसरी ओर पर्वतीय प्रदेशों की उत्पत्यकाओं, टीलों और झरनों में बिखरी हुई प्रकृति की शान्ति, श्री और सुस्थिरता का संगीत है।...इन उपन्यासों में स्कॉटलैंड की जीवित

राष्ट्रीयता, वहाँ कि जनश्रुतियाँ एवं प्रचलित अन्धविश्वासों का सजीव चित्रण यह स्पष्ट कर देता है कि वे भी पहले की तरह उपत्यकाओं के निवासी थे। अत: वहाँ की अन्तरंग झाँकी स्वत: ही देखने को मिलती है। अपने उपन्यास साहित्य को वे ऐसा रूप देना चाहते थे जिसमें जीवन की कविता और गद्य का ऐक्य हो तथा रूसो के प्रकृति प्रेम, स्टर्न की भाव प्रवणता, फील्डिंग की स्फूर्ति एवं विस्तार का सामंजस्य हो।...उसके पात्र उन्नीसवीं शताब्दी के आदिकाल के उच्च मध्यवर्गीय तथा व्यापारोन्मुख अभिजात्य वर्ग के लोग हैं जिनको स्कॉट ने अपने ही रंग में रँगकर पेश किया है।

'वेवरली' (1814) नामक उपन्यास में स्कॉट ने स्थानीय विशेष लक्षणों और चरित्रों को उभारा है। इनके उपन्यासों में ऐतिहासिक एवं अतीती लगाव भी लक्षित हुआ है। बहुलत: उपन्यासों में स्कॉटिश जाति का पराक्रम वर्णित किया गया है, जो उनका जातीय गुण है।...स्काट के पात्र अपने समाज, स्थान, वातावरण और प्राचीन वैभव से नित्य सम्बन्धित रहते हैं।...'वेवरली' में स्थानीय रंग का आधिक्य है। सभ्यता एवं संस्कृति की बनावट से दूर सरल पहाड़ी जातियों के सदियों पुराने रीति-रिवाजों, लोकोत्सवों लोक त्योहारों एवं लोकधारणओं आदि को इस उपन्यास ने मूर्तिमान कर दिया है।

एन्थनी ट्रौलप

स्कॉट के बाद उपन्यासों में आंचलिकता की प्रवृत्ति को विकसित करने का कार्य ट्रौलप द्वारा ही हुआ। इनकी प्रसिद्ध कृति 'द वार्डन' (1855) है। इसके अतिरिक्त इनकी बाचैस्टर उपन्यासमाला भी प्रसिद्ध है। 'बाचैस्टर टाक्से' (1857) इनका प्रसिद्ध उपन्यास है। किसी एक अंचल के लोगों का स्वाभाविक एवं अकृत्रिम जीवन मानवीय घरातल पर वर्णित करना ही इनके उपन्यासों का उद्देश्य रहा है। 'द लास्ट क्रॉनिकल ऑव बारसेट' में अँग्रेजों का जनजीवन वर्णित है। ट्रौलप श्रेष्ठ उपन्यासकार थे। उनके उपन्यासों में पात्रों का व्यक्तित्व चित्रण कहीं-कहीं अनुपात से अधिक होकर मूलत: समाज चित्रण ही हुआ है। इन्हें थेकरे का अनुगामी भी माना गया है।

चार्ल्स डिकेंस

इनकी पहली आंचलिक औपन्यासिक कृति 'पिकविक पेपर्स' (1836) है। अन्य उपन्यासों में 'ओलिवर ट्विस्ट', 'डेविड कॉपरफील्ड', 'ए टेल ऑव टू सिटीज', 'ग्रेट एक्सपेक्टेशन्स' एवं 'ब्लीक हाउस' इत्यादि प्रमुख हैं। इनकी कृतियों में लन्दन के शूद्र जनजीवन पर प्रकाश डाला गया है। विपुल अद्वितीय वर्णनात्मक

शक्ति तथा चरित्र-चित्रण की सजीवता इनके उपन्यासों की विशेषताएँ हैं।...लोकहित भावना भी इनकी कृतियों से जुड़ी हुई है। मानववादी आंचलिक उपन्यासों की नींव इन्होंने ही डाली। 'औलिवर ट्रिवस्ट' में लन्दन की उपेक्षित एवं निर्धन बस्तियों का चित्रण उनके मानववादी दृष्टिकोण का ही प्रतिफल है। जीवन के इस यथार्थ, सहज और सहानुभूतिपूर्ण चित्रण के उपरान्त रोमांसों के काल्पनिक योद्धा, परम्परागत नायिकाएँ और उनके हैरअंगेज किस्से अपनी अन्तिम साँसें गिनने लगे। डिफेंस ने उपन्यास को उस स्थिति पर खड़ा किया जहाँ जीवन की समस्याएँ प्रस्तुत हुईं। उन्होंने उनके हल दिये या कम-से-कम मार्ग अवश्य प्रस्तुत किया। संघर्षमय जीवन को लेकर ही वे आगे बढ़े। वे अपने पात्रों को देशकाल के निकट लाये जो कि मानवता से पूर्ण एवं जीवन स्थितियों के परिचायक हैं। इनकी कृतियों के कुछ पात्र कहावतों की तरह जीवित हैं, जिन्होंने हमारे आधुनिक लोकसाहित्य में घर कर लिया है।' डिकेंस रचना के साथ आत्मीय हो उठते थे। वह अपने विषय में इतने लीन हो जाते थे कि शैली स्वाभाविक अभिव्यक्ति का पर्याय बन जाती थी। उसमें बालसुलभ कल्पना का मेल अनुभवी आँखों की पैनी दृष्टि से हो गया था।...वे व्यंग्य से देश की पीड़ा को मुक्त हास से हल्का-से-हल्का करके वांछित प्रभाव को गहरा कर देते थे।' अन्ततः डिकेंस का आंचलिकता को विशेष योगदान मिला।

जॉर्ज इलियट (1819)

इलियट को प्रथम आधुनिक आंचलिक कृतिकार भी कहा गया है। इनका 'एडमबीड' (1859) नामक उपन्यास साधारण दुःख-सुख, प्रेम, आनन्द, व्यंग्य और करुणापूर्ण जीवन की कथा है। आंचलिक परिवेश से युक्त यह कृति लर्डी के 'फार फ्रॉम द मेडिंग क्राउड' के बाद ही श्रेष्ठ ग्राम्य कथा है। इन्हीं के 'डेनियल डोरेंडा' नामक उपन्यास में एक ऐसी स्त्री की कथा है, जिसने खुली आँखों से संसार को देखा, जीवन की समस्याओं पर मनन किया तथा उसके परिणाम निकाले। यहाँ स्वयं इलियट की स्वानुभूत जीवन्त संवेदनाओं को ही उभारा गया है। इन कृतियों के पात्र भी अच्छे-बुरे इसी यथार्थ जगत् के हैं। 'द मिल ऑन द फ्लास' (1860), 'सीस ऑव क्लेरिक्ल लाइफ' (1857), 'मिडल मार्च' (1872), 'रामोला' एवं 'सिलास मार्नर' भी इनके प्रसिद्ध उपन्यास हैं।

अनोल्ड बैनेट (1867-1931)

बैनेट ने अपनी जन्मस्थली हेन्ली (पाँच कस्बों का सम्मिलित शहर) के निवासियों के रहन-सहन उनकी भाषा एवं व्यावसायिक जीवन को मुखर रूप प्रदान करनेवाली

प्रवृत्तियों का सप्राण वर्णन किया है। इन्होंने 'स्ट्रोक ऑन ट्रेंट' के पाँच गाँवों की जिन्दगी का वर्णन किया है। इन्हें इस युगीन समाज व्यवस्था की आँख भी कह सकते हैं। 'द ओल्ड वाइव्ज टेल' (1908) तथा 'वलेहेंगर' (1910) इसी अचंल के व्यवसायियों के साहसपूर्ण व्यक्तित्व का वर्णन करनेवाली श्रेष्ठ औपन्यासिक कृतियाँ हैं। 'हिल्डलेस वेज़' (1911) एवं 'दीज ट्रवैन' (1916) भी इनकी प्रसिद्ध आंचलिक कृतियाँ हैं। 'आन ऑव द फाइव टाउंस' (1902) भी इनकी सफल कृति है। अनोल्ड बैनेट का कार्यक्षेत्र फाइव टाउंस तक ही सीमित नहीं रह सका। उसके उपन्यास प्रान्तीयता की सीमा तक भी पहुँच गये हैं। प्रान्तीय वातावरण को प्रस्तुत करने के कारण उनके उपन्यासों में एक-दूसरे प्रकार की सजीवता आ गयी है। बहुलतः इनके उपन्यासों में वास्तविकता और रोमांस का समन्वय भी हुआ है।

टामस हार्डी (1840-1928)

हार्डी का आविर्भाव 19वीं शती के अन्तिम चरण में हुआ। इनके सभी उपन्यासों में आंचलिकता अपने पूर्णरूप में लक्षित हुई है। हार्डी ने उपन्यास के स्वरूप के विकास में एक नया अध्याय जोड़ा। जीवन की स्थानिक गहराई में जाकर चरित्र के सम्पूर्ण स्वरूप का उद्घाटन व जीवन में उसकी इकाई का प्रदर्शन अब तक के उपन्यासों में नहीं हुआ था जो कि हार्डी द्वारा सम्पन्न हुआ। अपनी जन्मभूमि वेसैक्स को इन्होंने अपनी कृतियों का आधारबिन्दु बनाया।

हार्डी के उपन्यासों में आंचलिकता प्रचुर मात्रा में मिलती है। हार्डी ने 'टेस ऑव द डर्बीलिव' (1891) नामक श्रेष्ठ उपन्यास भी लिखा। 'वैलेस' प्रदेश के अन्धविश्वासों, त्योहारों, रूढ़ियों, जादू-टोनों आदि का यथातथ्य वर्णन हार्डी ने अपने उपन्यासों में किया है। इन्हीं के 'हेंड ऑव इथेलबर्थ' (1876) नामक उपन्यास में गड़रियों के जनजीवन का यथार्थ चित्रण हुआ है। इनका साहित्य 'लोकपरम्पराओं और लोकविश्वासों से भरा-पूरा है। लोकगाथा, लोककला, लोकविश्वास उनके साहित्य में इतना महत्त्व रखते हैं कि उपन्यास को विशिष्ट प्रदेश और उसकी लोकपरम्परा से पृथक् करके नहीं समझा जा सकता। हार्डी के उपन्यास अन्ततः स्थानीय रंग और विश्व रंग (यूनिवर्सल कलर) का सम्मिश्रण हैं।

हार्डी ने अपने उपन्यासों में ग्रामीण जीवन एवं प्राकृतिक दृश्यों का जीवन्त चित्रण किया है। ग्राम्यात्मा के वे सच्चे प्रतिनिधि लेखक थे। हार्डी मनुष्य की बुद्धि या वस्तुओं के अध्ययन मात्र से ही सांसारिक रहस्यों के खुलने की सम्भावना पर विश्वास नहीं करता। उन्होंने ग्राम्य जीवन से कथानक लिये। प्रकृति की जीवन्तता उनकी कृतियों का विशिष्ट विषय रहा। इन्होंने 'जूड द ओबस्क्योर'

नामक उपन्यास में पूँजीवादी व्यवस्था में मानवीय जीवन की उपलब्धि में असमर्थता जाहिर की। हार्डी के पात्र परिवेश के प्रति अत्यन्त आत्मीय रूप से जुड़े रहते हैं। गाइल्स विन्टरबोन एक ऐसा कृषक पात्र है, जो क्षेत्रीय वृक्षों की हरकतों को भी पहचानता है। ग्रबियस एक ऐसा गड़रिया था, जो दुग्धालय के सभी कार्यों से पूर्णरूपेण परिचित था। अनुभवजन्य यथार्थता को लेकर चलनेवाले हार्डी श्रेष्ठ लेखक रहे।

अमेरिकी आंचलिक उपन्यासकार

आंचलिकता की प्रवृत्ति का सशक्त, सुंगठित एवं व्यापक रूप हमें अमेरिकी आंचलिक उपन्यासों में प्राप्त होता है। अमेरिकी साहित्य में कम-से-कम 2,000 विशिष्ट आंचलिक कृतियाँ रची गयीं। आंचलिक का प्रवेश यहाँ 'नवक्षितिज आन्दोलन' (न्यू फ्रंटियर्स मूवमेंट) द्वारा हुआ।

अनेक विद्वान अमेरिकी उपन्यासकार ब्रिटहाट के उपन्यासों, क्रमशः 'एफिलिस ऑव साराज' (1888) तथा 'दि अनसेक्टर्स ऑव पीटर आथरली' से ही आंचलिकता का उद्भव मानते हैं। कुछ प्रमुख आंचलिक उपन्यासकार एवं उनकी कृतियों का संक्षिप्त परिचय इस प्रकार है—

मार्क ट्वेन (1835-1910)

इनकी प्रमुख औपन्यासिक आंचलिक कृतियाँ 'लाइफ ऑन न मिसिसीपी' (1853), 'द एडवेंचर ऑव टॉम सावयेर' (1876), 'द सेलिब्रेटेड जम्पिंग फ्रॉग एट स्लैवर्स कंट्री' (1876), 'द एडवेंचर ऑव हकलेबरी फीन' (1884) हैं। इनका प्रभाव हेमिंग्वे पर पाया जाता है।

जार्ज वाशिंगटन केवल (1844-1925)

इनके प्रमुख उपन्यास हैं—'ओल्ड फ्रेओलीडेज' (1879) एवं 'द ग्रांडी सिमैस' (1880)।

सराह ओर्न जेवेट (1849-1909)

जेवेट एक प्रभावी आंचलिक उपन्यासकार, लेखिका रहीं। 'द कंट्री ऑव द पाइंटेस फर्स' (1896) एवं 'कंट्री डॉक्टर' (1884) इनके स्थानीय रंग प्रधान उपन्यास हैं।

विला कथर (1876-1947)

कथर के तीन प्रमुख आंचलिक उपन्यास हैं—'द लास्ट लेडी' (1923), 'माई

अंटोनिया' (1918) तथा 'ओ पॉयनियर्स' (1913)। तीनों कृतियाँ ब्रास्का परिसर (अंचल) के जनजीवन का यथार्थ चित्रण करती हैं।

ओ.ह. रोल्वाग (1876-1931)

इनके 'पेडर डिक्टोरियन्स' (1929) तथा 'ज्वाइंट्स इन द अर्थ' (1924) प्रसिद्ध आंचलिक उपन्यास हैं।

विलियम फॉकनर (1896-1962)

इनकी कृतियों में 'द साउंड ऐंड द फ्यूरी' (1929), 'ऐज आय ले डाइंग' (1930) 'सेंक्च्युवरी' (1931) एवं 'लाइट इन आगस्ट' (1932) प्रसिद्ध रचनाएँ हैं। 1950 में इन्हें नोबेल पुरस्कार भी मिला।

रास लाकरिज (1914-1940)

इनकी 'रेन ट्री कंट्री' एक रीजनल क्रानिकल कृति है।

फ्रांसीसी आंचलिक उपन्यासकार

फ्रांसीसी उपन्यास साहित्य में प्रकृतिवादी चित्रण द्वारा यथार्थवाद का उद्भव प्रथमत: रूसो के (1712-1775) उपन्यासों से हुआ। स्टेंडहाल (1783-1842) सर्वश्रेष्ठ फ्रांसीसी लेखक माना गया जिसके 'लाल और काला' (रेड ऐंड ब्लैक), 'पार्म का संन्यासी' (1831) आदि उपन्यासों में इटालियन जनजीवन का वर्णन है।

बाल्जाक आनरेद (1799-1850)

फ्रांसीसी समाज का सर्वांग चित्रण इन्होंने अपनी उपन्यासमाला, 'लॉ कामेडी ह्यूमैन' (1826-1850) के माध्यम से किया। इसमें आंचलिक संस्पर्श लक्षित हुआ है।

विक्टर ह्यूगो (1802-1865)

इनके प्रसिद्ध उपन्यास 'नान्नदाम द पेरिस' (1831) एवं 'ला मिजरेबल' (1862) हैं।

फ्लाबेयर (1821-1881)

इनका विश्व प्रसिद्ध उपन्यास 'मदाम बावेरी' (1857) है। यथार्थवाद से जुड़ी आंचलिकता को फ्लाबेयर ने अधिक उभारा।

एमिल जोला (1840-1902)

'ल रोमान ऐक्पेरिमेंटल' इनका प्रसिद्ध उपन्यास है। 'नाना' भी इनकी प्रसिद्ध कृति है। इनके साहित्य में भी पर्याप्त मात्रा में स्थानीय रंग उभरा है।

मोपासां (1850-1893)

इनके 'जर्मिनल', 'पेरिस', 'पिअर और जीन', 'एक हृदय का इतिहास' आदि उपन्यास हैं।

अनातोले फ्रांस (1844-1924)

'थाया' नामक कृति पर इन्हें नोबेल पुरस्कार मिला। पादरी समाज को उनकी विशिष्टताओं में इन्होंने उभारा है।

मार्सेल प्राउन्ट (1871-1922)

'अतीत का पर्यवेक्षण' (1913) इनकी प्रसिद्ध कृति है।

रूसी आंचलिक उपन्यासकार

आंचलिकता के विकास में रूसी उपन्यासों ने भी यथेष्ट सहयोग दिया। पुश्किन का 'द कप्टन्स डाटर' तथा निकोलाई गोगोल का 'मृतात्माएँ' (1842) प्रारम्भिक रूसी उपन्यास छपे। कुछ प्रमुख रूसी उपन्यासकार एवं उनकी कृतियों का विवरण इस प्रकार है—

तुर्गनेव (1818-1883) : इनके 'फादर्स ऐंड संस' (1862) एवं 'हवर्जिन साइले' (1876) प्रमुख आंचलिक उन्यास हैं।

फियोदोर दोस्तोव्यस्की (1821-1861)

इनके 'पुअर प्यूपिल' (1848), 'गैम्बलर' (1866), 'द क्राइम ऐंड पनिशमेंट' (1866), 'पजेस्ड' (1867) एवं ब्रदर्स का 'रामाजोव' (1880) नामक उपन्यास प्रसिद्ध रहे।

काउंट लियो टालस्टाय

'द कार्सेक्स' इनकी प्रसिद्ध कृति है, जिसमें कज्जाक जाति के जनजीवन का वास्तविक चित्रण हुआ है। 'वार ऐंड पीस' (1865-69) भी रूसी जनजीवन की प्रतिकृति है। 'अन्ना केरेनिना' (1875-77) एवं 'रिजर्वेशन' भी इनकी प्रसिद्ध कृतियाँ हैं।

लमनि तोव्ह

इनका 'अहिरो ऑव अवर टाइम' (1839) कावैश्स अंचल पर रचित उपन्यास है।

लियोनिड लिओनोव

इनका 'रशन वुड्स' नामक उपन्यास प्रसिद्ध है, जिसमें रूसी वन्य जीवन का वर्णन किया गया है।

बोरीस पिनयाक

इनका 'नेफेउहयर' (1922) नामक उपन्यास एक श्रेष्ठ आंचलिक रचना है।

मैक्सिम गोर्की (1868-1939)

'आर्तो मोनोह्व बिजनेस' (1925), 'फोमा गोर्डीक' (1899), 'मदर' (1907) इनके प्रसिद्ध आंचलिक उपन्यास हैं।

माश्वेल शेलेशेव

'ऐंड क्वाएट फ्लोज द डाने' (1928), 'डान फूलोज होम ट्यसी' (1933) इनकी श्रेष्ठ आंचलिक औपन्यासिक कृतियाँ हैं।

हिन्दी के आंचलिक उपन्यासकार

वृन्दावनलाल वर्मा (1889-1969)

बुन्देलखंड अंचल को केन्द्रबिन्दु बनाकर चलनेवाले वर्मा जी के उपन्यासों में आंचलिकता का अन्वेषण किया गया। इनके उपन्यासों में 'गढ़ कुंडार' (1927), 'लगन' (1927), 'कुंडली चक्र' (1928), 'प्रेम की भेंट' (1926), 'विराटा की पद्मिनी' (1930), 'झाँसी की रानी लक्ष्मीबाई' (1946), 'सोना' (1951), 'अमरबेल' (1953), 'मृगनयनी' (1950), 'उदयकिरण' (1960) आदि प्रमुख हैं।

इनके औपन्यासिक पात्र ऐतिहासिक होने के बावजूद अपने क्रियाकलापों, जीवन विधि व आचार-व्यवहार में आंचलिक माने गये हैं। इनके सभी उपन्यास ऐतिहासिक पृष्ठभूमि पर रची गयी आंचलिकता का आभास पैदा करनेवाली कृतियाँ हैं। जिसे आंचलिक उपन्यास कहा जाता है, उसका आदिस्रोत हमें वर्मा जी में ही प्राप्त होता है। ग्रामीण जीवन की जीवन्त झाँकियाँ, बुन्देलखंड के जनजीवन का समग्रता के साथ अंकन, प्राकृतिक परिवेश, बुन्देलखंडी भाषा का प्रयोग इन्हें

आंचलिक उपन्यासकार की श्रेणी में ले आता है। इन्हें आंचलिक उपन्यासों का जन्मदाता माना गया है। इनके ऐतिहासिक उपन्यासों में आंचलिकता दूध-पानी की तरह घुली-मिली है।

वर्मा जी की कृतियाँ भावात्मक, ऐतिहासिक, मनोरम होने के साथ-साथ सांस्कृतिक गरिमा से युक्त भी है। इसमें उन्होंने बुन्देलखंड का जन प्रचलित इतिहास, पुराण, रूढ़ियाँ, परम्पराएँ आदि ध्वनित करते हुए जनसमूह के आदर्शों, आकांक्षाओं, आशाओं एवं विश्वासों को भी सम्मुख रखा है।...आंचलिकता का यह व्यापक स्वरूप है। बुन्देलखंडी जीवन के 'डिटेल्स' (व्यापक वर्णन) वर्मा जी के उपन्यासों में पाये जाते हैं। ये इस अंचल की आकृति को सजीवता से साकार कर देते हैं।

आंचलिक उपन्यासों का आदिस्त्रोत वर्मा जी के उपन्यासों में सर्वत्र लक्षित हुआ है, फिर भी इनके उपन्यासों में पूर्ण आंचलिकता न होकर आंशिक आंचलिक स्थिति एवं परिवेश का ही आभास मिल पाता है। अत: वर्मा जी के उपन्यास आरम्भिक स्थिति के सूचक मात्र हैं। वातावरण-चित्रण, अंचल के लोकजीवन के वर्णन एवं भाषा आदि की दृष्टि से ये उपन्यास आंचलिक ही लगते हैं। इनके 'मृगनयनी', 'कचनार' एवं 'झाँसी की रानी' जैसे उपन्यासों को ऐतिहासिक आंचलिक कृतियाँ कहा गया है। 'गढकुंडार' नामक उपन्यास में सारील की पहाड़ियों के आसपास के अंचल के निवासियों के रहन-सहन, भाषा, पर्व-त्योहार, वेशभूषा, अन्धविश्वासों, धर्माडम्बरों आदि का वर्णन आंचलिकता की छाप छोड़ता है। इसी प्रकार 'विराटा की पद्मिनी' में भी बुन्देलखंड अंचल को उसके सर्वांग रूप में वर्णित किया गया है। 'कचनार' की कथावस्तु मध्य प्रदेश की गोंड़ जाति के जनजीवन को लेकर चलती है। इसमें इस जंगली आदिवासी जाति के जीवन, रहन-सहन, रीति-रिवाज, परम्पराओं एवं दुर्बलताओं का आंचलिकता के परिप्रेक्ष्य में वर्णन हुआ है। 'मृगनयनी' उपन्यास में राई नामक गाँव को केन्द्रबिन्दु माना गया है।

अन्तत: वर्मा जी की औपन्यासिक कृतियों में एक सीमित रूप में ही आंचलिकता पाई जाती है। केवल आंचलिकता की आंशिक स्थिति और परिवेश का ही ज्ञान हो पाता है। यही कारण है कि हम वर्मा जी को आंचलिक उपन्यासकारों की आरम्भिक स्थिति में रखते हैं।

आचार्य शिवपूजन सहाय (1893-1963)

आंचलिकता के सभी तत्त्वों को लेकर प्रथमत: पाठकों के समक्ष आनेवाली शिवपूजन सहाय कृत 'देहाती दुनिया' (सन् 1926) नामक औपन्यासिक कृति रही। इसीलिए सहाय जी को प्रथम आंचलिक उपन्यासकार भी माना गया है। 'देहाती दुनिया'

में रामसहर नामक भोजपुरी अंचल का जनजीवन समग्रतः वर्णित हुआ है। यहाँ लोगों का रहन-सहन, वेशभूषा, धर्म, अन्धविश्वास, भाषा, लोकसंस्कृति व व्यवहारवादी दृष्टिकोण सप्राण रूप में मुखर हो उठा है। इस कृति की भूमिका में स्वयं लेखक ने लिखा भी है कि मैं ऐसे ठेठ देहात का रहनेवाला हूँ, जहाँ इस युग की नयी सभ्यता का बहुत ही धुँधला प्रकाश पहुँचा है। यहाँ केवल दो ही चीजें प्रत्यक्ष देखने में आती हैं—अज्ञानता का घोर अन्धकार और दरिद्रता का तांडव नृत्य। यहीं पर मैंने स्वयं जो देखा-सुना है उसे यथाशक्ति ज्यों-का-त्यों अंकित कर दिया है। भारतीय गाँवों का चित्र इस उपन्यास में अपने प्रतिनिधि रूप में प्राप्त होता है। सामूहिक चरित्र-चित्रण, सीमित कथाक्षेत्र, समग्र सांस्कृतिक जीवन दर्शन, यथार्थवाद, स्थानीय भाषा का प्रयोग, स्थानीय रंग, फोटोग्राफिक शैली, व्यक्ति टाइप, लोकसाहित्य का उपयोग आदि कारणों से 'देहाती दुनिया' को अनेक समीक्षक आंचलिक सिद्ध करते हैं, किन्तु इसे इस प्रारम्भिक आंचलिक उपन्यासों में एक महत्त्वपूर्ण कृति मान सकते हैं।

नागार्जुन (1910)

आंचलिकता की धारा को सर्वप्रथम नागार्जुन ने ही अपनी प्रमुख औपन्यासिक कृति 'बलचनमा' में सम्पूर्णता में उभारा। 'बलचनमा' (1952), 'बाबा बटेसरनाथ' (1954), 'दुःखमोचन' (1957), 'नयी पौध' (1958), 'वरुण के बेटे' (1957), 'कुम्भीपाक' (1960), 'रतिनाथ की चाची' (1948), 'इमरतिया', 'पारो, हीरक जयन्ती' (1961), 'उग्रतारा' (1963) आदि नागार्जुन के श्रेष्ठ आंचलिक उपन्यास हैं। इनकी सभी कृतियों में आंचलिकता का आग्रह पाया जाता है। ये उपन्यास आंचलिकता की पृष्ठभूमि पर सामाजिक यथार्थ को रूपायित करते हैं। 'बलचनमा' में मिथिलांचल के दरभंगा जिले को केन्द्रबिन्दु बनाया गया है एवं इस जिले की राजनैतिक, सामाजिक, आर्थिक एवं धार्मिक प्रवृत्तियों को चित्रांकित किया गया है। इसमें बलचनमा नामक एक बच्चे को प्रमुख पात्र के रूप में दिखाकर उसी के माध्यम से गाँव की कथा का ताना-बाना बुना गया है। 'बलचनमा' में ग्राम्य जीवन के अभावों और उसकी समस्याओं के आर्थिक पक्ष पर अधिक जोर देते हुए अंचल के जनजीवन से सम्बन्धित सूक्ष्मातिसूक्ष्म बातों को ब्यौरेवार रूप में प्रस्तुत किया गया है। इसी प्रकार 'बाबा बटेसनाथ' में भी उन्होंने 'जैकिसुन' नामक पात्र द्वारा अपने गाँव रूपौली की आद्योपान्त विकास अवस्था का वर्णन एक वटवृक्ष के माध्यम से कराया है, जिससे उस अंचल का समग्र चित्र नेत्रों के समक्ष साकार हो उठता है। 'दुःखमोचन' में टमकाकोरूली गाँव का जनजीवन चित्रित है। 'वरुण के बेटे' में गोढ़ियारी नामक गाँव का जनजीवन वर्ग संघर्ष के रूप में वर्णित हुआ

है। 'नयी पौध' में वृद्ध-विवाह उन्मूलन एवं युवा विद्रोह का वर्णन हुआ है। 'इमरतिया' में भी नूतन शिल्पकौशल द्वारा पुष्ट आंचलिकता का समीपस्थ ग्राम्यांचलीय जनजीवन इन उपन्यासों में सजीव हो उठा है।

फणीश्वरनाथ 'रेणु' (1921-1977)

स्व. रेणु आंचलिक उपन्यास परम्परा के सशक्त कृतिकार के रूप में सामने आये हैं। इनके उपन्यासों में आंचलिकता अपने सशक्त रूप में उभरी है। 'मैला आँचल' (1954), 'परती परिकथा' (1957), 'कितने चौराहे' (1966), 'दीर्घतपा' (1963), 'जुलूस' (1965) तथा 'कलंकमुक्ति' (1973) इनके प्रमुख उपन्यास हैं। इनकी नवीनतम कृति 'पलटू बाबू रोड' (1970) भी आंचलिक उपन्यास है। रेणु की सभी कृतियाँ आंचलिकता का नया आयाम प्रस्तुत करती हैं।

'मैला आँचल' इनकी सर्वप्रथम कृति है, जिसमें बिहार अंचल के 'मेरी गंज' गाँव का जनजीवन साकार हो उठा है। 'परती परीकथा' में परानपुर अंचल सजीव हो उठा है। इसी प्रकार 'कितने चौराहे' में भी मैथिली क्षेत्र अररियाकोट का जनजीवन साकार हो उठा है। 'जुलूस' में नवीनगर कॉलोनी का वर्णन है। इसमें 'गोखियर' गाँव का जनजीवन चित्रित हुआ है। 'दीर्घतपा' में भी 'आंकीपुर' गाँव समग्रतः साकार हो उठा है। साथ ही वहाँ के वर्किंग वीमेंस हॉस्टल को केन्द्रबिन्दु बनाकर वहाँ के रहन-सहन एवं दूषित परिवेश को उभारा गया है। 'पलटू बाबू रोड' में पूर्णिया जिले के 'बेरमाछी' अंचल का जनजीवन उभारा गया है। रेणु कृत 'मैला आँचल' को ग्रामीण जीवन का महाकाव्य कहा गया है। अन्ततः स्व. रेणु जी आंचलिक उपन्यासकार के रूप में श्रेष्ठ कृतियों के सर्जक बने रहे।

देवेन्द्र सत्यार्थी (1908-1979)

इनका सर्वश्रेष्ठ पुरस्कृत आंचलिक उपन्यास है—'ब्रह्मपुत्र' (1956)। इसमें सत्यार्थी जी ने ब्रह्मपुत्र नदी के तटवासियों के रहन-सहन, वेशभूषा, पर्व-त्योहार, भाषा, लोकसंस्कृति, धर्म एवं विश्वासों आदि का समग्रतः वर्णन किया है। इस कृति में लेखक ने ब्रह्मपुत्र नदी के किनारे लक्षित होनेवाले असम के लोकजीवन को स्वाधीनता पूर्व भारतीय परिवेश में प्रस्तुत किया है। 'दिसांगमुख' अंचल के लोगों की सामाजिक, आर्थिक, धार्मिक एवं सांस्कृतिक सभी स्थितियों का वर्णन इसमें हुआ है। अहिन्दीभाषी प्रान्त के नदी पुत्रों के जीवन का गहनाध्ययन अपने पर्यवेक्षण एवं अनुभव द्वारा लेखक ने अत्यन्त प्रभावी ढंग से आंचलिकता के पुष्ट रूप में उभारा है। वास्तव में इस उपन्यास में नदी पुत्रों के लोकजीवन का पुराण प्रस्तुत किया गया है। इन तटीय लोगों का जीवन इस नदी से इस तरह जुड़ा है, जैसे

धरती से किसान का या माता-पिता से पुत्र जुड़ा होता है। 'दूधगाछ' (1958) में भी केरल प्रदेश के 'बरकला' नामक अंचल का समुद्रतटीय जनजीवन पुनः सजीव हो उठा है। यह भी आंचलिकता को समेटे हुए चलता है। इसकी कहानी केरल और मुम्बई के बीच झूलती है। इनके अतिरिक्त 'कथा कहो उर्वशी' (1961), 'कठपुतली' (1954), 'रथ के पहिये' (1953) आदि भी इनकी श्रेष्ठ आंचलिक कृतियाँ हैं।

मनहर चौहान

इनका प्रमुख आंचलिक उपन्यास है—'हिरना साँवरी'। इसमें छत्तीसगढ़ अंचल के 'करतार' नामक गाँव के जनजीवन को उभारा गया है। छत्तीसगढ़ अंचल में व्याप्त अशिक्षा, अन्धविश्वास, धन का असन्तुलित विभाजन तथा नारी शरीर की सहज सुलभता एवं गाँवों का शहरों से संघर्ष, बेकारी से टूटती गाँव की जिन्दगी एवं गन्दगी का यथार्थ वर्णन इस कृति में किया गया है। सभी औपन्यासिक पात्र आंचलिक विशिष्टताओं का प्रतिनिधित्व करते हुए लक्षित होते हैं।

हिमांशु श्रीवास्तव

इनके प्रमुख उपन्यासों में 'लोहे के पंख' (1957), 'नदी फिर बह चली' (1961), 'पुरुष और महापुरुष' (1963), 'सिकन्दर' (1963), 'चित्र और चरित्र', 'कथा सूर्य की नयी यात्रा' (1964), 'धर्मचेता' (1964) आते हैं। इनमें आंचलिकता की दृष्टि से प्रथम दो उपन्यास प्रमुख हैं। 'लोहे के पंख' में बिहार अंचल के जनजीवन को उभारा गया है। इसमें चमार जाति के जनजीवन, आचार-व्यवहार, भाषा, संस्कृति आदि का समग्र चित्रण हुआ है। सर्वहारा वर्ग का विद्रोह इसमें सर्वत्र द्रष्टव्य है। 'नदी फिर बह चली' नामक उपन्यास में बिहार के छपरा अंचल के सम्पूर्ण ग्राम्य परिवेश को स्पर्श करती हुई कथा वर्णित है।

भैरवप्रसाद गुप्त

इनके प्रमुख उपन्यासों में 'गंगा मैया' (1953), 'सती मैया का चौरा' (1959), 'आशा' (1951), 'कालिन्दी', 'मशाल' (1951), 'जंजीरें और नया आदमी' (1950), 'देशभक्त' (1950), 'धरती' (1950), 'शोले' (1950) आदि आते हैं। 'गंगा मैया' तथा 'सती मैया का चौरा' इनमें सर्वाधिक प्रभावी कृतियाँ हैं। 'गंगा मैया' का केन्द्रबिन्दु उत्तर प्रदेश के बलिया जिले का गाँव है। इसमें गुप्त जी ने कृषकों की लाश में रूह फूँकने का काम किया है। मठरू नामक पात्र इसमें नयी चेतना का प्रतीक बनकर आया है। 'सती मैया या चौरा' नामक उपन्यास

में परतन्त्र देश के देशकाल से लेकर स्वतन्त्रता संघर्ष, जमींदारी उन्मूलन तथा विकासारम्भ तक की स्थितियों को आशा, आस्था के नवोल्लास में चित्रित किया गया है। इसमें सन् 1951 तक ही उस राष्ट्रीय मन:स्थिति का चित्रण हुआ है, जिसमें एक ओर विकास की छटपटाहट है तो दूसरी ओर स्वातन्त्र्योत्तर लज्जाहीन नंगई एवं गुंडई की प्रवृत्ति है। इस कृति में गुप्त जी ने समाज के यथार्थ को अत्यन्त नजदीक से देखा, परखा एवं प्रगट किया है। अंचल की अमानवीय विसंगतियों एवं नग्नताओं को भी उद्घाटित किया है। इसमें गुप्त जी ने 'पियरी' नामक ग्राम्यांचल की सामाजिक, राजनीतिक, आर्थिक, सांस्कृतिक एवं धार्मिक कथा प्रस्तुत की है।

गुप्त जी के 'महफिल' (1958) नामक उपन्यास में भी लोकजीवन की सहज अभिव्यक्ति हुई है। 'आँखों का सवाल' (1964) में भी ग्राम्य जीवन की झाँकी प्रस्तुत हुई है। 'वादी' नामक कृति में अन्त:पुर के विलासमयी जीवन का चित्रण हुआ है। 'जंजीरें और नया आदमी' (1956) में परतन्त्र भारत के ग्राम्य जीवन के मार्मिकता मुखर हुई है।

बलभद्र ठाकुर (1918)

इनके प्रमुख उपन्यासों में 'मुक्तावली' (1958), 'नेपाल की बेटी' (1959), 'देवताओं के देश में' (1960), 'घने और बने' (1961), 'लहरों की छाती पर' एवं 'आदित्यनाथ' आते हैं। 'मुक्तावली' में मणिपुर की जनवादी जनचेतना उभारी गयी है। 'नेपाल की बेटी' में कुल्लू (हिमालय) घाटी का जनजीवन चित्रित है। 'घने और बने' में नेपाल के चटगाँव का प्रसिद्ध सशस्त्र संघर्ष और चाय बागान का मजदूर संघर्ष वर्णित किया गया है। इसमें नेपाल की दरिद्र एवं अभावग्रस्त डटिपाल जाति का चित्रण हुआ है, जिसके गुप्त जीवन में जागृति की लहर लानेवाली जागरूक वीरांगना नायिका हेमा है। 'देवताओं के देश में' नामक कृति में कुल्लू के जनजीवन को सजीव रूप में उभारा गया है। इसमें मलणा नामक गाँव का वर्णन है। 'आदित्यनाथ' में कुल्लू के जनजीवन को आंचलिकता के गहन स्पर्श के साथ उभारा गया है। अंचल के पिछड़ेपन का वर्णन इस कृति में हुआ है।

लक्ष्मीनारायण लाल (1927)

इनके प्रमुख उपन्यासों में 'बया का घोंसला और साँप' (1953), 'काले फूल का पौध' (1955), 'धरती की आँखें' (1951), 'रूपाजीवी' (1959) एवं 'बड़ी चम्पा छोटी चम्पा' (1961) आते हैं। 'बया का घोंसला और साँप' आंचलिक संस्पर्श से युक्त कृति है। इसमें ग्राम, कस्बे एवं नगर का जनजीवन एक साथ

वर्णित हुआ है। जनजीवन की क्रूरता का वर्णन इसमें मिलता है। गाँव में ग्राम पंचायत के अत्याचारों की शिकार होकर पात्र सुभागी पास के कस्बे में रहने को विवश होती है, जहाँ तहसीलदार कामतानाथ की वासनात्मक दृष्टि और उनके पुत्र की करुणा दृष्टि की टकराहट में उसका जीवन कथा का वह घोंसला हो जाता है, जिसे समाज के साँपों से त्राण नहीं मिलता। अंचल की संस्कृति इन कृतियों में साकार हो उठी है।

उदयशंकर भट्ट (1998)

इनकी सर्वप्रमुख आंचलिक कृति 'सागर, लहरें और मनुष्य' (1955) है। इसमें भट्ट जी ने मुम्बई के समुद्रतटीय मछुआरों के जीवन की झाँकी सप्राण रूप में प्रस्तुत की है। 'बारसोवा' नामक गाँव की नगरोन्मुखता भी इस कृति में द्रष्टव्य है। 'रत्ना' नामक पात्र में द्वन्द्व की स्थिति बनी रहती है। वह गाँव और नगर के दो ध्रुवान्तों पर आजीवन झूलती रहती है, किन्तु अन्ततः मत्स्यगन्धा का शैशविक संस्कार उसे ग्रामीण निजत्व पाने को विवश करता है। इसके अतिरिक्त 'लोक-परलोक' (1958), 'नये मोड़' (1954), 'शेष अशेष' (1960), 'दो अन्याय' (1962) नामक उपन्यासों में भी आंचलिकता मिलती है। 'शेष अशेष' में साधु जीवन पर प्रकाश डाला गया है। 'लोक-परलोक' में भी सामाजिक यथार्थ का सफल वर्णन हुआ है।

इसके अतिरिक्त 'एक नीड़ दो पंछी' (1959), 'डॉ. शेफाली' (1960) एवं 'उदयास्त' नामक उपन्यास भी इनकी सफल रचनाएँ हैं।

शिवप्रसाद सिंह (1929)

इनकी श्रेष्ठतम आंचलिक कृति है—'अलग-अलग वैतरणी' (1967)। इसमें उन्होंने करेता नामक ग्राम्य अंचल की कथा चित्रित की है। यह गाँव की आत्मा की खोज है। स्वातन्त्र्योत्तर गाँवों के जीवन का यथातथ्यांकन इस कृति में हुआ है। गाँवों की अन्तहीन घुटन, स्वार्थपरता एवं खड़ी भौतिकता को लेकर टूटन का वर्णन इसमें हुआ है। इस कृति में भारत के उस ग्राम्य समाज की कहानी है, जो स्वतन्त्रता के बाद एक नहीं अनेक क्रान्तियों की लगातार घोषणा के बाद भी आज वहीं ठहरा है, ठिठका है। ग्राम्य अंचल की समग्रता इस कृति में निहित है।

रामदरश मिश्र (1924)

इनका प्रमुख आंचलिक उपन्यास है—'पानी के प्राचीर' (1961)। इसमें मिश्र जी ने गोरखपुर जिले की गौरी एवं राप्ती नदियों की संघर्ष गाथा का वर्णन

तटवासियों के जनजीवन के सर्वांग वर्णन द्वारा किया है। इस कृति में लेखन ने अंचल के समस्त सत्यों और विविध पक्षों को लेकर इस भू-भाग के संश्लिष्ट व्यक्तित्व के माध्यम से राष्ट्र एवं युग की चेतना ध्वनित की है। पांडेय पुरवा नामक गाँव के जीवन का यथार्थ वर्णन इस कृति में हुआ है। कहीं-कहीं पांडेय पुरवा ग्राम मेरीगंज की प्रतिस्पर्धा में खड़ा हो जाता है। अन्ततः यह श्रेष्ठ आंचलिक कृति है। इसके अतिरिक्त मिश्र जी के उपन्यासों में 'अपने लोग' (1976) भी प्रसिद्ध कृति है। इसमें मिश्र जी ने शहरी संस्कृति से ग्राम्य संस्कृति की ओर खिंचता परिवेश प्रदर्शित किया है।

रांगेय राघव (1923-1980)

इनकी प्रसिद्ध आंचलिक औपन्यासिक कृति है—'कब तक पुकारूँ।' यह सन् 1958 में प्रकाशित उपन्यास है, जिसमें राजस्थान की करनट जाति (नट जाति) के जनजीवन का समग्र वर्णन है। विश्व की सर्वाधिक सभ्य मानी जानेवाली जाति (अँग्रेज) एवं कथित असभ्य जाति का संयोग मानवीयता के परिप्रेक्ष्य में स्पष्ट हो जाता है। इसके अतिरिक्त इनके अन्य उपन्यासों में 'काका' (1953), 'विषाद मठ' (1946), 'बोलते खँडहर' (1955), 'राई और पर्वत' (1956), 'धरती मेरा घर' (1961), 'आखिरी आवाज' (1962) तथा 'गदले' नामक आंचलिक कथा-संग्रह प्रमुख हैं। 'विषादमठ' में बंगाल के दुर्भिक्ष का वर्णन है। 'बोलते खँडहर' में रहस्य की रोमांचपूर्ण ग्राम्य प्रेतगाथा है। 'राई और पर्वत' में सामाजिक रूढ़ियों के प्रति विद्रोह की भावना है। 'धरती मेरा घर' में आत्मकथा-शैली में राजस्थानी जनजीवन की झाँकी है। 'आखिरी आवाज' में ग्राम्य जीवन की समस्याएँ एवं चेतना-पूर्ण विद्रोह व्यक्त हुआ है। 'कब तक पुकारूँ' उपन्यास में राजस्थान के 'बेर' नामक गाँव का करनट जीवन मुखरित हुआ है।

शिव प्रसाद मिश्र 'रुद्र'

इनकी प्रमुख कृति है—'बहती गंगा' (1952)। इसमें बनारस के जनजीवन का यथार्थ चित्रण हुआ है। कथा ऐतिहासिक पीठिका पर आधृत होते हुए भी आंचलिकता के गहरे रंग में रँगी हुई है। स्थानीय वातावरण के सफल चित्रण के साथ-साथ गहन संवेदना उत्पन्न करने में भी इस कृति की सफलता रक्षित है। यह इनकी सफल आंचलिक कृति है।

राजेन्द्र अवस्थी 'तृषित' (1960)

स्वातन्त्र्योत्तर आंचलिक उपन्यासकारों में इनका विशेष स्थान है। 'जंगल के फूल'

(1960), 'सूरज किरण की छाँव' (1959), 'पाप के परे' (1961), 'बादलों के आर-पार' (1964) आदि इनके प्रमुख उपन्यास हैं। 'सूरज किरण की छाँव' में अवस्थी जी ने बस्तर के आदिवासियों की गरीबी, अन्धविश्वासों, रूढ़ियों, परम्पराओं, जटिलताओं, सरलताओं आदि का यथार्थ वर्णन किया है। 'जंगल के फूल' में छत्तीसगढ़ के बस्तर अंचल को ही पुनः आरधारबिन्दु बनाया गया है। बाह्य प्रभाव से सर्वथा अछूते, असम्पृक्त छलछद्‌म से परे मुक्त आदिवासी जनजीवन को तृषित जी ने सप्राण कर दिया है। 'जाने कितने आँखें' (1969) नामक उपन्यास भी इनकी आंचलिक कृति है। इसमें बुंदेलखंड के गाँव 'बीजाडांडी' का जनजीवन चित्रित है। बुन्देलखंडी ग्राम्य जीवन को एक विशेष कालखंड में पकड़ने का प्रयास लेखक ने इसमें किया है।...आंचलिकता का छौंक देकर कथा में ताजगी भरने का प्रयास इसमें हुआ है। स्थानीय भाषा, लोकगीत, लोकाचारों के वर्णन से इसमें नवीनता का समावेश भी हुआ है। 'शहर से दूर' नामक उपन्यास में भी आदिवासी जीवन चित्रित है।

शैलेश मटियानी

इनका उपन्यास है—'हौलदार'। 'हौलदार' (1960) में कुमायूँ के धौलगीना गाँव का जनजीवन चित्रित है। पर्वतीय परिवेश में हीन भावना जनित मन:स्थितियों का मनोवैज्ञानिक चित्र इस कृति में खींचा गया है। 'चिट्‌ठी रसैन' (1962) में भी कुमायूँ के ही 'ऊडलगो' (पनार नदी पर स्थित) नामक गाँव का जनजीवन वर्णित किया है। पर्वतीय जीवन इन कृतियों में उभारा गया है। 'चौथी मुट्‌ठी' (1962) में फ्लैग बैक पद्धति से पर्वतीय जीवन का वर्णन लेखक ने किया है।

इसके अतिरिक्त इनके प्रमुख अन्य उपन्यासों में 'बोरीवली से बोरीबन्दर तक' (1959), 'कबूतरखाना', 'किस्सा नर्मदाबेन', 'गंगूबाई', 'एक मूठ सरसों' (1962), 'मुख सरोवर के हंस' (1962), 'बेला हुई अबेर', 'छोटे-छोटे पक्षी' (1980), 'जयमाला' इत्यादि आते हैं।

राही मासूम रज़ा

इनका श्रेष्ठ आंचलिक उपन्यास है—'आधा गाँव' (1966)। इस कृति से आंचलिकता के एक सर्वथा नवीन क्षितिज का उद्‌घाटन हुआ। स्वयं लेखक ने प्रकाशकीय वक्तव्य में कहा है—'यह पहला जीवित आंचलिक उपन्यास है, जिसके सभी पात्र बिना लगाम के हैं।' इनकी अभिव्यक्ति भी सहज, सटीक और दो टूक है, नालियों की हद तक।...इसमें पूर्वी उत्तर प्रदेश (गाजीपुर) के 'गंगौली' अंचल के शिया मुस्लिमों के जीवन का विस्तृत वर्णन है।...इसमें ग्रामीण जीवन अपने

भरे-पूरे रूप में पूरी सच्चाई, तीव्रता और बेबाकी के साथ सामने आया है। इस अंचल को राही जी ने 'ऊँघता हुआ शहर' कहा है। यह शहर इतिहास से बेखबर है—भविष्य के बारे में सोचने का उसमें साहस नहीं है। क्षण-क्षण जीता है और फिर जी उठता है। गाजीपुर के शिया मुस्लिमों की पारिवारिक झाँकी इसमें है, जिसमें उनके विश्वास, मान्यताओं, परम्पराओं, जीवन-प्रथा, सुख-दुःख, रीति-रिवाजों आदि का विस्तुत वर्णन हुआ है। यह उपन्यास देहाती, भोजपुरी और इस्लामी संस्कृति को चित्रित करने में सफल रहा है।

'आधा गाँव' में गाजीपुर अंचल का घनत्व से कथ्य भी प्रभावी बन पड़ा है। आंचलिक शिल्प की नूतन आहट, बेतराशा यथार्थ, देशकाल की स्पर्शमयी तस्वीरें, ग्राम्य जीवन के भास्वर चित्र, उतार-चढ़ाव, आरोपन-प्रक्षेपण से परे प्रतिबद्धता के तत्त्व सशक्त रूप में सामने आये हैं...आस्वाद, क्लाइमेक्स, किस्सासगोई, बयानबाजी की स्पिरिट, परिवेश की जीवन्तता आदि उपन्यास की कथा को नहीं वरन् अंचल को ही बाँधकर चलते हैं जो कि आंचलिकता की ठोस पहचान है।

अमृतलाल नागर

नागर जी ने अपने उपन्यासों में नगर नगरांचलिकता को अधिक महत्त्व दिया है। लखनऊ चौक के जनजीवन की झाँकी नागर जी ने गहनता से प्रस्तुत की है। यहाँ की भाषा रहन-सहन, वेशभूषा, रीति-रिवाजों, विश्वासों आदि के परिप्रेक्ष्य में सामान्य जनजीवन को नागर जी ने अत्यधिक सजीवता एवं यथार्थोन्मुखता से उभारा है। 'बूँद और समुद्र' एक नगरांचलीय कृति ही है। 'सेठ बाँकेमल' कृति आगरा क्षेत्र के जनजीवन को उभारती है। 'महाकाल' में बंगाल के दुर्भिक्ष का वर्णन हुआ है। 'नवाबी मसनद' में नवाबों के जीवन, रहन-सहन, आचार-विचार, रीति-रिवाज एवं भाषा-शैली आदि का यथार्थ वर्णन हुआ है। भाषा ठेठ लखनवी है। इन्हीं तत्त्वों से आंचलिकता अधिक पुष्ट होती है। इस प्रकार नागर जी के उपन्यासों में 'शतरंज के मोहरे' (1959), 'महाकाल' (1947), 'डॉ. बाँकेमल' (1955), 'बूँद और समुद्र' (1956), 'सुहाग के नुपूर' (1960), 'ये कोठेवालियाँ (1961) एवं 'अमृत और विष' (1966) प्रमुख कृतियाँ हैं। नागर जी के इन उपन्यासों में नगरीय आंचलिकता का ही समावेश हुआ है। फिर भी नागर ज़ी को आंचलिकता की धारा को आगे बढ़ानेवाला कृतिकार माना जा सकता है।

उपेन्द्रनाथ 'अश्क'

अश्क जी के प्रमुख उपन्यासों में 'पत्थर अल पत्थर' (1957), 'गिरती दीवारें (1947), 'शहर में घूमता आईना' (1968), 'बाँधो न नाव इस ठाँव', 'बड़ी-

बड़ी आँखें', 'एक नन्ही कन्दीलें', 'गर्म राख' आदि आते हैं।

'गिरती दीवारें' नामक उपन्यास में पंजाब के भिन्न मध्यवर्गीय जनजीवन को उभारा गया है। 'गर्म राख' में लाहौर (अब पाकिस्तान में) की पृष्ठभूमि को आधारबिन्दु बनाया गया है। 'पत्थर अल पत्थर' में कश्मीर के परहैजपुर नामक गाँव के जनजीवन को उभारा गया है।

पांडेय बेचन शर्मा 'उग्र'

इनका 'फागुन के दिन चार' (1960) नामक उपन्यास आंचलिकता को समेटकर चलनेवाली कृति मानी गयी है। काशी के घोर यथार्थवादी जनजीवन की विसंगतियों, गन्दगियों, वैषम्यताओं एवं कुरूपताओं को लेखक ने उभारा है। स्थानीय रंग का आग्रह इस कृति में सर्वत्र लक्षित हुआ है। पात्रों में भी आंचलिकता का आभास हुआ है।

द्रोणवीर कोहली

कोहली जी के उपन्यास 'हवेलियों वाले' (1980) में पात्रों एवं परिवेश का गहन संस्पर्श आंचलिकता का उद्भव करता है। पाकिस्तान के थोहामाहर्म नामक गाँव का जनजीवन इस कृति में चित्रित हुआ है। इसमें सोहनलाल नामक पात्र विद्रोही ग्राम्य चेतना जागृतकर्ता के रूप में आया है। इस गाँव के जनजीवन द्वारा समस्त गाँवों का यथार्थमूलक चित्र पाठकों के नेत्रों के समक्ष साकार हो उठता है।

मोहन राकेश

नागर जी की भाँति ही राकेश जी ने भी अपने उपन्यास 'अँधेरे बन्द कमरे' (1961) में नागरीय आंचलिकता को यथार्थ रूप में उभारा है। दिल्ली के काठ बाजार एवं कस्साबपुरा अंचलों को लेकर यहाँ की वैषम्यतापूर्ण जिन्दगी को उभारने में राकेश जी अत्यधिक सफल रहे हैं। इसमें उच्चवर्गीय एवं निम्नवर्गीय जनजीवन का प्रभावपूर्ण वर्णन हुआ है।

शानी

इनकी प्रमुख औपन्यासिक कृतियों में 'शालवनों का द्वीप', 'कस्तूरी' (1960), 'बबूल की छाँव' (1958), 'शेफाली', 'डाली नहीं फूलती' (1959), 'छोटे घेरे का विद्रोह' (1964), 'विरान', 'वर्षा की प्रतीक्षा' एवं 'काला जल' (1951) आदि प्रमुख रचनाएँ हैं। इन्होंने बस्तर अंचल के आदिवासी जनजीवन को वर्णित किया है। 'वीरान' में बस्तर के लोगों की उदासी, दरिद्रता एवं गलदश्रु भावुक

वृत्ति का वर्णन हुआ है। 'वर्षा की प्रतीक्षा' में घोंटुल संस्कृति के परिप्रेक्ष्य में आदिवासियों की उल्लसित मुक्तमनता अंकित हुई है। 'शालवनों के द्वीप' में मड़िया गोंड़ जनजीवन को उसकी समग्रता में प्रस्तुत किया गया है। बस्तर के अबूझमाड़ क्षेत्र के आदिवासियों के जीवन पर आधारित यह श्रेष्ठ आंचलिक उपन्यास है। मड़िया जाति पर आधारित यह कृति मानव जीवन के एक भू-भाग का समाजशास्त्रीय अध्ययन बनकर रह गयी है। 'शेफाली' उपन्यास नगरीय आंचलिकता पर आधारित कृति है।

अन्ततः इनकी कृतियों में आंचलिकता के प्रति तीव्राग्रह लक्षित होता है। इनके आंचलिक उपन्यासों में 'एक लड़की की डायरी', 'फूल तोड़ना मना है' एवं 'साँप और सीढ़ी' भी प्रमुख कृतियाँ हैं।

मणि मधुकर

इनकी 'पत्तों की बिरादरी' नामक कृति आंचलिक है। इसमें पाकिस्तानी सीमा से लगे राजस्थानी सीमा प्रदेश के बंजारों के जनजीवन को उभारा गया है। 'दरख्त एक ठाणी' अर्थात् गाँव है पात्र, पत्ते हैं जो कि बाशिन्दे कहे गये हैं। विरोधियों के प्रहार से जब पेड़ उजड़ने लगता है तब पत्ते भी सूखकर गिरने लगते हैं, अपने गाँव को छोड़कर इन्हें अन्यत्र आश्रय लेना पड़ता है। यही है 'पत्तों की बिरादरी'। यह उपन्यास प्रतीकात्मक है।

मधुकर गंगाधर

इनकी कृतियों में आंचलिकता का स्पष्ट आग्रह है। 'मोतियों वाले हाथ' (1963), 'फिर से कहो' (1964), 'यही सच है' (1965), 'सुबह होने तक', 'सफेद मेमने', 'खंड पाखंड पर्व', 'पगफेरो', 'हवा में अकेले', 'भरतमुनि के बाद', 'सराय बुलबुल', 'दुलारी बाई', 'रसगन्धवे', 'सूखे चेहरों का भूगोल' आदि इनकी प्रमुख रचनाएँ हैं।

'मोतियों वाले हाथ' नामक उपन्यास में पटना नगर के पार्श्ववर्ती जसवन्त नगर कालोनी के परिवेश का वर्णन है। 'फिर से कहो' में सौनारी नामक गाँव का जनजीवन चित्रित है। बिहार की कृषक समस्या इसमें वर्णित है। 'सफेद मेमने' में राजस्थान की रेगिस्तानी प्रकृति की सुनसान पृष्ठभूमि को लेखक ने जीवन्त बना दिया है। राजस्थानी लोकसंस्कृति इसमें जीवन्त हो उठी है।

मार्कण्डेय

इनके प्रमुख उपन्यासों में 'पलाश के फूल', 'पानफूल' (1954), 'महुए का पेड़'

(1955), 'हंसा जाइ अकेला' (1957), 'भूदान' (1958), 'माही' (1962), 'सहज और शुभ' (1964) आते हैं। इनमें आंशिक आंचलिकता पाई जाती है।

विवेकी राय

'बबूल' तथा 'लोकऋण' (1977) नामक उपन्यास प्रमुख आंचलिक रचनाएँ हैं। 'बबूल' में ग्राम्य जीवन के सर्वथा अस्पर्शित आयामों का अनावरण हुआ है। भाषा, परिवेश आदि के सन्दर्भ में इस कृति में गहन आंचलिकता पाई जाती है। 'लोकऋण' में बिहार के रामपुर नामक गाँव के ग्राम्य जीवन को अन्तरंगस्पर्शिता से प्रस्तुत किया गया है। शहरी संस्कृति और चेतना से प्रभावित व परिवर्तित ग्राम्य जीवन को लेखक ने अपनी संवेदना, अनुभूति और निरीक्षण वृत्ति द्वारा 'लोकजीवन का महाकाव्य' बनाकर प्रस्तुत किया है।

श्रीलाल शुक्ल

इनका 'राग दरबारी' नामक उपन्यास ग्रामीण एवं शहरी आंचलिकता के संस्पर्श को लेकर चलता है। इसमें शिवपालगंज नामक अंचल के माध्यम से आधुनिक जीवन की संस्कारहीनता एवं मूल्यहीनता को अनावृत किया गया है। इसमें एक कस्बे का जीवन्त दस्तावेज प्रस्तुत किया गया है। स्वयं शुक्ल जी ने अपनी इस रचना के सन्दर्भ में कहा है—'इसका सम्बन्ध गाँव की जिन्दगी से है, जो पिछले बीस वर्षों की प्रगति और विकास के नारों के बावजूद निहित स्वार्थों और अनेक अवांछनीय तत्त्वों के आघातों के सामने घिसट रही है।' यह उसी ग्रामीण जिन्दगी का दस्तावेज है। वर्तमान भारतीय जीवन के ग्रामीण पक्ष की विभिन्न स्थितियों के प्रभावी चित्र 'राग दरबारी' में हैं जो हमारे अतिपरिचित अनुभवों को ताजा कर जाते हैं। इस प्रकार आंचलिकता से प्रभावित उपन्यास परम्परा में शुक्ल जी को लिया जा सकता है।

महीप सिंह

इनका 'यह भी नहीं' नामक उपन्यास मुम्बई महानगरी की वर्किंग क्लास की ऊँची-नीची अभिलाषाओं, सीमित साधनों की कुंठा, पारिवारिक टूटन व तथाकथित उच्च वर्ग की घिनौनी, व्यावसायिकता...एवं विडम्बना प्रस्तुत करता है।' महानगरीय परिवेश संस्कृति ही इस कृति में सजीव हुई है। ऐसा लगता है मानो कैमरामैन (लेखक) मूवी कैमरा लिये हुए मुम्बई की सड़कों, कॉलेज, क्लब एवं ऑफिस आदि जगहों पर घूमता रहता है।

जगदीश चन्द्र

'टुंडा लाट', 'गंगा के तट पर', 'कभी न छोड़े खेत', 'धरती धन न अपना' आदि इनके प्रमुख आंचलिक उपन्यास हैं। 'धरती धन न अपना' (1972) नामक उपन्यास में लेखक ने वर्ग संघर्ष की परम्परागत भूमिका को स्पष्ट करते हुए बाबे फत्ते और ताया वसन्त जैसे विद्रोही पात्रों के सकारात्मक चेतनायुक्त संघर्ष को दिखाया है। इसमें पंजाब के ग्रामीण जनजीवन का यथार्थ चित्रण है। पंजाब की शिवालिक घाटी के होशियारपुर जिले में स्थित 'घोड़ावाला' नामक गाँव के चमारों के मुहल्ले (चमादड़ी) की करुण एवं यथार्थ अभिव्यक्ति का वर्णन किया है। यहाँ के 'चौ' अर्थात् पहाड़ी लोगों तथा चौधरियों (जाटों) के मध्य परम्परागत दासप्रथा का भी वर्णन आ गया है। बिम्बात्मक शैली में गाँव के यथार्थ चित्र सप्राण हो उठे हैं। मुहावरों की झड़ी एवं रेखाचित्रों की भरमार से आंचलिकता इस कृति में अधिक गहरी होकर उभरी है।

'कभी न छोड़े खेत' नामक उपन्यास में ग्रामीण जीवन एवं कृषि व्यवस्था को उभारा गया है। यह भी पंजाब के ग्राम्य जीवन पर आधारित कृति है। इसमें लेखन ने स्पष्ट किया है कि जाट को अगर अपनी कमाई सँभालनी आ जाये तो सारी ख़ुदाई समेटकर घर में डाल ले। 'बलचनमा' एवं 'मैला आँचल' से आगे के (1975-76) ग्रामीण जीवन का निर्मम, यथार्थपरक एवं सप्राण वर्णन इस उपन्यास में प्राप्त होता है। ग्राम्य जीवन की स्वार्थलिप्सा, व्यक्तिगत दम्भ एवं महत्त्वाकांक्षा के मध्य व्यापक सामाजिक चेतना सहमी हुई-सी खड़ी है। भू-स्वामी वर्ग की व्यक्तिगत दलबन्दी ने वास्तविक जन संगठनों और वर्गचेतना के प्रभाव को कुंठित-सा बना दिया है। ऐसी ही विषम अवधारणा इस कृति में हमें मिलती है।

'गंगा के तट पर' नामक उपन्यास को अज्ञेय जी ने आंचलिक जीवन की व्यथा कथा कहा है। स्वयं लेखक ने इसे 'एक आंचलिक झाँकी' कहा है। इसमें छोटे पैमाने पर आंचलिक जीवन की सारी सामग्री मौजूद है। इसमें कुमायूँ की डोम जाति का जनजीवन चित्रित हुआ है।

बलवन्त सिंह

'दो अकालगढ़' इनकी श्रेष्ठ कृति है। यह पंजाब अंचल के सिक्ख जनजीवन पर आधारित कृति है। इसे सिक्ख जीवन का महाकाव्य कहा गया है। इसमें पंजाब के जनजीवन का जीवन्त चित्रण है। सिक्खों के पौरुष, शौर्य, स्वाभिमान, सौन्दर्यप्रियता, रफनेस और रिजिडनेस का वर्णन है। बाबा मीतासिंह का थैला, निहंग सिक्खों की वेशभूषा, नारे और स्वभाव, पंजाबी गाँवों के चित्र, ऊँट से चलाई जाने वाली

चक्की, शिग्लीगर स्थापना, पुरुष-स्त्रियों की पोशाक, गहने, परिवारों की पारस्परिक शत्रुता, द्वन्द्वयुद्ध, भाँगड़ा के बोल या धर्मकीर्तन के शब्द आदि आंचलिकता प्रदान करते हैं। इसमें युद्ध और प्रेम के रोमानी चित्र खींचे गये हैं। समूचा चित्रअँग्रेजी राजकाल का है जिसमें दो गाँव 'उच्च अकालगढ़' (हीन सरदारों का) एवं 'नीवाँ अकालगढ़' (कुलीन सरदारों का) की आपसी टक्कर दिखाई गयी है। सिक्खों के जीवन में व्याप्त प्रतिस्पर्द्धा, द्वन्द्वयुद्ध, जोड़-मैला, भाँगड़ा, लोकगीत, सांडनी (ऊँटनी) की सवारी एवं दीदारसिंह नामक पात्र के रूप में वीरगाथाकालीन रोमानी मूल्यों का पुनर्लेखन उसी पुरातन परिवेश में आधुनिकता के प्रक्षेपण से रहित इस छः सौ चौबीस पृष्ठीय महाकाव्यात्मक क्लासिकल उपन्यास के चित्रण की विशिष्टता है।' इनके अन्य उपन्यासों में 'दो पीढ़ी', 'रात, चोर और चाँद', 'काले कोस' (1957), 'रावी पार' (1964), 'एक मामूली लड़की' (1951), 'निशि' (1953), 'उजाला' (1954), 'औरत अबादार' (1962), 'आग की कलियाँ (1954) एवं 'राका की मंजिल' (1971) प्रमुख हैं। 'राका की मंजिल' में अफ्रीका की जुलू जाति का जनजीवन चित्रित हुआ है। 'काले कोस' में देश विभाजन की समस्या उभरी है। इनके सभी उपन्यासों में आंचलिकता का समावेश स्वतः हो गया है।

अमरकान्त (1925)

'ग्रामसेविका' (1962) इनका प्रमुख उपन्यास हैं। 'ग्रामसेविका' में इन्होंने विशुनपुर नाम ग्राम्यांचल को अपनी कथा का आधार बनाया है। इसमें स्वातन्त्र्योत्तर ग्राम्य जीवन में अवस्थित आर्थिक, सामाजिक परिवर्तनों को वर्णित किया गया है। इस उपन्यास के पात्र भी चेतनायुक्त एवं जागरूक हैं। उपन्यास की प्रमुख पात्र, दमयन्ती गाँधीवादी आदर्शों से अनुप्रेरित ग्रामात्मा को जड़त्व से निकालकर नयी दीप्ति देने हेतु कठोर संघर्ष कर सफल होती है। आरम्भ में यन्त्रगतिक अन्धपरम्पराएँ और रूढ़िग्रस्त संकुचित वृत्तियाँ अवरोधक बनकर उसकी सांस्कृतिक क्रान्ति की दिशा को धूमिल करती हैं। परन्तु अपनी लगन और सूझ के बल पर वह विशुनपुर गाँव में नये मूल्यों की स्थापना करती है।

कृष्णा सोबती

'जिन्दगीनामा' (1960) इनकी श्रेष्ठ आंचलिक औपन्यासिक कृति हैं। स्वयं लेखिका लिखती हैं—'यह उन लोगों का उपन्यास है, जो जिन्दगी को ऐसी खुद्दारी, मगर गहरी ललक से जीते हैं कि जिन्दगी सोंधी जमीन का टुकड़ा बन जाती है।' समकालीन सन्दर्भों से जुड़े इस उपन्यास को भारतीय ग्राम्य जीवन

की अटूट परम्परा की एक कड़ी माना जा सकता है। हिन्दी का पंजाबीकरण इस कृति की भाषा में सर्वत्र दिखता है। पंजाब का समूचा संस्कारजन्य परिवेश, धरती की गन्ध, आत्मा, कलेवर आदि को वहाँ के जनजीवन से घनिष्ठतम रूप से सम्बद्ध दिखाया गया है। इनका एक प्रमुख उपन्यास 'सूरजमुखी अँधेरे के' भी है।

पाश्चात्य आंचलिक उपन्यास साहित्य का हिन्दी आंचलिक उपन्यास साहित्य पर प्रभाव

पाश्चात्य आंचलिक औपन्यासिक धारा ने हिन्दी की औपन्यासिक धारा को दूर तक प्रभावित किया है। शुद्ध आंचलिक उपन्यासों के निर्माण में हार्डी का विशेष योगदान रहा है। विदेशी साहित्य से प्रेरणा लेकर ही भारतीय कृतिकारों ने आंचलिकता को पुष्ट रूप प्रदान किया। जहाँ तक हिन्दी उपन्यास का प्रश्न है, उसकी गतिविधि बहुत कुछ अँग्रेजी उपन्यास के समान्तर रही है। अत: पाश्चात्य साहित्य जैसे—रूसी, अमेरिकी, फ्रेंच, आंग्ल आदि का प्रभाव हिन्दी उपन्यासों पर पड़ना स्वाभाविक ही है। डॉ. क्रान्ति वर्मा के अनुसार—'यों तो स्वतन्त्रता से पूर्व भी हिन्दी उपन्यास पर गोर्की, हार्डी, चेखव, दोस्त्योवयस्की, टालस्टाय, अनातोले फ्रांत्स, पर्लबर्क आदि उपन्यासकारों का प्रभाव पड़ा किन्तु स्वतन्त्रता के बाद यह प्रभाव गहन और तीव्र हो गया। जेम्स जायस, वर्जीनिया वुल्फ तथा डी.एच. लारेंस की चेतना प्रवाह शैली का प्रभाव आंचलिक उपन्यासों में सर्वत्र दृष्टिगोचर हुआ है। रेणु कृत 'मैला आँचल' और 'परती परीकथा' में वही शैली प्रयुक्त हुई है जो कि जेम्स जायस कृत 'युलीसीस' नामक कृति में हुई है। इसमें जायस ने अठारह घंटों की सीमित अवधि में डबलिन शहर के अनेक पात्रों, प्रसंगों एवं दृश्यों का यथार्थ वर्णन प्रस्तुत किया है। राष्ट्रीय प्रेम, नायकहीनता जैसे तत्त्व इन्हीं आंग्ल उपन्यासों द्वारा हिन्दी उपन्यासों में प्रत्यक्ष आ गये।

स्व. रेणु एवं अमृतलाल नागर के क्रमश: 'दीर्घतपा' एवं 'अमृत और विष' नामक उपन्यास में समलैंगिक आकर्षण के प्रसंग में पाश्चात्य साहित्य का ही स्पष्ट प्रभाव है।

कुछ आंग्ल-आंचलिक उपन्यास भी अनूदित होकर हिन्दी में आये हैं, जैसे—

ऐमिल जोला कृत 'ला मिजरोब्लिस', 'नाना'।
स्टीवैंसन—विक्टर ह्यूगो—'इंसान और शैतान'।
विलियम फाकनर—'भालू'।
जान स्टेनवर्क—'अनमोल मोती'।
तुर्गनेव—'भद्रलोकनीड़', 'कुँवारी धरती'।

पर्लबर्क—गुडअर्थ—'धरती माता'।

टालस्टाय—'प्यास की जिन्दगी'

गोर्की—'एक घर तीन रास्ते', 'तीन पीढ़ी', 'पूँजीपति', 'जनता के बीच'।

आंग्ल आंचलिक उपन्यासधारा का हिन्दी के आंचलिक उपन्यासों पर गहन प्रभाव पड़ा है। वास्तव में देखें तो पाश्चात्य आंचलिक साहित्य ने ही भारतीय उपन्यासों में प्रौढ़ आंचलिकता का प्रस्फुटन किया। एक समीक्षक ने तो यहाँ तक कह डाला है कि श्री महान्ती और पर्लबर्क से कुछ सीखे बगैर स्व. रेणु ने आंचलिकता को अपने आलेखन का माध्यम बनाकर साहित्य की मौसमी खेती भर की। श्रीमती पर्लबर्क के उपन्यास 'गुडअर्थ' में वाङ्लङ् नामक पात्रा को धरती के प्रति जैसी ममता है—'मैला आँचल' में वैसी ही प्रशान्त को है। उदशंकर भट्ट जी के उपन्यास 'सागर, लहरें और मनुष्य' पर इस वृत्ति का प्रभाव पड़ा है। रेणुकृत 'परती परीकथा' में कोसीनदी का वर्णन तथा शिवप्रसाद मिश्र 'रुद्र' के उपन्यास 'बहती गंगा' में बेतवा नदी के वर्णन पर उक्त कृति का ही प्रभाव लक्षित होता है।

अतः पाश्चात्य आंचलिक वाङ्मय का स्पष्ट प्रभाव हिन्दी की आंचलिक उपन्यास धारा पर मानना औचित्यपूर्ण एवं संगत प्रतीत होता है।

4

हिन्दी के प्रमुख आंचलिक उपन्यास

हिन्दी के आंचलिक उपन्यास

बलचनमा (1952)

नागार्जुन विरचित प्रस्तुत कृति में दरभंगा जनपद के रामपुर गाँव के जमींदार और मजदूर वर्ग की सामाजिक, आर्थिक, राजनीतिक एवं पारिवारिक स्थितियों के चित्र विस्तृत रूप से रूपायित किए गये हैं। इसकी कथा ग्राम रामपुर के निवासी बलचनमा से प्रारम्भ होती है।

बलचनमा दरभंगा जिले के ग्राम रामपुर का निवासी है। इसके परिवार में इसकी दादी, माँ तथा बहन रेवती है। थोड़े दिनों पश्चात् इसकी दादी की मृत्यु हो जाती है। इस गाँव में चौधरी का भी एक घराना है, जो पहले जमींदार थे किन्तु अब यह घराना चार पट्टियों में बँट चुका है जिसके मालिक मझले-सँझले-छोटे मालिक आदि हैं।

बलचनमा बचपन से ही छोटी मालकिन के यहाँ भैंस चराने का काम करता था। इस कार्य के लिए इसे फटे-पुराने कपड़े, रूखा-सूखा भोजन तथा दो आने महीना मिलता था। प्रथम बार जब मालकिन ने बलचनमा का पेट देखा तो उन्होंने कहा—''अरे यह तो मेरे बखारों को सुक्ख कर देगा। डेढ़ सेर इस जून, डेढ़ सेर उस जून। छोकड़े का पेट तो देखो, कमर से लेकर गले तक मानो बखिया है।'' इस प्रकार वह मालकिन के घर के जूठन पर जी रहा था।

सत्रह-अठारह वर्ष की आयु होते-होते बलचनमा के भाग्य ने पलटा खाया और वह फूलबाबू के साथ पटना चला गया। फूलबाबू के कोमल प्यार और व्यवहार से वह अत्यन्त प्रसन्न था।

'सविनय अवज्ञा आन्दोलन' में फूलबाबू के गिरफ्तार हो जाने के कारण बलचनमा फूट-फूट कर रोया था। इसी बीच उसका सम्बन्ध फूलबाबू के घनिष्ठ मित्र राधा बाबू से हो गया। राधा बाबू ने उसे अपने यहाँ रख लिया। एक बार

छोटे मालिक ने उसकी बहन रेवती से पंखा झलने को कहा, वह पंखा झल रही थी। उसके यौवन को देख उनकी कामवासना जागृत हो उठी, लेकिन वह उनके वश में न आ सकी। अतः वे आग-बबूला हो उठे। अपने पाप को छिपाने के लिए उन्होंने बलचनमा पर पुलिस में चोरी की झूठी रिपोर्ट कर दी। किन्तु राधा बाबू ने बलचनमा को जेल जाने से बचा लिया।

अपना गवना लाने के पश्चात् बलचनमा अपनी बहन रेवती का भी गौना दे देता है। इस प्रकार उसके परिवार में तीन ही सदस्य रह जाते हैं। वह उसकी माँ तथा उसकी पत्नी। तीनों मजदूरी करते हैं।

राधा बाबू पहले कांग्रेस पार्टी के कार्यकर्ता थे, किन्तु कालान्तर में उन्हें कांग्रेस के कार्यों से घृणा हो जाती है। वे कांग्रेस पार्टी को त्यागकर समाजवादी पार्टी के कार्यकर्ता हो जाते हैं। इन्हीं से सहयोग तथा बातचीत से प्रभावित होकर बलचनमा भी समाजवादी हो जाता है। पार्टी के कार्य करते-करते वह समाज के सम्मुख अच्छे कार्यकर्ता के रूप में उभर कर आ जाता है, तथा गाँव के मजदूरों को संगठित करता है। उन्हें अपने अधिकारों का ज्ञान कराता है। उसके ये कार्य उसके मालिकों को अच्छे न लगे। अतः वह उनकी आँखों की किरकिरी बन गया।

एक दिन गाँव के समीप के आश्रम में जमींदार के आदमियों ने उसे बुरी तरह घायल कर दिया और वह मूर्च्छित हो गया। यहीं कथानक का अन्त हो जाता है। प्रस्तुत उपन्यास का परिवेश दरभंगा जनपद है, जिसके एक गाँव रामपुर को सम्पूर्ण कथानक का केन्द्र बनाया गया है। इस प्रकार प्रस्तुत उपन्यास का कथानक विशेष रूप से इसी अंचल में परिभ्रमण करता हुआ दृष्टिगोचर होता है। यद्यपि 'बलचनमा' की क्षेपक कथा (पटनापुराण) निश्चय ही टाँकी गयी चिप्पी जैसी लगती है, जिससे प्रस्तुत उपन्यास का कथानक परिवेश की दृष्टि से शिथिल दिखाई देता है, क्योंकि आंचलिक उपन्यास का कथानक अंचलविशेष से ही सुसम्बद्ध होना चाहिए। प्रस्तुत उपन्यास के प्रमुख पात्र—बलचनमा, फूलबाबू, चौधरी परिवार के लोग, बड़े, मँझले, सँझले तथा छोटे बाबू, छोटी मालकिन, रेवती, बलचनमा की माँ आदि सभी इसी अंचल रामपुर के निवासी हैं। इन्हीं के जीवन के क्रिया-कलापों से कथानक का रेशा-रेशा बुना हुआ है। अस्तु पात्रों की दृष्टि से भी हम इसे आंचलिक कह सकते हैं।

भाषा की दृष्टि से प्रस्तुत उपन्यास में इस अंचल की प्रमुख भाषा 'मैथिली' के शब्दों का प्रयोग देखा जा सकता है। जैसे—गोइठा (कंडा), लताम (अमरूद), कुसियार (गन्ना), बहिया (गुलाम), महतो (स्वामी), अगोरना (राह देखना), चार (छप्पर) आदि। इस प्रकार मैथिली शब्दों के प्रयोग से पात्रों के कथोपकथनों में स्वाभाविकता आ गयी है।

उपन्यासकार ने 'बलचनमा' उपन्यास में रामपुर के नदी-नालों के वर्षा ऋतु में भर जाने और सर्वत्र पानी-ही-पानी हो जाने तथा वहाँ होनेवाली धान की खेती का विषद चित्रण प्रस्तुत किया है। उसने लिखा है—"रोहिनी नछत्तर (नक्षत्र) में कोसों फैले खेत धान के नये-नये पौधों से हरे समुन्दर की तरह लहराते रहते हैं। आँखों को तर करनेवाली वैसी हरियाली तुम्हें कहाँ मिलेगी?...पकी पीली फसलों का समूचा बाँध ऐसा बुझाता था मानो सुनहली मिट्टी से पुता हुआ भारी मैदान हो। मेड़ों की चौकोर सकीरे धान के शीशों से ढँकी पड़ी थीं। बीच-बीच में अगोरने वालों की झोपड़ियाँ भूरे पालवाली नावों की तरह लगती थीं।"

बलचनमा में उपन्यासकार ने जमींदारों के अत्याचार, बेगार, कामुकता और उनकी सामन्तवादी नीतियों का उल्लेख किया है। इसके अतिरिक्त उपन्यासकार ने इस अंचल की सामाजिक, आर्थिक, राजनीतिक एवं पारिवारिक स्थितियों के विस्तृत चित्र प्रस्तुत किये हैं। ब्याह, श्राद्ध, उत्सव, शोक, झगड़े, गीत, जीवन का प्रत्येक व्यापार अपनी ऐतिहासिक व्याख्या के साथ उपस्थित किया गया है। समाज के परिवर्तन की मुख्य धाराओं-शिक्षा व राजनीति का यथार्थ अध्ययन इसे आंचलिकता की पूर्णता की ओर ले जाता है। इस प्रकार विषय की दृष्टि से प्रस्तुत कृति सफल कही जा सकती है।

प्रस्तुत उपन्यास का प्रमुख पात्र 'बलचनमा' भूखे बचपन का यथार्थ दस्तावेज है। भारत के गाँवों में ऐसे बलचनमाओं की संख्या करोड़ों में होगी। इन बच्चों के लिए न तो भरपेट भोजन है और न तन ढँकने का कपड़ा। रहने का घर तो दूर की बात है। बीमार पड़ें, मर जायें तो इनका दुर्भाग्य और बीमारी झेलकर भी जीवित रह जायें तो इनका भाग्य। इनके लिए दवा और चिकित्सा दूर की कौड़ी है। ये तो जंगली पेड़ की तरह उगते हैं और कब मर जाते हैं, किसी को पता भी नहीं चलता है और यदि पता भी चल गया तो लोगों को कोई अफसोस नहीं होता है और न ही पछतावा। आँखों में आँसू तो उस माँ-बाप की मजबूरी है जो चाहकर भी अपनी सन्तान के लिए कुछ न कर सकने की अन्तिम सीमा तक निरीह और मुफलिस हैं। यह भारत के उस प्रान्त की...त्रासद स्थिति है जो खनिज की दृष्टि से देश के धनी प्रान्तों में है।

'बलचनमा' का भूखा बचपन भैंस की चरवाही कर बासी और रूखा-सूखा तथा जूठा भोजन पाता हुआ आगे बढ़ता है। यह भूखा बालक इसलिए नहीं जवान होता कि जवान होने लायक खुराक इसे मिल रही है बल्कि इसलिए जवान होता है कि हर मनुष्य के जीवन में एक बार जवानी आती है। अभावों में जीनेवाले बच्चे जब समय से पहले बुद्धिमान होने लगते हैं तो समाज में बहुत-से नये प्रश्न खड़े होते हैं। इन प्रश्नों से बिहार अछूता नहीं है। जवान होता 'बलचनमा'

अपने आस-पास और निकट की दुनिया को देखता है, समझता है विगत के तमाम दुखों का स्मरण कर दुखी जीवन को कोई नयी राह देने के लिए अग्रसर होता है। लेकिन गरीबी उसकी राह का काँटा बन जाती है। उसका अग्रसर होना उसके मालिकों को रास नहीं आता और वह अपने को चोरी के केस में फँसा हुआ पाता है। गरीबी से मुक्ति की भाषा उसे जेल ले जाती है क्योंकि इस देश के पुलिस स्टेशन नेता, अपराधी और असफल की ही मदद करते हैं। आम जनता से उनका कुछ भी लेना-देना नहीं है। हाँ, अगर इस देश की आम जनता भी और लोगों की तुलना में उनकी जेब को अधिक गर्मी पहुँचा सकती हो तो फिर इनकी सक्रियता का क्या कहना! नहीं तो इनकी प्रतीक्षा में लाशें पड़ी रहती हैं। कई-कई दिन क्योंकि जेब गरम न कर सकनेवाले आदमी की कीमत इनकी दृष्टि में कुत्ते से ज्यादा नहीं है। यही कारण है कि 'बलचनमा' निर्दोष होते हुए भी अपने को चोरी से तब तक नहीं बचा पाता है जब तक राजनेता उसकी मदद के लिए आगे नहीं आता है। प्रजातन्त्र और उसकी पुलिस? आजादी के बाद का हिन्दुस्तान और उसकी पुलिस? सामान्य परिस्थितियों में कोई मनुष्य इनके पास जाना पसन्द नहीं करता। विपरीत परिस्थितियाँ तो मनुष्य की मजबूरी है? ऐसी ही मजबूरी में 'बलचनमा' भी फँसा है।

'राधा बाबू' पुराने कांग्रेसी हैं लेकिन कालान्तर में कांग्रेस ने चारित्रिक स्खलन का जो परिचय दिया उससे पूरा राष्ट्र चौकन्ना हो गया। स्वतन्त्रता संग्राम की अग्रणी पार्टी सत्ता की राजनीति के लिए सम्प्रदाय, जाति और छद्म धर्मनिरपेक्षता का जो खेल खेला, वह राष्ट्र के गले की हड्डी बन गया। समस्याओं के हल में उन्हें बचाकर रखने और समय आने पर उपयोग कर लेने लायक स्थिति में छोड़ देना, यह कांग्रेस का राजनीतिक पटल पर कूटनीतिक खेल रहा है। इसी में पूर्वोत्तर भारत फँसा और कश्मीर की समस्या उत्पन्न हुई। नेहरू द्वारा अनिर्णय की राजनीति के माध्यम से जितने कांड लिखे गये, वे राष्ट्र के इतने बड़े नासूर बन गये कि वे रिस ही नहीं बल्कि बह रहे हैं। जहाँ एक तरफ जातिवाद, सम्प्रदाय को समाप्त करने का थोड़ा प्रयास तुष्टीकरण के माध्यम से सत्ता के लिए कुटनीतिक दाँव-पेंच बना, वहीं दूसरी तरफ आरक्षण का आधार आर्थिक न होकर जातिवादी रहा ताकि इसके माध्यम से जातियों में बाँटकर सत्ता के गलियारे में राजनीति का जो खेल खेला जा रहा है, यह सम्पूर्ण हिन्दुओं का सबसे बड़ा दर्द है। क्योंकि यह पहले अगड़ा है, पिछड़ा है, दलित है फिर जाति है। अपनी-अपनी सत्ता के लिए जितना घिनौना खेल लोगों ने भारतीयों के बीच खेला है, ऐसा तो अँग्रेजों ने भी नहीं किया था।

बहती गंगा (1952)

'शिवप्रसासद मिश्र' 'रुद्र' प्रणीत 'बहती गंगा' का हिन्दी के आंचलिक उपन्यासों में एक विशिष्ट स्थान है। शिल्प की दृष्टि से प्रस्तुत कृति अप्रतिम है। इसमें 'काशी' के दौ-सौ वर्षों के ऐतिहासिक जीवन की घटनाओं को सत्रह छोटी-छोटी कहानियों के माध्यम से अंकित किया गया है। किन्तु इन कहानियों का अपना अलग-अलग अस्तित्व भी है। इस प्रकार छोटी-छोटी आंचलिक कहानियों के समवेत रूप से पल्लवित होनेवाली प्रस्तुत कृति में नवीन औपन्यासिक विधा की सर्जना देखी जा सकती है। इसकी कथा का सारांश इस प्रकार है।

(क) गाइये गणपति जग वन्दन

गंगापुर के बलवन्त सिंह ने डोभी के ठाकुर गुर्ज से युद्ध किया था। युद्ध के समय बलवन्त सिंह का खांडा गुर्ज के प्रहार से दो खंड हो गया। उस यम उनके साथी एवं सेनापति बैजनाथ सिंह ने युद्ध के नियमों का उल्लंघन कर ठाकुर गुर्ज पर प्रहार करके उसे मार डाला। इसके पश्चात् बलवन्त सिंह बैजनाथ के रोकने पर भी पुरुष विहीन गढ़ी के भीतर प्रविष्ट होना चाहता था। लेकिन गुर्ज की लड़की पन्ना ने हँसुवा लेकर बलवन्त सिंह का विरोध किया। पन्ना को बन्दी बनाकर बलवन्त सिंह ने उसे अपनी पत्नी बना लिया। जिस समय पन्ना के चेतसिंह नामक पुत्र उत्पन्न हुआ, बलवन्त के पड़ोसियों ने इस पुत्र को वर्ण-संकर कहकर मंगलगान बन्द करा दिया। पन्ना ने बलवन्त सिंह से जब इसका विरोध किया, तो उसने इसे राजनीतिक कारण बतलाया। इस बात से पन्ना को अपना पति की नपुंसकता पर बड़ी घृणा हुई और पुत्र उत्पन्न होने की प्रसन्नता में वह स्वयं गाने लगी— 'गाइये गणपति जग वन्दन' और कहने लगी—''माता को अपने पुत्र के जन्मोत्सव पर मंगलगान करने से न तुम रोक सकते हो न तुम्हारे कुटुम्बी रोक सकते हैं और न तुम्हारी राजनीति रोक सकती है।'' लेकिन उसके इस गान में स्वजनों की मृत्यु के समान विक्षिप्तता थी।

(ख) सूली ऊपर सेज पिया की

नागर को कालापानी की सजा हो जाने के पश्चात् भंगड़ भिक्षु का पता बनारस के आसपास कहीं नहीं चल रहा था। ब्रिटिश सरकार उसे पकड़ने के लिए पुरस्कार भी घोषित कर चुकी थी। इस पुरस्कार की घोषणा डुग्गी द्वारा हो ही रही थी कि छः माह से लापता भंगड़ भिक्षु पुनः प्रकट होकर बनारस की सड़कों पर सैकड़ों व्यक्तियों के साथ घूम रहा था। अमीरजान वेश्या ने अपने सौन्दर्य सें भिक्षु को लुभाने के लिए उसके ऊपर दो मंजिल से अपनी शाल डाल दी, लेकिन भिक्षु

ने उसके पास तक पैसों की जो थैली फेंकी उसकी चोट से अमीरजान की नाक से ख़ून निकल पड़ा। शहर कोतवाल भी भिक्षु को न पकड़ सका। वह शाम को गंगा की एक मढ़ी पर बैठा था। उस समय के प्राकृतिक सौन्दर्य को देखकर उसे अपनी पत्नी 'मंगला गौरी' की बहुत याद आयी। अपने इस तेरह वर्ष के लम्बे विवाहित जीवन में वह गौरी से एक बार विवाह वाली रात में मिला था और फिर कल जब गौरी ने उसे पीछा करते हुए ब्रिटिश सैनिकों से बचाया था तो आज उससे पुन: मिलने के लिए वचन दिया था। गौरी के घर तक रात में वह आया भी था, लेकिन उसके दरवाजों पर ब्रिटिश हवलदार यदुनाथ को बैठा देखकर वह वापस जा रहा था कि उसकी नाव को ब्रिटिश सैनिकों ने घेर लिया। भिक्षु अपनी नाव छोड़ नदी में कूद पड़ा, गोली की चोट बचाता हुआ वह अपनी रहने वाली गुफा में प्रविष्ट हो गया। सैनिकों ने गुफा के मुहाने पर लकड़ी रखकर आग लगा दी। जब इस घटना का पता अपने मामा यदुनाथ से गौरी को चला तो उसने तेरह वर्ष के पश्चात् आज अपनी सजायी हुई पलंग में दीपक द्वारा आग लगा दी, इसके साथ-ही-साथ अपने अंचल में भी उसी दीपक से आग लगा, यह गाते-गाते जल मरी,—'सूली ऊपर सेज पिया की, एहि विधि मिलना होय।'

(ग) एही ठैयां झुलनी हेरानी हो रामा

दुलारी एक पेशेवर गायिका थी। पुलिस का फेंकू सरदार उससे प्रेम करता था। टुन्नू काशी का एक अच्छा कजरी गायक किशोर था। काशी में ही एक दिन गायन के आयोजन में टुन्नू और दुलारी का मुकाबला हुआ। यहीं टुन्नू दुलारी के ढलते यौवन की तरफ आकर्षित हो उठा। तब से वह बराबर दुलारी के यहाँ आता रहता था। आज होली के अवसर पर वह एक खद्दर की साड़ी दुलारी के लिए लेकर आया था। दुलारी ने इस कार्य के लिए उसे झिड़क दिया था और वह निराश मन वापस चला गया। उसके इस ढंग से वापस जाने के कारण दुलारी की आँखों में आँसू आ गये थे। उसे लगा टुन्नू की मूर्ति उसके हृदय में समा गयी है, वह उससे प्रेम करती है।

थोड़ी देर पश्चात् फेंकू सरदार साड़ियों का गट्ठर लेकर आया था, लेकिन उन दिनों विदेशी वस्त्रों की होली जलाई जा रही थी। अत: दुलारी ने फेंकू द्वारा लाए गये वस्त्रों के बंडल को खिड़की से नीचे स्वतन्त्रता संग्राम के सेनानियों के बीच जलाने के लिए फेंक दिया और फेंकू को झाड़ू से मार-मारकर घर से भगा दिया।

फेंकू को दुलारी और टुन्नू के सम्बन्धों का ज्ञान हो गया था, थोड़ी देर बाद बालक झींगुर से दुलारी को पता चला कि पुलिसवालों ने टुन्नू को 'टाउन हॉल' स्थान पर मार डाला है और उसकी लाश भी उठा ले गये हैं।

पुलिसवालों ने 'टाउन हॉल' स्थल पर गायन का आयोजन किया और बाध्य होकर उसमें दुलारी को गायिका के रूप में सम्मिलित होना पड़ा। गाते समय जिस स्थल पर टुन्नू मारा गया था, उसी तरफ इशारा करके उसने गाया—

'एही ठैयाँ झुलनी हेरानी हो रामा।
सासू से पूछूँ ननदी से पूछूँ,
देवरा से पूछत लजानी हो रामा।'
आखिरी पंक्ति गाते-गाते उसकी आँखें छलछला आयीं।

(घ) एहि पर गंगा ओहि पार जमुना

गंगा अहीर जाति की पति-परित्यक्ता बिना बाप की बेटी थी। उसे सौन्दर्य के उपासक मुहल्ले के किशोर लड़के से लेकर बूढ़े तक सभी थे। माँ, बेटी से बार-बार विवाह के लिए कहती थी, फिर भी वह विवाह के लिए तैयार न होती थी। भोली-भाली माँ की राय थी कि गंगा राय साहब के यहाँ नौकरी कर ले, लेकिन राय साहब के हृदय में विराजमान राक्षस को गंगा अच्छी तरह पहचानती थी, अतः वह नौकरी के लिए तत्पर न हुई। एक दिन जब वह राय साहब के यहाँ दूध-दही पहुँचाने गयी थी, तो राय साहब ने उसके सामने शपथ ली कि यदि उसने उनके ऊपर दया न की तो वह संन्यासी हो जाएँगे और उनके लड़के-बच्चे भूखों मर जाएँगे। यह बात एक दिन गंगा ने अपने ही सामने के मकान में रहनेवाले विधुर बेनी से कही। बेनी मन-ही-मन गंगा को चाहता था, लेकिन इस बात का पता गंगा को नहीं था। गंगा की बात को सुनकर उसे कहा—"राय साहब कभी संन्यासी नहीं हो सकते। तुम्हारे बिना जो संन्यासी हो सकता है उसे देखो।" यह कह अपनी गृहस्थी गंगा को सौंप अपनी गाय यमुना को खूँटे से छोड़कर यह गाता हुआ चल पड़ा—'एहि पार गंगा ओहि परा जमुना-बिचवा मड़ैया छवाये जैहो।'

गंगा भी इसे सुनकर गा उठी। 'कैसे दिन कटिहैं जतन बताये जैहो।'

(ङ) चैत की निंदिया जिया अलसाने

पं. पद्मानन्द का अवैध सम्बन्ध अपनी भावज सोनमती से था। इनके ऊपर ही पूर्णरूपेण आश्रित रहनेवाले सोनमती के पति बुद्धिदत्त सोनमती को लेकर भाई का घर छोड़कर किराये के घर में 'आलम' चले गये। भावज से गलत सम्बन्ध होने के कारण ही पद्मानन्द ने अपनी पत्नी की मृत्यु के पश्चात् दूसरा विवाह नहीं किया था। वह बराबर 'आलम' पहुँचते थे और आज अरसठ वर्ष की उम्र में भी भावज से पहले जैसा सम्मान प्राप्त करते थे। कई दिनों तक भूखा रहने के पश्चात् दस रुपये का एक नोट लेकर पद्मानन्द अपनी भाजव के यहाँ पहुँचे।

बुढ़िया ने रुपये रखते हुए कहा—''मैं जानती थी कि आज तुम अवश्य आओगे।''

सोनमती के पति बुद्धिदत्त मर चुके थे। अतः वह स्वतन्त्र हो गयी थी, लेकिन बुद्धिदत्त का लड़का बखेड़ू अपनी माँ की करतूतों से परिचित था। रुपये सोनमती के हाथ में आते ही वह जूता लेकर पद्मानन्द पर टूट पड़ा, तभी सोनमती ने कहा—''अरे मूर्ख! जनक पर जूता?'' पद्मानन्द अपमानित होकर गंगा की तरफ निकल गये। वहीं भूख से पीड़ित बूढ़ा मृत्यु का शिकार हो गया। सोनमती बूढ़े को खोजते-खोजते जब इस स्थल पर पहुँची तो किसी ने पूछा—''यह मर गया है क्या, उठता क्यों नहीं?'' तभी दूर से आते बाजरे से किसी गायिका की आवाज सुनायी पड़ी—'चैत निंदिया जिया अलसाने हो रामा।'

काका (1953)

रांगेय राघव प्रणीत प्रस्तुत कृति में मथुरा के नगरीय अंचल के पंडा समाज से सम्बन्धित पारिवारिक, आर्थिक, सामाजिक एवं धार्मिक स्थितियों का जीवन्त एवं यथार्थवादी चित्रण प्रस्तुत किया गया है।

इसकी कथा का संक्षिप्त रूप इस प्रकार है—

'काका' परसराम पुराने विचारों का पंडा है। यह मथुरा नगर में ही रहता है। प्रत्येक दिन सुबह जमुना में स्नान करना इसका नियम है। एक बार परिक्रमा के समय इसको पड़ा हुआ एक अबोध बालक प्राप्त हो जाता है। यह उसे उठाकर अपने घर लाता है और अपने बच्चे की तरह लाड़-प्यार से उसका पालन-पोषण करता है। धीरे-धीरे बच्चा बड़ा हो जाता है। इसका नाम रामधुन रखा जाता है। इसको सभी काका का ही लड़का जानते हैं, इसे पड़ा हुआ पाये जाने का रहस्य केवल थोड़े से ही लोगों को ज्ञात है।

रामधुन स्कूल में मक्खन बेचने जाया करता है। काका परसुराम के पड़ोसी परमसुख चौबे की पत्नी बिन्दिया काका के यहाँ दही बिलोया करती है। यह नवयुवती है। इसके पति परमसुख की आयु बहुत ज्यादा है। इससे मन-ही-मन क्षुब्ध रहती है और अवसर मिलते ही अपने यौवन का जादू रामधुन पर डालना प्रारम्भ कर देती है, लेकिन यह अबोध बालक वासना ही अतृप्त कामना को समझ नहीं पाता है।

गिरधर परमसुख की प्रथम पत्नी का लड़का है। वह कभी-कभी अपनी बाल-सुलभ चपलता में आकर बिन्दिया और रामधुन के प्रेम की चर्चा कर देता है।

एक बार काका के यजमान ब्रजकिशोर और उनकी लड़की कान्ता मथुरा आते हैं। लड़की विधवा है। ये लोग काका को निमन्त्रित करते हैं लेकिन कान्ता के विधवा होने के कारण वह स्वयं भोजन करने न जाकर रामधुन को भेज देता

है। यजमानी के पेशे को लेकर कान्ता और रामधुन में कहा-सुनी हो जाती है। अतः रामधुन बिना भोजन किये ही अप्रसन्न होकर वापस चला जाता है। वह काका से जाकर कहता है कि वह यजमानी से अपनी जीविका नहीं चलाएगा, बल्कि अपने हाथों से परिश्रम करके जीवन-यापन करेगा। इसी समय उसको अपने और काका के सम्बन्धों के रहस्य का पता चलता है। उसका मन वितृष्णा से भर जाता है और काका से अलग मथुरा में ही एक कोठरी लेकर रहने लगता है। इस प्रकार उसके चले जाने से काका और बिन्दिया को बड़ा दुःख होता है।

हरिदास गुसाईं विधवा कान्ता के सौन्दर्य के विषय में सुनकर ललचा उठता है, लेकिन दृढ़ चरित्रवाले काका के सम्मुख उसकी एक न चली। इसी बीच कान्ता के पिता ब्रजकिशोर का देहान्त हो जाता है तथा घर में चोरी हो जाने के कारण उसके ऊपर दुःख का पहाड़ टूट पड़ता है। उसे सहारा देनेवाला कोई नहीं रह जाता है। अतः काका उसे अपने घर लाता है। यहाँ कान्ता को देख हरिदार गुसाई की बन आयी और उसने अपनी एक शिष्या चम्पा को परमसुख के साथ कान्ता के घर भेजा। वह चम्पा को कान्ता का घर बताकर अपने घर चला जाता है। चम्पा और कान्ता बातें कर रही थीं, इसी बीच परमसुख की स्त्री बिन्दिया आ पहुँचती है और वह चम्पा को पीटकर घर से बाहर निकाल देती है। इस घटना को लेकर वह परमसुख की भी खूब छीछालेदर करती है।

उक्त घटना की सूचना चम्पा जाकर हरिदास गुसाईं को देती है। वह काका को बदनाम करने के लिए नाना प्रकार के षड्यन्त्रों का जाल बिछाता है। जब वह जमुना में सुबह स्नान करने जाता है तो बच्चे उसे चिढ़ाते हैं कि कान्ता को उसने अवैध रूप से अपने घर में रख लिया है। रामधुन उसका अवैध पुत्र है। वह अब कान्ता से रोजगार करवाएगा। भोले-भाले काका को ये सब बातें तीर-सी लगती हैं। लेकिन वह कर ही क्या सकता था।

हरिदास गुसाईं की पत्नी परमसुख के सोने को दुगुना करवाने के चक्कर में 'वन' महाराज नामक साधु के पास जाती है। जहाँ वह भ्रष्ट होती है और अन्ध-विश्वासी परमसुख समाधि में अपना प्राण खो देता है। काका को परमसुख की मृत्यु का समाचार अत्यधिक दुखी बना देता है और वह इसका शव लाने के लिए पहुँचता है। इसी समय 'वन' महाराज नामक साधु गिरफ्तार होता है, जो कि एक फरार बदमाश है। परमसुख का शव लेकर काका घर लौटता है।

रामधुन को बिन्दिया घर बुलाती है। इसी बीच कान्ता आत्महत्या करने के लिए यमुना में कूदती है। रामधुन भी उसे बचाने के लिए यमुना में कूदता है। यमुना से निकलने के पश्चात् दोनों एकान्तवास के लिए यमुना के किनारे-किनारे दूर चले जाते हैं। इधर बिन्दिया के मन में कान्ता के प्रति शंका उठती है कि

वह रामधुन के साथ डूब गयी या उसे लेकर कहीं चली गयी। इसी बीच हरिदास गुसाईं द्वारा भेजे हुए आदमियों ने बिन्दिया की हत्या कर दी। गिरधर के मुँह से कान्ता और रामधुन के जमुना में डूब जाने की घटना सुनकर काका पागल हो गया।

आंचलिक तत्त्वों के आधार पर प्रस्तुत उपन्यास का विवेचन इस प्रकार किया जा सकता है। प्रस्तुत उपन्यास का परिवेश मुख्य रूप से मथुरा है। अतः प्रस्तुत उपन्यास का सम्पूर्ण कथानक मथुरा नगर से यमुना नदी के घाटों तक भ्रमण करता है। कथानक में परिवेश का चित्रण इस ढंग से प्रस्तुत किया गया है कि सम्पूर्ण मथुरा नगर उभरा हुआ दिखाई देता है। अतः कथानक की दृष्टि से प्रस्तुत उपन्यास सफल कहा जा सकता है।

आंचलिक उपन्यास की सबसे बड़ी विशेषता होती है आंचलिक भाषा का प्रयोग। इस दृष्टि से भी यदि देखा जाये तो प्रस्तुत उपन्यास में ब्रजभाषा की शब्दावली का प्रयोग पात्रों के कथोपकथनों में किया गया है। जैसे—'वह धरी है रोटी ले ले। साग रखा है, बैंगन का है, घी लगा लीजो रोटी में, मेरे सिर में पीर हो रही है। भला! तू तो कई दफे आप ही खा चुका है।' पात्रों की दृष्टि से भी प्रस्तुत उपन्यास पूर्णरूपेण आंचलिक है। इसके प्रमुख पात्र हैं परसुराम काका, परमसुख चौबे, बिन्दिया, गिरिधर, रामधुन, हरिदास गोसाईं, चम्पा तथा कान्ता आदि। ये सभी पात्र मथुरा के निवासी हैं। इन्हीं के माध्यम से कथा का विकास होता है।

दृश्य-योजना की दृष्टि से प्रस्तुत उपन्यास सफल कहा जा सकता है, क्योंकि इसमें मथुरा नगर तथा यमुना के घाट आदि का उल्लेख मिलता है। जैसे—"अब युमना की धारा पर घाट के झुके पीपल की फरफराहट काँपने का उपक्रम-सा कर रही थी।...औरतों के घाट पर चूड़ियों की झनक सुनाई देने लगी थी। ऊपर दाईं ओर विशाल अट्टालिका के नीचे बुर्जों के बगल में बने छोटे-से मैदान में बैठा जटाधारी साधु शायद जग गया था, क्योंकि कसैला-सा धुआँ उठने लगा था, जो निश्चय ही उसकी चिलम से निकला था। प्रकाश जमना की रेती पर दूर-दूर बैठे आदमियों की रेखाचित्रों जैसी उपस्थिति को स्पष्ट करने लगा। किनारे की नावों के दीप बुझ गये थे और किसी एकान्त में वंशी बजाने की आवाज उस शीतलता में मन्दिर में गूँजने लगी।"

विषय की दृष्टि से प्रस्तुत उपन्यास में मथुरा जैसे पवित्र तीर्थ के 'पंडा-समाज' में पलने वाली कामवासना का भांडाफोड़ किया गया है तथा 'वन महाराज' नामक साधु के आडम्बरों द्वारा दिखलाया गया है कि किस प्रकार लोग अपने कुकर्मों को छिपाने के लिए साधु वेष में इन तीर्थों में निवास करते हैं और लोगों

को ठगते हैं। अतः विषयवस्तु की दृष्टि से भी प्रस्तुत उपन्यास पूर्ण सफल कहा जा सकता है।

इस प्रकार प्रस्तुत उपन्यास आंचलिक तत्त्वों के आधार पर एक सफल उपन्यास है।

नयी पौध (1953)

प्रस्तुत उपन्यास नागार्जुन द्वारा रचित है। लेखक ने इस कृति में दरभंगा जिले के 'नवगछिया' गाँव में लड़कियों के ब्याह के अवसर पर उनके विक्रय की प्रथा का उल्लेख किया है। संक्षेप में इसकी कहानी इस प्रकार है—

खोखा पंडित, मटुकी पाठक (घटकराज) के साथ विसेसरी की शादी के लिए सौराठ (वह स्थल जहाँ लड़की की शादी तय होती है) पहुँचते हैं। उन्हें एक धनी-मानी पचपन वर्ष का दूल्हा मिल जाता है। गाँववालों से विवाह निश्चित होने की बात छिपाकर रखी गयी थी, क्योंकि ज्ञात हो जाने पर गाँववालों के विरोध के कारण इस दूल्हे के हाथ खोखा, विसेसरी को बेच न सकते थे।

जिस समय खोखा पंडित की लड़की रमेसरी ने विसेसरी के पचपन वर्षीय वर के विषय में सुना, उसके कलेजे में आग लग गयी। विवाह की बात गोपनीय रखने पर भी गाँववालों को ज्ञात हो गयी, उधर विसेसरी ने भी निश्चय कर लिया था कि वह स्वयं इस विवाह का विरोध करेगी। इस प्रकार माँ और बेटी दोनों इस विवाह के लिए तत्पर न थीं।

जिस समय गाँव के नवजवानों को विसेसरी के अनमेल विवाह का पता चला, उनका खून खौल उठा। इस बात को उन्होंने 'नवगछिया' गाँव की बेइज्जती समझी।

इस गाँव में नौजवानों की एक पार्टी थी, जिससे बूढ़े लोग पहले से ही घबराते थे और इसे 'बमपाटी' कहते थे। इस पार्टी के कुछ सदस्यों को विसेसरी विवाह के निश्चित मुहूर्त के पूर्व मिल चुकी थी। अस्तु—उन लोगों ने समय पर उसकी सहायता की और खोखा पंडित के चाहते हुए भी विवाह न हो सका। विसेसरी का विवाह रुक जाने से नौजवानों के संगठन के प्रति गाँववालों को विभिन्न प्रकार की शंकाएँ होने लगीं। लेकिन कुछ न कर सकने के कारण उन्हें शान्त हो जाना पड़ा।

विसेसरी के विवाह में बाधा आ जाने के कारण खोखा पंडित गाँव छोड़कर कहीं बाहर चले गये। रमेसरी और गाँव के नौजवान दिगम्बर आदि विसेसरी के विवाह के लिए सतत प्रयत्नशील थे और आगे आनेवाले अगहन मास के मुहूर्त में उसका हाथ पीला कर देना चाहते थे। इधर पहले वाला विवाह असफल हो

जाने के कारण खोखा पंडित की बुराई चारों तरफ फैल गयी थी, जिसके कारण लोग डर रहे थे कि अब कोई विसेसरी के साथ सम्बन्ध के लिए तैयार न होगा।

दिगम्बर के सतत प्रयत्न के परिणामस्वरूप विसेसरी का विवाह उसके मित्र वाचस्पति के साथ हो गया। ये समाजवादी पार्टी के लीडर थे। इनकी उमर भी उपयुक्त थी। अत: इस शादी से सभी प्रसन्न थे।

आंचलिकता की दृष्टि से प्रस्तुत कृति का परिवेश है, दरभंगा जनपद का 'नवगछिया' गाँव। उपन्यास के कथानक का सम्पूर्ण विकास इसी परिवेश में होता है। उपन्यासकार ने कथानक में प्रस्तुत परिवेश का सामाजिक चित्रण इस ढंग से किया है कि वह उभरा हुआ दृष्टिगोचर होता है। अत: 'नयी पौध' को कथानक की दृष्टि से सफल कृति कहा जा सकता है।

पात्रों की दृष्टि से प्रस्तुत उपन्यास के प्राय: सभी प्रमुख पात्र—विसेसरी रमेसरी, खोखा पंडित, दिगम्बर, बूलो-मटुकी पाठक, अमरितवा, सहुआइन, सुचित आदि इसी 'नवगछिया' गाँव के निवासी हैं। इन्हीं के द्वारा कथा विकसित होती है। अत: पात्रों की दृष्टि से भी 'नयी पौध' एक सफल आंचलिक उपन्यास है।

दृश्य-योजना की दृष्टि से प्रस्तुत उपन्यास में 'नवगछिया' गाँव तथा वहाँ के आवागमन के साधनों की कमी और सौराठ के मेले (मेले) का चित्र उपस्थित किया गया है। यह मेला मैथिल ब्राह्मणों में विवाह की एक विचित्र प्रथा है, जिसमें विवाहार्थियों का मेला लगता है। लेखक ने इस प्रथा का उल्लेख करते हुए लिखा है—सौराठ की सभा में हजारों विवाहार्थी एकत्र होते हैं। कन्याओं की तरफ से उनके अभिभावक बड़ी संख्या में जमा रहते हैं। सभा में यदि कन्याएँ भी शामिल होतीं तो स्वयंवर का यह विराट पर्व न केवल भारत भर में, वरन् सम्पूर्ण विश्व अद्वितीय कहलाता।...तथापि अपनी मौजूदा स्थिति में भी ब्राह्मणों का यह वैवाहिक मेला अनुपम है। ये चित्र उपन्यास के परिवेश को उभारने में पूर्ण सफल हैं। अत: दृश्य-योजना की दृष्टि से हम 'नयी पौध' को एक सफल आंचलिक उपन्यास कह सकते हैं।

मैला आँचल (1954)

'मैला आँचल' फणीश्वरनाथ 'रेणु' कृत बहुचर्चित आंचलिक उपन्यास है। लेखक ने इसकी आंचलिकता के सम्बन्ध में स्वयं लिखा है—'यह है मैला आँचल एक आंचलिक उपन्यास। कथानक है—पूर्णिया। बिहार राज्य का एक जिला, उसके एक ओर नेपाल, दूसरी ओर पूर्वी पाकिस्तान (बांग्लादेश) और पश्चिम बंगाल। भिन्न-भिन्न सीमा-रेखाओं से इसकी बनावट मुकम्मल हो जाती है, जब हम दक्खिन में सन्थाल परगना और पश्चिम में मिथिला की सीमा-रेखा खींच देते

हैं। मैंने इसके एक हिस्से के ही एक गाँव को पिछड़े गाँव का प्रतीक मानकर इस उपन्यास का कथा क्षेत्र बनाया है।'

प्रस्तुत उपन्यास का कथानक संक्षेप में इस प्रकार है—

डॉ. प्रशान्त एक अज्ञात कुलशील है। जन्म के पश्चात् ही उसकी माँ ने एक हाँडी में बन्द करके उसे 'कोसी' में प्रवाहित कर दिया था। नेपाल के उपाध्याय को वह हांडी प्राप्त हुई। उन्होंने प्रशान्त को अनिल कुमार बनर्जी की परित्यक्ता पत्नी स्नेहमयी को सौंप दिया। इस प्रकार स्नेहमयी की गोद में लोट-लोट कर प्रशान्त बड़ा हुआ। उसका विद्यार्थी-जीवन चल ही रहा था कि स्नेहमयी चोपड़ा से ब्याह करके लाहौर चली गयी। इस प्रकार यकायक जीवन से स्नेहमयी का चला जाना, उसके लिए अत्यधिक कष्टदायी रहा। इतना सब होने पर भी वह अपने उद्देश्य के प्रति निरन्तर जागरूक रहा। अन्ततोगत्वा, एक दिन उसे अपने उद्देश्य में सफलता मिल गयी और वह डॉक्टर बनकर समाज के सम्मुख उपस्थित हुआ।

सन् बयालीस के आन्दोलन में डॉ. प्रशान्त को जेल की हवा खानी पड़ी, किन्तु कांग्रेस की मिनिस्ट्री बनते ही वह जेल से मुक्त होकर मेरीगंज ग्राम के मलेरिया सेन्टर में 'मलेरिया कालाजार' सम्बन्धी रिसर्च करने चला गया।

प्रशान्त के रिसर्च-कार्य का विरोध उसके प्राध्यापकों एवं साथियों ने किया, क्योंकि वे जानते थे कि वह उस ग्रामीण अंचल में जाकर उपकरणों एवं सुविधाओं की कमी के कारण इस कार्य को पूरा न कर सकेगा, किन्तु उसकी सहपाठिनी ममता ने उसके रिसर्च कार्य का समर्थन किया, क्योंकि उसके हृदय में भारत की ग्रामीण गरीब जनता के प्रति दया की भावना थी। इसलिए वह चाहती थी कि प्रशान्त ग्रामीण अंचलों में जाकर लोगों की सेवा करे।

प्रशान्त मेरीगंज आकर लोगों की दवा करता है तथा रिसर्च कार्य भी। रिसर्च-कार्य में वह चूहे, खरगोश आदि जानवरों पर नये-नये कीटाणुओं का प्रयोग करके देखता है कि उन पर इसका क्या प्रभाव होता है! इसके पश्चात् इन कीटाणुओं से फैलने वाली बीमारी की दवा की खोजकर उसका सर्वप्रथम प्रयोग इन्हीं जानवरों पर करता है। इस प्रकार जब ये दवाएँ इन जानवरों पर क्रियाशील होकर लाभ पहुँचाने लगती हैं, तब इनका प्रयोग वह मनुष्यों के लिए करता है।

डॉ. प्रशान्त अपनी रिसर्च-रिपोर्ट में लिखता है—यहाँ के रोग के दो कीटाणु हैं—'गरीबी और जहालत'। हैजा की बीमारी में लोग सुई नहीं लगवाते। कुओं में दवा डालने के पूर्व डॉक्टर का विरोध करते हैं, और कहते हैं—डॉक्टर कुआँ में दवा डाल कर हैजा फैलाना चाहता है।

मेरीगंज के तहसीलदार विश्वनाथ प्रसाद की लड़की कमला प्राय: हिस्टीरिया के दौर से मूर्च्छित हो जाया करती थी। डॉ. प्रशान्त ने उसकी चिकित्सा प्रारम्भ

की। डॉक्टर के व्यक्तित्व के प्रति आकर्षित हो वह उससे प्रेम करने लगी। प्रणय का सहारा पाकर कमला के मस्तिष्क पर जो नवीन प्रभाव पड़ा, उसके परिणामस्वरूप उस पर से हिस्टीरिया का प्रभाव कम हो गया। डॉक्टर प्रशान्त और अविवाहित कमला का प्रेम, प्रेम तक ही सीमित न रहा, बल्कि वासना की तह तक पहुँच गया, जिसके फलस्वरूप वह (कमला) गर्भवती हो गयी। अत: विश्वनाथ प्रसाद ने लड़की को घर से निकलने पर रोक लगा दी। थोड़े दिनों पश्चात् उसने एक पुत्र को जन्म दिया।

इस घटना से विश्वनाथ प्रसाद विक्षिप्त हो गये। चूँकि कमला उनकी एकमात्र सन्तान थी। अत: उसे घर से भी न निकाल सके। कालान्तर में डॉक्टर प्रशान्त जेल से छूटकर आ जाता है तथा उसका और कमला का गन्धर्व विवाह हो जाता है।

आंचलिकता की दृष्टि से प्रस्तुत उपन्यास का परिवेश है, 'पूर्णिया'। उपन्यास का सम्पूर्ण कथानक इसी क्षेत्र में भ्रमण करता है, उपन्यासकार ने पिछड़े गाँव के रूप में 'मेरीगंज' गाँव को चित्रित किया है, जो कि 'पूर्णिया' जनपद का पिछड़ा हुआ गाँव है। लेखक ने इस अंचल का चित्रण इस प्रकार प्रस्तुत किया है कि सम्पूर्ण 'पूर्णिया' उभरा हुआ दिखाई देता है। अत: कथानक की दृष्टि से प्रस्तुत उपन्यास सफल कहा जा सकता है।

पात्रों की दृष्टि से प्रस्तुत उपन्यास पूर्णरूपेण आंचलिक है। इसके प्रमुख पात्र हैं—डॉक्टर प्रशान्त, कमला, विश्वनाथ प्रसाद, बलदेव, बावनदास, रमपियरिया, लक्ष्मी, महन्त रामदास आदि। ये सभी मेरीगंज के निवासी हैं। इन्हीं के माध्यम से सम्पूर्ण कथा विकसित होती है।

दृश्य योजना की दृष्टि से प्रस्तुत उपन्यास को सफल कहा जा सकता है, क्योंकि इसमें मेरीगंज गाँव के धूमिल, दागदार जीवन का यथातत्त्व चित्रण प्रस्तुत किया गया है, जिससे यह उभरा हुआ दिखाई देता है।

प्रस्तुत उपन्यास में मुख्य रूप से मेरीगंज का चित्रण मिलता है। यहाँ अनेक जातियों के लोग निवास करते हैं और इन्हीं जातियों के अनुसार यहाँ अनेक टोलों का निर्माण हुआ है—मालिक टोला, कायस्थ टोला, राजपूत टोला, ब्राह्मण टोला, ततमा टोला (तन्त्रिमा क्षत्री टोला), पोलिया टोला, यदुवंशी क्षत्री टोला, महलोत क्षत्री टोला, कुर्म क्षत्री टोला, अमात्य ब्राह्मण टोला, कुशवाहा क्षत्री टोला, रैदास टोला आदि। इसके अतिरिक्त इसी गाँव से सम्बन्धित सन्थालों की बस्ती है। इनके पास भूमि नहीं है। ये अपना जीवन-यापन शिकार करके एवं लकड़ियाँ को बेचकर करते हैं। नाचने-गाने का भी पेशा करते हैं। ये बड़े साहसी होते हैं। चीते तक का शिकार कुल्हाड़ी से करते हैं। इनकी स्त्रियों से कोई दिल्लगी नहीं कर सकता।

तन्त्रिमा टोले का पेशा मजदूरी है। इनकी स्त्रियाँ पैसे के लोभ में तन

का सौदा करने में संकोच नहीं करतीं। जिस समय ये बाबू टोले में काम करने जाती हैं, इन्हें सबकुछ निस्संकोच करना पड़ता है। पढ़े-लिखे लोगों की संख्या इस गाँव में बहुत कम है। यहाँ के जमींदार रियाया को जूते से पीटते हैं। यहाँ के नेता जनता में जागृति उत्पन्न करते हैं। उन्हें अपने अधिकारों के प्रति सजग करते हैं। यहाँ पाई जानेवाली प्रमुख पार्टियाँ, कांग्रेस, समाजवादी, कम्युनिस्ट आदि हैं। कांग्रेस पार्टी के कार्यकर्ता बालदेव, बावनदास तथा समाजवादी पार्टी के कालीचरन हैं। यहाँ के लोग देवी-देवताओं में विश्वास करते हैं। इस प्रकार 'मैला आँचल' में विषय की दृष्टि से मेरीगंज की सामाजिक, आर्थिक, पारिवारिक, राजनीतिक एवं धार्मिक स्थितियों का विशद् चित्रण मिलता है, जिसमें निरन्तर बदलते हुए आज के एक गाँव की आत्मगाथा है। और यह गाँव सर्वथा विशिष्ट होकर...सदियों से सोते-सोते अब जगकर अँगड़ाई ले रहा है। वस्तु, विषय की दृष्टि से प्रस्तुत उपन्यास पूर्णरूपेण आंचलिक कहा जा सकता है।

'मैला आँचल' का पात्र 'बावनदास' (गाँधी के रूप में) आज भी नेपाल से बिहार के रास्ते तस्करी का माल लानेवाली बैलगाड़ियों के सामने उन्हें रोकने के लिए इस आशा से खड़ा है कि गाड़ियाँ उसके कारण रुक जाएँगी। अगली गाड़ी के बैल सामने खड़े आदमी को देख ठिठककर रुक जाते हैं। बीच की किसी गाड़ी से आवाज आती है। क्यों रे?'' क्यों रुक गया।'' अगली बैलगाड़ी का गाड़ीवान बोलता है—बैलगाड़ी के सामने वही बूढ़ा खड़ा हो गया है जो झोली लटकाये प्रायः इस रास्ते पर टहलता रहता है। चाँदनी रात, सुनसान रास्ता और अकेला बूढ़ा। तस्कर आश्वस्त होता है। कड़कती हुई आवाज में बोलता है—चढ़ा दे साले के ऊपर गाड़ी। फिर क्या था? गाड़ीवान ने बैल की पूँछ ऐंठा था। गाड़ी आगे बढ़ गयी थी। गाड़ी का पहिया बावनदास की पसलियों के ऊपर से गुजरा था। सारी पसलियाँ पटपट की आवाज से टूट गयी थीं। इन टूटी हुई पसलियों के ऊपर से पचासों गाड़ियाँ निकलती चली गयी थीं। बावनदास की सारी पसलियाँ चकनाचूर हो गयी थीं, उसकी झोली और लंगोटी वहीं एक पेड़ पर टाँग दी गयी थी। समय के प्रवाह और हवा के झोंके से धीरे-धीरे उनका भी अस्तित्व समाप्त हो गया था।

फणीश्वरनाथ रेणु के उपन्यास 'मैला आँचल' में गाँधी के बाद के गाँधीवादियों द्वारा राष्ट्र के मानचित्र पर प्रस्तुत किये गये आचरण का चित्र है। तस्करी का यह सिलसिला गाँधीवादियों की देन रहा है, रुका नहीं है। इसकी वटबेलि अबाध गति से विस्तृत होती जा रही है और अब इस राष्ट्र में यह राजनीति का अनिवार्य अंग हो गयी है। उच्चतम न्यायालय परेशान है और चुनाव आयोग किंकर्तव्यविमूढ़। जनता की हिस्सेदारी में हाशिये पर है, लेकिन राजनेता और अफसर की इन तस्कर

सम्राटों से साँठ–गाँठ गाँधीवादी राजनीति को इस कदर पवित्र किये हैं कि राजनीति के अपराधीकरण के प्रश्न पर इस राष्ट्र के सारे नेता ऐसा बिदक उठते हैं जैसे उनके बेदाग धवल चरित्र पर किसी ने पान की पीक थूक दी हो।

प्रस्तुत उपन्यास में बावनदास के रूप में प्रस्तुत पात्र समसामयिक राजनीतिक चेतना पर गाँधी के इस देश में गाँधीवाद पर ऐसा करारा तमाचा है कि पढ़कर पाठक बिलबिला उठता है। गाँधी के नाम पर पूरे राष्ट्र के गाँधीवादी राजनीति के संचालक आजादी के पश्चात् प्रायः गाँधी के नाम पर राजनीति की तिजारत करते रहे हैं। गाँधी का इस देश की जनता पर प्रभाव इसलिए था कि गाँधी की कथनी और करनी में अन्तर नहीं था। इस कारण गाँधीवाद पर विश्वास का आधार इस राष्ट्र की जनता को मिल जाता था लेकिन गाँधी के बाद के गाँधीवादी राष्ट्र और गाँधी दोनों के लिए अत्यधिक घातक रहे हैं। मंच के भाषणों और सड़क के नारों में गाँधी की दुहाई थी। खादी की वेशभूषा में महामानव माने जाने की जिज्ञासा लेकिन चरित्र कर्ण, शकुनि और दुर्योधन से भी बदतर। राष्ट्र लूट की सारी योजना और तैयारी फिर भी गाँधीवाद का दिखावा! गाँधीवादियों ने गाँधीवादी राजनीति के नाम पर राष्ट्र के सम्मुख अपने को जिस ढंग से प्रस्तुत किया है, उससे नाथूराम भी लज्जित हैं। नाथूराम ने गाँधी के पैर छूने के बाद गाँधी को गोली मारी थी और इन गाँधीवादियों ने गाँधीवाद पर व्यंग्य से मुस्कराकर फिर पीछे से वह सब किया है जो मन्दिर की चोरी में चोर करता है। इन्होंने गाँधीवाद के नाम पर इस राष्ट्र को लूट का ऐसा रास्ता दिया है कि इनके बाद आने वाली राजनीतिक पीढ़ियों ने इसे अपना कर्तव्य मान लिया है और पूरे राष्ट्र का नेता, ऑफिसर और अपराधी इसी विकृत गाँधीवाद के रास्ते चल पड़ा है। इन गाँधीवादियों द्वारा इस महान राष्ट्र को दिया गया दर्द राष्ट्र की जनता का आर्त्तनाद है। वह किंकर्तव्य विमूढ़ है इस गाँधीवाद से। अब किस पर और भरोसा करे? जिस पर भी किया, उसने ठगा, कांग्रेस के तो गाँधी थे ही लेकिन समाजवादियों के गाँधी, राष्ट्रवादियों के गाँधी, जातिवादियों के गाँधी, सम्प्रदायवादियों के गाँधी। गाँधी के इतने रूप, गाँधी के इस देश में?

भारतीय राजनीति के तस्कारों ने अपनी भ्रष्टाचार एवं तस्करी की गाड़ियों को गाँधी के सीने पर चढ़ाकर उसकी गाँधीवादी सैद्धान्तिक पसलियों को तोड़कर चकनाचूर कर दिया है। राष्ट्र की सारी राजनीतिक पार्टियाँ गाँधीवादी हैं, लेकिन यथार्थ इसके बिलकुल विपरीत है, लगता है। गाँधी इस देश में पैदा ही नहीं हुए थे, तो दोनों में बड़ा जल्लाद कौन है, गाँधीवादी या नाथूराम गोडसे? एक विराट प्रश्न स्वातन्त्र्योत्तर भारत में अपनी असीम शक्ति के साथ राष्ट्र के विस्तृत प्रांगण में अपने उत्तर की प्रतीक्षा में खड़ा है, जिसे हल करना है प्रजा और तन्त्र को

लेकिन गाँधी के बाद के गाँधीवाद ने इस महान राष्ट्र को भ्रष्टाचार और अनाचार का जो जामा पहनाया है, उससे प्रजा किंकर्तव्यविमूढ़ है और तन्त्र अपनी सारी खामियों के बाद भी उसके सीने पर मल्हार गा रहा है। न जाने कितने आये और चले गये। अभी और आते जा रहे हैं। इस आने और जाने के क्रम में लोगों को बड़ी प्रतीक्षा थी राष्ट्रवादियों की, आखिर वह भी आ गये। इनकी स्वतन्त्र सत्ता नहीं, बल्कि कई-कई बैसाखियों का सहारा है। बात करते रहे 'अटल' की लेकिन इनकी नियति सिवाय 'टलते जाने' के अतिरिक्त और कुछ नहीं है। इनका 'गाँधीवाद', 'दीनदयालवाद' भी बड़बोलेपन में भ्रष्टाचार की इतनी बेबस और निरीह हरकतें इस राष्ट्र के भाग्य-ललाट पर शायद कभी नहीं लिखी गयी हैं। कभी भी इस राष्ट्र और इसकी जनता को सम्भवत: राजनीतिक घटवारों से ऐसा घाटे का सौदा नहीं करना पड़ा है। इस राष्ट्र के राजनीतिक घाटों की घटवारी कुछ लोगों ने पैंतालीस साल तक की और अन्त में ऐसा दलदल उत्पन्न किया कि उसी के शिकार हो गये। आज के घटवारों की स्थिति दस वर्ष में ही ऐसी हो गयी कि ये अनिर्णय की अँधेरी सुरंग में घिर छाती पीट रहे हैं और जनता आठ-आठ आँसू रो रही है। ये है—गाँधी के बाद का गाँधीवादी भारत?

'मैला आँचल' में बैलगाड़ी के माध्यम से प्रस्तुत कहानी की यह एक घटना थी जो केवल बावनदास से जुड़ी थी। आज, कारों, जीपों, बसों और ट्रकों से तस्करी का यह सिलसिला अनन्त हो गया है। इस राष्ट्र के ज्यादातर भाग्य विधाता जनता के सेवक की खाल में इसी खेल में लगे हैं और सीमा के पुलिस थाने हर समय इनकी सेवा में तत्पर हैं। अन्तर है तो केवल इतना कि आज 'मैला आँचल' के बाद कोई बावनदास इनकी गाड़ियों के सम्मुख अपने प्राणों की बाज़ी के साथ खड़ा होने के लिए तैयार नहीं है क्योंकि नेता, पूँजीपति, अफसर और अपराधी की चांडाल-चौकड़ी के सम्मुख सब असहाय हैं। इन्होंने शक्तिशाली उच्चतम न्यायालय और घिघियाते हुए चुनाव आयोग की दशा देखी है जहाँ सारे मानदंडहीन गाँधीवादियों से नाथूराम गोडसे के पुरखे पानी पा गये हैं। और बावनदास? अभी मृत्यु के बाद भी प्रतीक्षा है कि गाँधीवादी राजनीति का आँचल अपने अनन्त चारित्रिक स्खलन के कारण और मैला होगा। 'मैला आँचल' की एक घटना और उसका अनन्त सिलसिला, राष्ट्र का भाग्य लेखन उनके हाथों जिनका खुद कोई चरित्र नहीं, जो अँधेरी लिपियों से आजीवन अपना चरित्र लिखते रहे हैं।

मरघट पर भी
लुटेरों का ये डेरा

चारों तरफ
ठगों का ये फेरा
कैसे जीते हैं लोग
जब है इतना अँधेरा।

बूँद और समुद्र (1956)

अमृतलाल नागर की गणना हिन्दी के विशिष्ट उपन्यासकारों में की जाती है। उन्होंने अनेक उपन्यासों की संरचना की है, जिनमें प्रमुख हैं—'शतरंज के मोहरे', 'सुहाग के नूपुर', 'बूँद और समुद्र', 'सेठ बाँकेमल', 'अमृत और विष', 'मानस का हंस' आदि। किन्तु आंचलिकता की दृष्टि से 'बूँद और समुद्र' तथा 'सेठ बाँकेमल' विशेष रूप से उल्लेखनीय हैं।

'बूँद और समुद्र' का आंचलिक उपन्यासों में विशेष स्थान है। यह एक समस्यामूलक उपन्यास है, जिसमें स्त्री तथा पुरुष के सम्बन्धों पर विचार व्यक्त किये गये हैं।

प्रस्तुत उपन्यास का परिवेश मुख्यत: लखनऊ नगर है। इसकी सम्पूर्ण घटनाएँ चौक मुहल्ला से सम्पृक्त हैं। लेखक ने स्वयं इस सम्बन्ध में अपने विचार व्यक्त करते हुए लिखा है—''उपन्यास के क्षेत्र के रूप में मैंने लखनऊ और उसमें भी खासतौर पर चौक को ही उठाया है। यह इसलिए कि नागरिक सभ्यता की परम्परा देखने में बोली-बानी का रंग घोलने में मुझे सबसे अधिक सुभीता यहीं हो सकता है। जिन गलियों में मेरे उपन्यास की घटनाएँ घटी हैं, वे गलियाँ हू-ब-हू लगने पर भी लखनऊ के वास्तविक चौक में आपको ढूँढ़े नहीं मिलेंगी। एक तरफ जहाँ शहर का असलीपन दरशाने के लिए मैंने यहाँ के अनेक नये-पुराने नागरिकों, अखबारों, संस्थानों और स्थलों के वर्णन किये हैं, यही नहीं बल्कि कथाक्षेत्र के काल में नगर में होनेवाली बहुत-सी घटनाओं का जिक्र किया है, वहाँ ही सारा चित्रण कहानी में गुँथ कर बैलौस भी हो जाता है।''

इस प्रकार प्रस्तुत उपन्यास में लेखक ने लखनऊ अंचल को इसका उपजीव्य बनाया है। दृश्य-योजना की दृष्टि से प्रस्तुत कृति में हजरतगंज, अमीनाबाद, लालबाग, गोमती-तट तथा चौक आदि स्थलों के चित्र प्रस्तुत किये गये हैं।

ऐतिहासिक एवं भौगोलिक संकेतों की दृष्टि से प्रस्तुत कृति में आंचलिकता विशेष रूप से उभरी दिखाई देती है। लखनऊ नगर की स्थापना का अपना एक इतिहास है जिसके सम्बन्ध में उपन्यासकार ने लिखा है—''लखनऊ का इतिहास अकबर के जमाने से किताबों में शुरू होता है। बहुत बड़ी और पुरानी मंडी होने के कारण टोडरमल ने इसका महत्त्व समझकर कर वसूल करने तथा अनुशासन करने

के लिए गवर्नर की नियुक्ति की थी। मुगलों के पहले यहाँ पठानों का जोर था।''

इस प्रकार प्रस्तुत कृति में प्रमुखतः लखनऊ नगर के दृश्य प्रस्तुत किये गये हैं, जिनके माध्यम से इस उपन्यास की आंचलिकता उभरकर सम्मुख आती है, किन्तु दृश्य-योजना की दृष्टि से इसमें एक अभाव भी है। इस आंचलिक उपन्यास में क्षेत्रीय दृश्य योजना के अतिरिक्त ब्रज प्रदेश के भी दृश्य प्रस्तुत किये गये हैं, जो आंचलिकता की दृष्टि से सराहनीय नहीं कहे जा सकते। वहाँ के अनेक स्थानों-मथुरा, नन्दगाँव, बरसाना, गोवर्द्धन आदि के रीति-रिवाज तथा त्योहारों का उल्लेख प्रस्तुत कृति में किया गया है, मथुरा के संग्रहालय, ब्रज की रासलीला, होली तथा मथुरा के पंडों के रीतिरिवाज, संस्कृति, उनकी बोली आदि प्रस्तुत उपन्यास में देखे जा सकते हैं।'' अस्तु, दृश्ययोजना की दृष्टि से इसे हम पूर्ण आंचलिक उपन्यास नहीं कह सकते, क्योंकि आंचलिक उपन्यासों में कथा अंचल-विशेष से सुसम्बद्ध होती है और उसमें उसी क्षेत्र के दृश्य प्रस्तुत किये जाते हैं।

पात्रों की दृष्टि से प्रस्तुत उपन्यास पूर्णरूप से आंचलिक है। इसके प्रमुख पात्र हैं—महिपाल शुक्ल, सज्जन, कर्नल, सेठ रूप रतन, शंकरलाल, मनिया, तारा, नन्दो, कल्याणी, शीला स्विंग, कन्या, ताई, छोटी, बड़ी, शकुन्तला आदि। ये सभी पात्र लखनऊ नगर के निवासी हैं। इन्हीं के माध्यम से कथा का विकास होता है, इसके साथ कतिपय पात्र ऐसे भी हैं, जो प्रसंगानुसार आये हैं, किन्तु कल्पित नहीं हैं। इससे उपन्यास की आंचलिकता पात्रों की दृष्टि से अत्यन्त समृद्धशाली हो जाती है। उदाहरणार्थ—भगवतीचरण वर्मा, मदन, अमृतलाल नागर, यशपाल तथा नवजीवन के सम्पादक आदि। इस प्रकार पात्रों में पूर्ण आंचलिकता देखी जा सकती है।

कथानक की दृष्टि से भी प्रस्तुत कृति आंचलिक कही जा सकती है। उपन्यास का सम्पूर्ण कथानक लखनऊ नगर के क्षेत्र में भ्रमण करता है। यहीं की घटनाओं को लेखक ने उपन्यास में अंकित किया है।

भाषा की दृष्टि से भी इस उपन्यास में आंचलिकता देखी जा सकती है। लखनऊ में अवधी भाषा के शब्दों का प्रयोग अधिक देखा जाता है। लेखक ने पात्रों के कथोपकथन में इसी भाषा का प्रयोग किया है। यथा—नन्दो बोली, ''पास वाली गली में कासी जी के एक वियास जी आये हैं, ऐसी सुन्दर कथा सुनाउत हैंगे कि तुमसे क्या बताएँ! सो उन्होंने कहा कि सिंसकार ही मानुष जलम को सारथक कर।'' भाषागत आंचलिकता कल्याणी के कथोपकथन में अत्यन्त सुन्दर ढंग से देखी जा सकती है। वह शकुन्तला के ब्याह के सम्बन्ध में कहती है— ''अपनी बच्चन के विहाओं मा जो मन चाहे तौनि रीति बरत्यो, मुल शकुन्तला पराई थाती है। छोटी जिया जिन्दा होती तो उनकी सलाह से चाहे तुम धकरवन...।''

जंगल के फूल (1960)

प्रस्तुत कृति में राजेन्द्र अवस्थी ने बस्तर जनपद के 'गढ़बंगाल' और 'बिंझली' गाँवों के आदिवासियों की संस्कृति, रीति-रिवाज, आचार-विचार आदि का जीवन्त चित्रण प्रस्तुत किया है। इसकी कथा महुआ और सुलकसाये के 'गढ़बंगाल' के घोंटुल में प्रथम मिलन से प्रारम्भ होती है—

महुआ और सुलकसाये प्रथम बार घोंटुल में मिलते हैं। महुआ गाँव के सिरहा की बेटी है और सुलकसाये गाँव के गायता का बेटा। प्रथम मिलन में ही दोनों एक-दूसरे से प्रेम करने लगते हैं। रात भर दोनों घोंटुल में एक ही गीकी (चटाई) पर सोते हैं। सुबह मुर्गे की बाँग होते ही एक-दूसरे से अलग हो जाते हैं।

सुलकसाये गाँव के घोंटुल का सरदार एवं कर्मठ नौजवान है। इससे घोंटुल के सभी सदस्य प्रसन्न रहते हैं। अत: यह बार-बार घोंटुल का सरदार चुना जाता है। इसकी ख्याति के कारण हर लड़की इसे अपने प्रेमी के रूप में चाहती है। हिरमें, सुलकसाये का पिता है। इसका 'बिझली' के घोटुल से बुलावा आया था, लेकिन बुखार होने के कारण वह न जा सका। अत: सुलकसाये को जाना पड़ा। भुसुरी और सुलकसाये मे गढ़बंगाल के घोंटुल में उस समय प्रेम हुआ था, जब वह यहाँ एक बार नाचने आयी थी। आज बिंझली में उसी भुसुरी का विवाह एक भगोला 'करतमी' से हो रहा था। सुलकसाये से प्रेम होने के कारण जब भुसुरी ने इस विवाह का विरोध किया तो करतमी ने इसका दोषी सुलकसाये को ठहराया। विवाहोत्सव में जब नृत्य का समय आया तब भुसुरी ने सुलकसाये का साथ दिया। उसके इस व्यवहार को करतमी सहन न कर सका और सुलकसाये पर टंगिया से प्रहार कर दिया। बाद में नशे में धुत सुलकसाये ने अपने हँसुए को करतमी के कलेजे में भोंक दिया और वह मर गया। करतमी की हत्या के पश्चात् सुलकसाये की मानसिक स्थिति खराब हो गयी। इसके उपरान्त घोंटुल के कार्यों के प्रति उसके मन में उपेक्षा-सी उत्पन्न हो गयी। उसकी सौतेली माँ सन्ताप व्यंग्यों से बराबर उसे बेधती रहती है। थोड़े दिनों के पश्चात् वह घर छोड़कर अपनी वास्तविक माँ मुदरी के पास भाग गया।

'गढ़बंगाल' से सुलकसाये के भाग जाने के कारण महुआ बहुत दुखी हो गयी। अब घोंटुल का नेता झालर सिंह हो गया। झालर और जलिया में प्रेम था, लेकिन जलिया का विवाह गुबरी के साथ हो गया, क्योंकि वह उसका बचपन का मंगेतर था। अपनी माँ मुदरी से मिलने के पश्चात् सुलकसाये बिंझली गाँव के घोंटुल का सरदार हो गया। उसने अँग्रेजों के विरुद्ध सैनिक-संगठन प्रारम्भ किया। इसी बीच उसकी भेंट पागल लड़की रतिया से हुई, जिसको उसके पति ने त्याग दिया था। गढ़बंगाल के लोगों को जब पता चला कि सुलकसाये को

यहाँ से भागने में सर्वाधिक हाथ उसकी सौतेली माँ सन्ताय का है तो गूमा नामक नौजवान ने उसकी हत्या कर दी और थाने जाकर अपने अपराध को स्वीकार कर लिया। उसके बच्चों की दुर्दशा होने लगी। थोड़े दिनों तक महुआ ने उनको सँभाला। इसके पश्चात् गूमा की माँ गंगी हिरमें से ब्याह करके उन्हें सँभालने लगी। सुलकसाये से सैनिक संगठन के विषय में सुनकर महुआ ने भी झालर सिंह की सहायता से स्त्रियों की सेना का संगठन किया। इस प्रकार गोड़ों की एक बड़ी सेना तैयार हो गयी।

एक दिन कुछ गोड़ों को जंगल में पेड़ काटते समय सिपाहियों ने मना किया, जब वे नहीं माने तो उन्हें गोली मार दी गयी। इसका पता सुलकसाये को लगा और वह अपने काफी सैनिकों के साथ बस्तर के राजा से मिलने गया। इसी बीच उसे बस्तर राज्य के दीवान लाल कलिन्दर सिंह मिल गये। उन्होंने राजघराने में होने वाली फूट से सुलकसाये को अवगत कराया और बताया कि बैजनाथ अँग्रेजों से मिल गया है। सुलकसाये ने बैजनाथ को पकड़वाना चाहा, लेकिन वह दूसरे रास्ते से जा चुका था। इसी बीच अँग्रेजों की सेना आ गयी और झालरसिंह मारा गया तथा अँग्रेजों ने 'बस्तर' के राजा को गिरफ्तार कर लिया। अँग्रेज ऑफिसरों ने गोड़ों के साथ विश्वासघात किया। महुआ और सुलकसाये यहाँ से भाग कर गढ़बंगाल पहुँचे, अपनी सेना को सतर्क किया। घर-घर लाल मिर्च और आम की डाली भेजकर युद्ध की घोषणा कर दी गयी। आधी रात्रि में अँग्रेज सैनिकों ने गढ़बंगाल पर धावा बोल दिया। बहुत-से अँग्रेज सिपाही और गोंड़ मारे गये। सुबह तक 'गढ़ बंगाल' का क्षेत्र लाशों से पट गया। अँग्रेजों को सुलकसाये की तलाश थी। एक घुड़सवार अँग्रेज सिपाही उसकी झोंपड़ी के पास पहुँचा ही था कि एक तीर ने उसका काम-तमाम कर दिया। इसी मृत सैनिक के घोड़े पर बैठ कर महुआ और सुलकसाये अँग्रेजों के घेरे से बाहर निकल गये और उस सुबह की प्रतीक्षा करने लगे जिसमें अँग्रेज ऑफिसर ग्रेयर से वह अपनी जमीन की रक्षा कर सके।

आंचलिकता की दृष्टि से प्रस्तुत कृति का परिवेश 'बस्तर' जनपद का 'गढ़-बंगाल' एवं 'बिंझली' गाँव है, परन्तु यह परिवेश 'नरायनपुर', 'नेतानार' आदि गाँवों तक विस्तृत है। जैसा कि प्रस्तुत उपन्यास की आंचलिकता की ओर इंगित करते हुए उपन्यासकार ने स्वयं लिखा है—''बस्तर के जन-जीवन पर ही यह आंचलिक उपन्यास है। बस्तर मध्यप्रदेश में दक्षिण में क्षेत्रफल के हिसाब से भारत का सबसे बड़ा जिला है, किन्तु आबादी में उतना ही विरल है।'' इस प्रकार प्रस्तुत कृति की कथा बस्तर राज्य के आदिवासियों के एतिहासिक गदर से सम्बन्धित है। यह गदर आज से लगभग नब्बे वर्ष पूर्व हुई थी। पूरा संगठन घोंटुल से हुआ

था। लाल मिर्च और आम की डाल घर-घर भेजकर। घोंटुल बस्तर में सर्वत्र पाये जाते हैं। ये एक प्रकार से कुवारों के आवास या 'बैचलर्स होम' हैं। अस्तु, हम कह सकते हैं कि उपन्यास का कथानक इसी परिवेश से सुसम्बद्ध है। उपन्यासकार ने इसका चित्रण इस ढंग से किया है कि बस्तर जनपद उभरकर सामने आ जाता है।

उपन्यास के सभी पात्र—महुआ, सुलकसाये, सत्ताये हिरमें, भुसुरी, करतमी, झालरसिंह, मुदरी आदि 'गढ़बंगाल' एवं 'बिंझली' गाँवों के निवासी हैं। कथा इन्हीं के माध्यम से विकसित होती है। अत: पात्रों की दृष्टि से भी प्रस्तुत उपन्यास में आंचलिकता देखी जा सकती है।

भाषा की दृष्टि से 'जंगल के फूल' में छत्तीसगढ़ी भाषा के शब्दों का यथा-स्थान प्रयोग किया गया है। जैसे, जोंदरा (ज्वार), अरूआ (उल्लू), पेड़गी (लड़की), आँचुल (गोंड़ी साड़ी) आदि शब्द देखे जा सकते हैं। कथोपकथनों में इन शब्दों के प्रयोग से स्वाभाविकता आ गयी है। अत: भाषा की दृष्टि से भी प्रस्तुत उपन्यास को सफल कहा जा सकता है।

प्रस्तुत उपन्यास में लेखक ने 'गढ़बंगाल' और 'बिंझल' के घोंटुलों के माध्यम से आदिवासियों की सामाजिक स्थिति का चित्रण किया है। इनके पिछड़े जंगली जीवन तथा उसमें नवयुवक और नवयुवतियों के स्वतन्त्र मिलन की छूट तथा नारायणदेव का पर्व—'लाडूकाज' फरवरी में मनाया जाने वाला घास बाँस, लकड़ी आदि काटने का त्योहार 'कारापांडुम', मार्च में महुआ का फूल बीनने का त्योहार 'इरापूपांडुम', फसल आने के समय मनाया जाने वाला त्योहार—'काड़ामरेंगा' आदि के चित्रण द्वारा बस्तर के जन-जीवन का उल्लेख अत्यन्त सुन्दर ढंग से किया गया है। यहाँ के पचहत्तर प्रतिशत से भी अधिक निवासी आदिवासी हैं। उनके अपने रीति-रिवाज हैं। उनकी अपनी संस्कृति है। उनकी अपनी मान्यताएँ हैं। यहाँ के निवासी शहरी सभ्यता से काफी दूर हैं, और उन्होंने अपनी प्राचीन सांस्कृतिक धरोहर को अछूते कौमार्य की भाँति सुरक्षित रखा है। अस्तु, अवस्थी जी ने अंचल की संस्कृति के चित्रण को अपना लक्ष्य बनाया है। अवस्थी का अंचल विशिष्ट संस्कृति से सम्पन्न है, जिसका उद्घाटन कार्य ही अपने आप में एक बड़ी उपलब्धि है।

उपर्युक्त विचारों को देखते हुए हम कह सकते हैं कि विषय की दृष्टि से प्रस्तुत कृति में बस्तर जनपद के आदिवासियों की सांस्कृतिक, सामाजिक, आर्थिक एवं पारिवारिक स्थितियों का विषद चित्रण किया गया है।

हौलदार

शैलेश मटियानी ने 'हौलदार' उपन्यास में अलमोड़ा जनपद के 'धौलछीना' गाँव

की धार्मिक सामाजिक, आर्थिक एवं पारिवारिक स्थितियों के अनेक जीवन्त चित्र अंकित किये हैं। इन चित्रों में वहाँ के निवासियों का जो वैविध्य रूप हमें दिखाई देता है, वहीं इसे देश के अन्य भू-भाग से विलग करता है और इसी आधार पर प्रस्तुत कृति आंचलिकता की संज्ञा से अभिहित की गयी है।

पर्वतीय जनपद को लेकर लिखी गयी शैलेश मटियानी की यह कृति विशेष उल्लेखनीय है। इसकी कथा 'धौलछीना' गाँव से प्रारम्भ होती है।

मेहरसिंह के तीन लड़के हैं—चरण सिंह, देव सिंह, डूंगर सिंह। इनमें डूंगर सिंह सबसे छोटा एवं अविवाहित है। बाकी दोनों भाई विवाहित हैं। किशोरवस्था में डूंगर सिंह गले में रूमाल लगाये और तहमत बाँधे पशुओं को चराता हुआ किशोरियों को देखकर सीटी बजाता तथा छेड़खानी किया करता था। जीवन की इन रंगीनियों के पश्चात् भी डूंगर सिंह निकम्मा और आकांक्षाविहीन नहीं है, बल्कि उसके मन में 'हौलदार' बनने की उत्कट इच्छा थी, किन्तु पिता के विरोध के कारण वह सेना में भरती नहीं हो सका। कालान्तर में उसे ऐसा अवसर भी प्राप्त हुआ, जब वह सेना में भरती हो गया। चाँदमारी की ट्रेनिंग में एक दिन उसी की गोली उसकी एक जाँघ को बेधती हुई निकल जाती है। तीन महीने वह सैनिक अस्पताल में चिकित्सा हेतु पड़ा रहा। उसके पश्चात् वहाँ से मुक्त होने पर उसे अपने पतले पैर को देख कर बड़ी घृणा हुई। अपनी अधूरी कामना के साथ लँगड़ा डूंगरसिंह अपने घर 'धौलछीना' वापस चला गया। यहाँ का एक-एक कण जैसे उस पर व्यंग्य कर रहा था। उसकी भाभियाँ उसे कटूक्ति करती हुई लगतीं जबकि भाभियों के मस्तिष्क में डूंगर सिंह के प्रति बुरे विचार नहीं थे। जब डूंगर सिंह इस चक्कर में पड़ गया कि कैसे उसका हिस्सा उसके भाइयों से अलग हो इसके लिए अपने गाँव के मुखिया थोकदार जमन सिंह से सलाह की। थोकदार जमन सिंह एक दिन डूंगर सिंह के भाई चरन सिंह एवं देव सिंह को समझाने आये, लेकिन उन्हें उस घर की स्थिति अत्यन्त गम्भीर लगी। डूंगर सिंह ने अपना सिर पटक-पटक कर लोगों के सामने यह सिद्ध कर दिया कि वास्तव में भाइयों के साथ उसका जीवन-यापन अत्यन्त कठिन हो गया है। अत: वह थोकदार जमन सिंह के यहाँ जाकर रहने लगा।

थोकदार जमन सिंह की बड़ी बहू लक्षमा की सेवा से डूंगर सिंह अत्यन्त प्रसन्न हुआ। इसके साथ-ही-साथ उसकी विधवा बहू जैन्तो के उभरते हुए यौवन को देखकर वह मन-ही-मन उससे प्रेम करने लगा। अन्ततोगत्वा एक दिन डूंगर सिंह ने भाइयों के घर से अपना बिस्तर, बॉक्स तथा किट जमन सिंह के यहाँ मँगाकर सिद्ध कर दिया कि वह अपने भाइयों का घोर विरोधी है। बँटवारे का समय भी निश्चित हो गया। इसके पूर्व डूंगर सिंह चिकित्सालय से मुक्त होकर

आते समय कुछ मिठाई, मिश्री एवं बिस्कुट के पैकेट ले आया था, जिसे गाँव में बँटवाकर वह नाम कमाना चाहता था। अतः उसने लक्षमा को बुलाकर बाँटने के लिए सारी चीजें दे दीं और बिस्कुट के पैकेट जैता के लिए रख लिये। मिठाई बँटते ही पूरे 'धौलछीना' में डूंगर सिंह की लोगों ने काफी बड़ाई की।

आंचलिक तत्त्वों के आधार पर प्रस्तुत उपन्यास का परिवेश अल्मोड़ा जनपद का 'धौलछीना' गाँव है, जिसे कस्बा भी कह सकते हैं। यह अल्मोड़ा से बारह-चौदह मील दूर सड़क पर स्थित है। इसकी सीमा निर्धारित करते हुए लेखक ने लिखा है—'धौलछीना के पश्चिम में 'पल्यू' गाँव और 'पत्थरखाणी' उत्तर पूर्व में था। पड़ोस में 'कलौन' भी एक गाँव था, जहाँ ब्राह्मण, ठाकुर दोनों रहते थे। पीठ की तरफ नैंगों का गाँव 'नैल'।' प्रस्तुत उपन्यास की आंचलिकता की ओर संकेत करते हुए उसने आगे लिखा—'अल्मोड़ा की आंचलिक पृष्ठभूमि को लेकर लिखा गया यह मेरा पहला प्रकाशित उपन्यास है।'

उपन्यास का सम्पूर्ण कथानक अल्मोड़ा पहाड़ी अंचल से सुसम्बद्ध है। कथानक की दृष्टि से प्रस्तुत कृति पूर्ण आंचलिक है। उपन्यास के लगभग सभी प्रमुख पात्र—डूंगर सिंह, जैन्ता, नरूली, लक्षमा, गोपुली काकी, चतुर सिंह, पद्म सिंह, दुरूगली पंडित्याण, जमन सिंह, चरन सिंह, देव सिंह, गोविन्दी आदि धौलछीना के ही निवासी हैं। कथा इन्हीं के माध्यम से विकसित होती हुई इन्हीं पात्रों के जीवन को रूपायित करती है। प्रस्तुत कृति में उपन्यासकार ने पात्रों के कथोपकथनों में कुमाऊँनी भाषा की शब्दावलियों का प्रयोग किया है। जैसे—दराती (हँसिया), ब्वारी (बहू), कौतिक (मेला), बैज्यू (पिताजी), इजा (माँ), आदि। "हौलदार की भाषा भूमि में आंचलिक शब्दों में बुख्श-फूल खिलें,....जो आंचलिक शब्द प्रयुक्त हुए हैं, उनमें से अधिकांश को मैंने उनके अक्षर आकर्षण, अर्थ गाम्भीर्य और ध्वनि वैशिष्ट्य के आधार पर ही लिया है।" इस प्रकार आंचलिक शब्दों के प्रयोग में उपन्यासकार निरन्तर जागरूक रहा है और उपन्यास को क्लिष्ट होने से बचाया है। इस सन्दर्भ में उसने लिखा भी है—"प्रान्तीय पात्रों को मेरा कृतित्व दुर्बोध न लगे, इस ओर सचेत रहा हूँ।"

प्रस्तुत उपन्यास में उपन्यासकार ने पहाड़ी अंचल की आर्थिक स्थिति के साथ-साथ वहाँ प्रचलित भूत-पिशाच और मनुष्यों के शरीर में अवतार लेने वाले नरसिंह, गोलू, गंगानाथ, भाना आदि देवताओं का वर्णन किया है। पहाड़ी समाज की रूढ़ियों और अन्धविश्वास का अच्छा रूप इस कृति में प्रस्तुत किया गया है। यहाँ के लोगों में सेना की नौकरी करने की बड़ी लालसा देखी जाती है। इस प्रकार विषय की दृष्टि से प्रस्तुत उपन्यास में 'धौलछीना' अंचल की ही आर्थिक, सामाजिक, धार्मिक एवं पारिवारिक स्थितियों का विषद चित्रण प्रस्तुत किया गया है।

जंगल के आसपास (1982)

राकेश वत्स कृत उपन्यास 'जंगल के आसपास' आदिवासी जीवन पर आधारित उपन्यास है। इसमें सोन नदी के किनारे के जंगलों एवं पहाड़ों में निवास करने वाली आदिवासी जातियों का वर्णन किया गया है। ये आदिवासी विकास की धारा से अछूते पिछड़ेपन का जीवन जीने के लिए अभिशप्त हैं। इस पिछड़े क्षेत्र के लोग एक तरफ तो जंगली जानवरों के आतंक में पीड़ित हैं, वही दूसरी तरफ़ अन्याय, मानवीय शोषण और मानवीय आतंक की पीड़ा इन्हें दम नहीं लेने देती है। जहाँ जानवरों के आतंक से इन्हें मृत्यु का भय है। वहीं मानवीय आतंक की वीभत्सता से इनकी आत्मा तक काँप उठती है। जंगली जानवरों से इन्हें छुटकारा दिलाने हेतु शिकारी रॉबर्ट आया है, जिससे कहानी को नया मोड़ तो मिलता है लेकिन जब यही शिकारी नवयुवतियों की इज्जत खुद लूटने लगता है तो यह आदिवासियों की दृष्टि में जंगली जानवरों से भी खतरनाक हो जाता है।

उपन्यास के कथानक का क्षेत्र 'दमकड़ी' का अंचल और वहाँ निवास करने वाले आदिवासी हैं। कथा इसी क्षेत्र के इर्द-गिर्द मँडराती रहती है। उपन्यास में 'दमकड़ी' क्षेत्र के पिछड़ेपन, अभिशप्त जीवन की कथा और कालान्तर में मुखरित हुई जनचेतना के माध्यम से इस क्षेत्र में होनेवाले परिवर्तन की आँधी स्पष्ट रूप से दृष्टिगोचर होती है। यदि उपन्यास के कथानक को ध्यान से देखें तो हम पाएँगे कि यह पूरा क्षेत्र ही कथानक हो गया है। इस कथानक में मानव शोषण की अनन्त कथाएँ हैं। राय साहब नामक मानवीय राक्षस का आतंक जंगली जानवरों के आतंक से ज्यादा भयावह है। कथानक में क्षेत्रीय मानव दंश के आतंक का चित्रण बड़ी सूक्ष्मता से किया गया है।

उपन्यास के स्त्री पात्र सुचित्रा, श्यामा, जगतिया, जमना आदि उपन्यास के वातावरण को जागृत करने का काम करती हैं। बूढ़ी दादी कहती हैं—"जब इसी तरह बिना कारण मरना ही है तो फिर क्यों न पूर्वजों की तरह लड़-झगड़कर मरें। कम से कम प्रेत जोनी में जाने से बचेंगे सब लोग।" इस प्रकार प्रस्तुत उपन्यास जागृत पात्रों की दृष्टि से अत्यन्त महत्त्वपूर्ण है। यदि ध्यानपूर्वक देखा जाये तो आंचलिक उपन्यासों में पाये जानेवाले सभी तत्त्वों से यह उपन्यास परिपूर्ण नहीं है अत: इसे आंशिक आंचलिक उपन्यास कहा जा सकता है। यही इस उपन्यास का निर्बलतम् पक्ष है।

महर ठाकुरों का गाँव (1984)

प्रस्तुत कृति में अल्मोड़ा की गहरी घाटियों में बसे 'सीर गाड़' गाँव का चित्रण मिलता है। यह अत्यन्त पिछड़ा पहाड़ी गाँव है। यह गाँव पहाड़ों और जंगलों

से भयंकर रूप से घिरा है। यहाँ न संचार सुविधा उपलब्ध और न ही आवागमन का कोई साधन है। संसार से बिल्कुल कटा हुआ कुमाऊँ अंचल का यह गाँव शिक्षा की दृष्टि से बहुत पिछड़ा है। गाँव में जो थोड़े-बहुत पढ़े-लिखे लोग हैं, वे भी शहरों में रहते हैं, नहीं तो बाकी लोग गाँव के इसी अँधेरे में गुमनामी का जीवन जी रहे हैं। पथरीली जमीन होने के कारण गाँव में खेती की स्थिति अच्छी नहीं। इन खेतों में मड़वा, मादिरा, भर और कौणी जैसे मोटे अनाज पैदा होते हैं। इनकी पैदावार इतनी कम होती है कि लोगों को साल भर का अनाज अपनी खेती से नहीं मिल पाता है।

'सीर गाड़' महर ठाकुर, अछूतों और ब्राह्मणों का गाँव है। अशिक्षा से ग्रस्त और बाह्य ज्ञान की दृष्टि से बिल्कुल शून्य है। यहाँ के निवासी रूढ़ि और परम्परा के पुजारी हैं। अन्धविश्वासों में इनका पूरा विश्वास है। इनसे सम्बन्धित पूजा अर्चना से वे पीछे नहीं हटते हैं, चाहे उन्हें कितना भी समझाया जाये। प्रधान और पाड़ेज्यू उपन्यास के दो ऐसे पात्र हैं जिनके द्वारा प्रस्तुत एक-एक शब्द पर गाँव के लोगों की घोर श्रद्धा है। ये लोग इनके वाक्यों को ब्राह्म वाक्य मानकर उसका पालन करते हैं। जानवरों की बलि देने में ये पाड़ेज्यू को ही महत्त्व देते हैं। इस प्रकार यदि देखा जाये तो लेखक ने 'सीर गाड़' गाँव के रूप में भारत के पहाड़ी इलाके के एक अत्यन्त पिछड़े, अभावग्रस्त, विपन्न और रूढ़िवादी गाँव का चित्रण किया है। रास्तों का अभाव इस कदर इस गाँव में है कि लोग पहाड़ी पगडंडियों से चलते हुए गहरी घाटी में गिरकर मृत्यु को प्राप्त हो जाते हैं। इस प्रकार इस गाँव का निवासी शिक्षा, भूख, पिछड़ेपन और अभावग्रस्तता का नरक झेल रहा है।

उपन्यास में कथा का आरम्भ हरदा नामक युवक के 'सीर गाड़' गाँव में आगमन से होता है। यह चौदह वर्ष की उम्र से ही अध्ययन हेतु बनारस गया था और शास्त्री की उपाधि लेकर लौटा है। इस गाँव में हरदा नयी चेतना का प्रतीक है। गाँववासियों के हृदय में जमी रूढ़वादिता और मूर्खतापूर्ण परम्परा की निर्वाह-पद्धति को अपने ज्ञान के प्रभाव से यह दूर करने का प्रयास करता है लेकिन इसका प्रभाव बहुत धीरे-धीरे होता है, जबकि प्रधान और पाड़ेज्यू की बात को गाँववाले तुरन्त मान लेने को तत्पर रहते हैं लेकिन कालान्तर में गाँव के लोग हरदा की तर्कपूर्ण बातों पर विश्वास करते हैं जिससे नवीन जागरूकता के लक्षण गाँव में स्पष्ट रूप से परिलक्षित होते हैं। लेकिन फिर भी हरदा को लगता है कि गाँववालों पर उसकी ज्ञानपूर्ण बातों का उतना प्रभाव नहीं पड़ता है जितना प्रधान और पाणेज्यू की मूर्खतापूर्ण ड़ेपोरशंखी बातों का होता है। मनुष्य की प्रवृत्ति है कि उसके हृदय और विचार में जो मूर्खतापूर्ण आडम्बर और विचार दृढ़ हो जाते हैं वह आसानी से उनसे मुक्त नहीं हो पाता है। प्रधान और पाड़ेज्यू दोनों

'हरदा' से परेशान हैं कि यदि उसके द्वारा ग्रामीण समाज में वास्तव में जागरूकता आ गयी तो इनकी धर्म की झूठी दुकान बन्द हो जाएगी। इसीलिए पाड़ेज्यू एक दिन संकेत में हरदा से कहते हैं कि वह शहर चला जाये। इस पर हरदा कहता है—''सोचता तो मैं भी यही हूँ पाड़ेज्यू! लेकिन जिस गाँव में पैदा हुआ, जिस धरती मिट्टी ने मुझे पाला पोसा, सोचा था उसके लिए कुछ कर सकूँगा तो मेरी जिन्दगी सार्थक होगी...इसी धरती में पैदा हुआ हूँ न। कामयाब मरूँगा तो यहीं, नाकामयाब मरूँगा तो यहीं।''

'परतिमा' उपन्यास की ऐसी महिला पात्र है जिसका पति बाहर शहर में रहता है। काम पूर्ति से अतृप्त यह महिला हरदा के व्यक्तित्व से प्रभावित होती है और उसे आकृष्ट करने का प्रयास करती है लेकिन सफल नहीं हो पाती है क्योंकि : हरदा गाँव में संन्यासी के रूप में रहता है, लेकिन फिर भी इस महिला के कारण कुछ-न-कुछ आसक्ति उत्पन्न होकर उसके व्यक्तित्व में अन्तर्द्वन्द्व को जन्म देती है। इस अन्तर्द्वन्द्व से हरदा आजीवन मुक्त नहीं हो पाता है।

'सीर गाड़' गाँव के ऊपर हरदा की विचारपूर्ण बातों का प्रभाव धीरे-धीरे होता है। यही कारण है कि तुलदा और गोधनिया इसके विचारों का समर्थन करते हैं। इसी कारण गोधनिया अपनी माँ की अन्त्येष्टि में पाड़ेज्यू को न बुलाकर अन्तिम क्रिया का सारा काम हरदा से करवाती है। इस प्रकार हरदा के व्यक्तित्व और उसकी योग्यता का प्रभाव शनैः-शनैः इस ग्रामीण समाज पर पड़ रहा है।

'सीर गाड़' गाँव के माध्यम से उपन्यासकार ने पहाड़ी गाँवों में रास्ता, दूर-संचार, बौद्धिक पिछड़ापन, अत्यधिक परिश्रम के पश्चात् भी औरतों को महत्त्व न मिलना, गरीबी से त्रस्त घोर नारकीय जीवन, कृषि की हीनदशा, भयंकर रूढ़िवादिता तथा पाड़ेज्यू एवं प्रधान द्वारा लोगों को मूर्ख बनाकर धार्मिक शोषण, परतिमा जैसी स्त्री के माध्यम से दमित काम कुंठा का विशद् चित्रण प्रस्तुत किया है। पहाड़ी गाँवों की नारकीय तस्वीर दूर से हरे-भरे मन को मोहित करनेवाले पहाड़ों के सौन्दर्य के प्रति मन को भ्रमित कर देती है। एक तरफ प्राकृतिक सौन्दर्य का अम्बार और दूसरी तरफ सौन्दर्य की इसी गोद में संघर्षपूर्ण जीवन का नरक भोगते लोग। वास्तव में यही सच्चाई है इस संसार की, हर सुहावनी सुरंग का द्वार सुहावना है, लेकिन अन्दर है—अँधेरा ही अँधेरा।

5

हिन्दी के आंचलिक उपन्यासों का वर्गीकरण

इस सम्बन्ध में हम सर्वप्रथम शम्भु सिंह का मत प्रस्तुत करना चाहेंगे। उन्होंने अपनी पुस्तक 'रांगेय राघव और आंचलिक उपन्यास' में आंचलिक उपन्यासों की सूक्ष्म प्रस्तुति की है। उनके मतानुसार हिन्दी उपन्यासों में कौन-कौन से उपन्यास आंचलिक उपन्यास हैं, इस सम्बन्ध में विद्वानों में पर्याप्त मतभेद है। रुचि-भिन्नता, आंचलिक प्रवृत्ति की परिभाषा, शक्ति और सीमा की स्पष्टता तथा प्रवृत्ति की कमी आदि इस मत-भिन्नता के प्रमुख कारण हैं। इतना ही नहीं अपितु कतिपय विद्वान तो इसे उपन्यास साहित्य का विशिष्ट रूप भी स्वीकार करने के पक्ष में नहीं हैं। इस सम्बन्ध में डॉ. मदान का अभिमत विशेष रूप से उल्लेखनीय है—

'आंचलिक उपन्यास की आवश्यकता का श्रेय पाना रेणु की नियति है, जिस पर पुनः विचार की आवश्यकता इसलिए है कि इसे उपन्यास की स्वतन्त्र प्रवृत्ति के रूप में मान्यता देना उतना ही गलत है, जितना ऐतिहासिक उपन्यास को।'

डॉ. सुषमा धवन ने भी इन उपन्यासों की गणना सामाजिक एवं समाजवादी उपन्यासों के वर्ग के अन्तर्गत की है। इन मतभेदों के होते हुए भी आज उपन्यासों के वर्ग में आंचलिक उपन्यास के रूप को प्रायः स्वीकार कर लिया गया है और आज इस दिशा में बराबर अध्ययन किया जा रहा है। प्रस्तुत प्रबन्ध के प्रथम अध्याय में आंचलिक उपन्यास के स्वरूप पर विस्तारपूर्वक विचार किया गया है जिससे सामाजिक और आंचलिक उपन्यास का स्वरूप भी सहज ही स्पष्ट हो जाता है। तैयार की गयी इस कसौटी के आधार पर कतिपय ऐसे उपन्यास हैं जिनको कुछ विद्वानों ने आंचलिक उपन्यास माना है किन्तु वे वस्तुतः आंचलिक उपन्यासों का सर्वेक्षण और उनकी आंचलिकता का निर्धारण ही हमारा अभिप्रेत है।

आंचलिक उपन्यासों की दिशा में सर्वप्रथम प्रयास श्री राधेश्याम कौशिक की पुस्तक 'हिन्दी के आंचलिक उपन्यास' है। इसके पश्चात् प्रकाशित श्री महेन्द्र चतुर्वेदी की कृति 'हिन्दी उपन्यास : एक सर्वेक्षण' आंचलिकता और उसकी शक्ति तथा सीमाओं पर संक्षिप्त विवेचन करते हुए हिन्दी के दस उपन्यासों को आंचलिक

उपन्यास स्वीकार किया गया है।

सन् 1964 में श्रीप्रकाश वाजपेयी कृत 'हिन्दी में आंचलिक उपन्यास' कृति प्रकाशित हुई, इसमें चौदह उपन्यासों को आंचलिक उपन्यास माना गया है।

डॉ. त्रिभुवन सिंह ने पाँच आंचलिक उपन्यास मानते हुए उनका सर्वेक्षण अपने 'हिन्दी उपन्यास और यथार्थवाद' नामक ग्रन्थ में किया है। इसके अनन्तर डॉ. गणपति चन्द्र गुप्त का इस दिशा में किया गया प्रयास स्तुत्य है। उन्होंने आंचलिक उपन्यास की परम्परा को स्वीकार करते हुए निम्नलिखित उपन्यासों को आंचलिक उपन्यास की संज्ञा से विभूषित किया है—

लेखक का नाम	**रचना का नाम**
1. नागार्जुन	बलचनमा, नयी पौध, बाबा बटेसरनाथ, वरुण के बेटे, दुःखमोचन, कुम्भीपाक, हीरक जयन्ती, उग्रतारा
2. फणीश्वरनाथ रेणु	मैला-आँचल, परती परीकथा
3. देवेन्द्र सत्यार्थी	रथ के पहिये, कठपुतली, दूध गाछ
4. रांगेय राघव	काका, कब तक पुकारूँ
5. उदयशंकर भट्ट	सागर लहरें और मनुष्य
6. वीरेन्द्र नारायण	अमराई की छाँह
7. महन्त धनराजपुरी	अविरल आँसू
8. शैलेश मटियानी	हौलदार
9. डॉ. रामदरथ मिश्र	पानी के प्राचीर
10. बलवन्त सिंह	रात, चोर और चाँद
11. राजेन्द्र अवस्थी	जंगल के फूल
12. कैलाश कात्यायन	लम्बे ठिगने बौने
13. श्यामू संन्यासी	उत्थान

डॉ. बद्री प्रसाद ने प्रादेशिक और आंचलिक उपन्यासों को एक मानते हुए 'रामलाल' (1914) उपन्यास को प्रथम श्रेष्ठ आंचलिक उपन्यास माना है।

डॉ. रामदरथ मिश्र ने हिन्दी के तेरह उपन्यासों को आंचलिक उपन्यास स्वीकार किया है—

लेखक का नाम	**कृति का नाम**
1. नागार्जुन	रतिनाथ की चाची, बलचनमा, नयी पौध, दुःखमोचन, बाबा बटेसनाथ, वरुण के बेटे
2. फणीश्वरनाथ रेणु	मैला आँचल
3. उदयशंकर भट्ट	सागर लहरें और मनुष्य

4. रांगेय राघव — काका, कब तक पुकारूँ
5. देवेन्द्र सत्यार्थी — ब्रह्मपुत्र
6. शैलेश मटियानी — हौलदार
7. राजेन्द्र अवस्थी — जंगल के फूल
8. डॉ. रामदरश मिश्र — पानी के प्राचीर

डॉ. शशिभूषण सिंहल ने अपने डी. लिट् की उपाधि के लिए स्वीकृत शोध प्रबन्ध 'हिन्दी उपन्यास की प्रवृत्तियाँ' में आंचलिक प्रवृत्ति को सामाजिक उपन्यास की एक प्रशाखा मानते हुए 'मैला आँचल', 'जंगल के फूल', 'बाबा बटेसरनाथ', 'सागर लहरें और मनुष्य', 'चिट्ठी रसैन', 'हौलदार', 'कब तक पुकारूँ' आदि प्रमुख आंचलिक उपन्यासों का विश्लेषण प्रस्तुत किया है।

डॉ. मक्खनलाल शर्मा ने 'हिन्दी उपन्यास : सिद्धान्त और समीक्षा' (जिसका प्रथम संस्करण 1965 में प्रकाशित हुआ था) के सत्रहवें अध्याय में आंचलिक उपन्यासों पर चर्चा की है। इसमें कई नये आंचलिक उपन्यासों का भी अवलोकन हुआ है। इन्होंने 'गोदान', 'बलचनमा', 'बाबा बटेसरनाथ', 'मैला आँचल', 'परती परिकथा', 'साग, लहरें और मनुष्य', 'लोक-परलोक', 'ब्रह्मपुत्र', 'नेपाल की वो बेटी', 'आदित्यनाथ, 'मुक्तावली', 'बहती गंगा', 'बूँद और समुद्र', 'सेठ बाँकेमल', 'कब तक पुकारूँ', 'दिया जला हुआ', 'बयाँ का घोंसला' इत्यादि उपन्यासों को आंचलिक उपन्यास स्वीकार किया है।

डॉ. ब्रजभूषण सिंह 'आदर्श' ने भी अपने शोध प्रबन्ध 'हिन्दी के राजनीतिक उपन्यासों का अनुशीलन' में आंचलिक उपन्यासों में राजनैतिक तत्त्वों का विश्लेषण करते हुए निम्न उपन्यासों को आंचलिकता की कोटि में स्वीकार किया है—

1. रतिनाथ की चाची
2. बलचनमा
3. नयी पौध
4. बाबा बटेसरनाथ
5. वरुण के बेटे
6. उग्रतारा
7. दु:ख मोचन
8. मशाल
9. गंगा मैया
10. सती मैया का चौरा
11. मैला आँचल
12. परती परिकथा

13. अनबुझी प्यास।

डॉ. आदर्श सक्सेना ने 'हिन्दी के आंचलिक उपन्यास और उनकी विधि' में आंचलिक उपन्यासों का विश्लेषण किया है।

इस तरह अब तक विभिन्न विद्वानों द्वारा वर्णित आंचलिक उपन्यास निम्नलिखित हैं—

1.	शिव प्रसाद रुद्र	बहती गंगा
2.	रेणु	मैला आँचल, परती परीकथा, जुलूस
3.	उदयशंकर भट्ट	सागर लहरें और मनुष्य, लोक-परलोक, शेष-अशेष
4.	पांडेय बेचन शर्मा उग्र	फागुन के दिन चार
5.	नागार्जुन	बलचमना, नयी पौध, बाबा बटेसनाथ, वरुण के बेटे, दु:खमोचन, रतिनाथ की चाची, उग्रतारा
6.	देवेन्द्र सत्यार्थी	रथ के पहिये, कठपुलती, दूध गाछ, ब्रह्मपुत्र
7.	डॉ. रांगेय राघव	कब तक पुकारूँ, काका, विषाद मठ
8.	वीरेन्द्र नारायण	अमराई की छाँह
9.	महन्त धनराज पुरी	अविरल आँसू
10.	शैलेश मटियानी	हौलदार, चिट्ठी रसेन, चौथी मुट्ठी
11.	डॉ. रामदरश मिश्र	पानी के प्राचीर
12.	बलवन्त सिंह	रात चोर और चाँद
13.	राजेन्द्र अवस्थी	जंगल के फूल, सूरज किसी छाँह
14.	कैलाश कात्यायन	लम्बे, ठिगने, बौने
15.	श्यामू संन्यासी	उत्थान
16.	प्रेमचन्द	गोदान
17.	बलभद्र ठाकुर	नेपाल की वो बेटी, आदित्यनाथ, मुक्तावली
18.	अमृत लाल नागर	बूँद और समुद्र, सेठ बाँकेमल
19.	यादवेन्द्र शर्मा 'चन्द्र'	दीया जला हुआ, खम्मा अन्नदाता
20.	लक्ष्मी नारायण लाल	बयाँ का घोंसला और साँप
21.	भैरव प्रसाद गुप्त	मशाल, गंगा मैया, सती मैया का चौरा
22.	दुर्गाशंकर मेहता	अनबुझी प्यास
23.	मनहर चौहान	हिरना साँवरी
24.	आनन्द प्रकाश जैन	आठवीं भाँवर
25.	शिवप्रसाद सिंह	अलग-अलग वैतरणी
26.	योगेन्द्रनाथ सिन्हा	वन के मन में

27. जय प्रकाश भारती	कोहरे में खोए चाँदी के पहाड़
28. राही मासूम रज़ा	आधा गाँव
29. शानी	काला जल
30. शिवपूजन सहाय	देहाती दुनिया
31. राजेन्द्र सिंह बेदी	एक चादर मैली सी
32. समरेश बसु	गंगा
33. केशव प्रसाद मिश्र	कोहबर की शर्त
34. मन्नन द्विवेदी	रामलाल
35. जयवन्त दलवी	घुन लगी बस्तियाँ
36. वैंकटेश माडगूलकर	बनगर वाडी
37. यू.आर. अनन्तमूर्ति	संस्कार
38. रघुबर दयाल सिंह	त्रियुगा
39. उपेन्द्रनाथ अश्क	पत्थर अल पत्थर
40. सर्वेश्वर दयाल सक्सेना	सोया हुआ जल
41. विवेकी राय	बबूल
42. नागार्जुन	इमरतिया
43. ओमप्रकाश निर्मल	बहता पानी रमता जोगी
44. हिमांशु श्रीवास्तव	लोहे के पंख
45. श्रीलाल शुक्ल	रागदरबारी
46. डॉ. श्याम परमार	मोरझाल इत्यादि

विभिन्न विद्वानों द्वारा स्वीकृत आंचलिक उपन्यासों की सूची में ऐसे भी उपन्यास हैं जो निश्चय ही इस वर्ग में स्वीकृत नहीं किये जा सकते। अतः यहाँ उन सबका निरूपण करने के लिए प्रत्येक का विवेचन अपेक्षित है।

डॉ. गणेशन और डॉ. मक्खन लाल शर्मा प्रेमचन्द के 'गोदान' (1936) को आंचलिक उपन्यास की कोटि में परिगणित करते हैं। डॉ. मक्खन लाल शर्मा लिखते है, "उनका गोदान बनारस के आसपास के ग्रामीण क्षेत्र का सुन्दर और गहरा चित्र प्रस्तुत करता है। इसमें आंचलिक उपन्यास के यद्यपि सारे तत्त्व उपस्थित हैं, किन्तु प्रेमचन्द में नयी विधा उपस्थित करने का मोह नहीं था और न वे हिन्दी उपन्यास-क्षेत्र में कोई वाद खड़ा करना चाहते थे।" परन्तु डॉ. मक्खन लाल शर्मा भूल जाते हैं कि उस समय आंचलिक विधा को जानते तक भी नहीं थे। यद्यपि कई आंचलिक उपन्यास लिखे गये फिर भी रेणु के 'मैला आँचल' के बाद ही उनका आंचलिक नामकरण किया गया। यह बात दूसरी है कि प्रेमचन्द ने ग्राम समस्याओं का जीवन्त चित्रण किया जिससे ग्रामीण वातावरण की झाँकी सजीव

हो उठती है, किन्तु प्रेमचन्द के गाँव स्थानीय रंगत के बावजूद गाँव विशेष नहीं हैं, सामान्य हैं। आंचलिक उपन्यासों का ग्रामीण चित्रण अंचल का होता है। 'विषाद मठ' और 'गोदान' यथार्थवादी उपन्यास है, आंचलिक नहीं। इनकी समस्याएँ भी अंचल की न होकर सामान्य जीवन की सामाजिक-आर्थिक समस्याएँ ही हैं। इस तरह 'विषाद मठ' और 'गोदान' आंचलिक उपन्यास नहीं माने जा सकते।

नागार्जुन का 'रतिनाथ की चाची' (1948) उपन्यास मिथिला भूमि के जन-जीवन की कथा चित्रित करता है। गौरी विधवा ब्राह्मणी जो कि, रतिनाथ की चाची है, उसकी यातनाओं और दुखद अन्त का जीवन्त चित्रण है। नागार्जुन का यह पहला आंचलिक उपन्यास है।

'बलचनमा' (1952) नागार्जुन का दूसरा आंचलिक उपन्यास है। इसमें एक गरीब किसान पुत्र बलचनमा के दुःख-दर्द की कहानी चित्रित है। वर्ग-विषमताओं एवं शोषण मनोवृत्ति पर प्रहार किया गया है। बाल्यकाल से ही बलचनमा को अमानुषिक यातनाओं का शिकार बनना पड़ा। जमींदारों के अत्याचारों को भी सहन करता हुआ वह उनका विरोध करने के लिए संगठन बनाता है।

नागार्जुन की 'नयी पौध' (1953) में नयी पौध (पीढ़ी) के विरोध की कहानी है। मिथिला के सौराठ के मेले में पितृविहीना विसेसरी के लिए उसके नाना जी साठ वर्षीय वृद्ध वर चुनते हैं, इस पर गाँव का तरुण वर्ग उसका विरोध करता है। लेखक ने पुरानी पीढ़ी के अत्याचारों का विरोध नयी पीढ़ी द्वारा कराके प्रगतिशीलता का परिचय दिया। जनजीवन को चित्रित करनेवाला यह विशुद्ध आंचलिक उपन्यास है।

'बाबा बटेसरनाथ' (1954) नागार्जुन का विशिष्ट आंचलिक उपन्यास है। वटवृक्ष 'रूपउली' गाँव के उत्थान-पतन, राजनीतिक, सामाजिक स्थितियों की कहानी कहता है। यह कहानी ग्रामीण जीवन के क्रमिक विकास की कहानी है। 'नागार्जुन का लघुकाय 'बाबा बटेसरनाथ' बड़ी सफलता से आंचलिक जीवन एवं संस्कृति के विकास को लक्ष्य कर, उसकी प्रतिक्रियावादी तथा प्रगतिशील शक्तियों की पारस्परिक क्रिया-प्रतिक्रिया पर प्रकाश डालता है।'

'दुःख मोचन' (1957) नागार्जुन का सामान्य उपन्यास है। इसका मुख्य पात्र 'दुःखमोचन' है जो ग्रामोत्कर्ष में तल्लीन है। वह 'रमका कोइली' गाँव के गरीबों की हर समस्या को हल करना चाहता है। यह जनजीवन को चित्रित करनेवाला विशुद्ध आंचलिक उपन्यास है। आकाशवाणी के लखनऊ-प्रयाग केन्द्रों से प्रसारित नागार्जुन के इस उपन्यास में भारत के विपन्न ग्रामों की नवोदित चेतना को अभिव्यक्ति मिली है।

'वरुण के बेटे' (1957) में आदिवासी जाति के जीवन संघर्ष और नवोदित

चेतना की कहानी है। यह लघुकाय आंचलिक उपन्यास है जिसमें मिथिला के मछुओं के जीवन को उजागर किया गया है।

'उग्रतारा' (1963) लघुकाय उपन्यास है जिसमें आंचलिक संज्ञा से मंडित किया गया है, परन्तु 'उग्रतारा जेल-जीवन का यथार्थवादी चित्र प्रस्तुत करता है लेकिन जेल का वातावरण आंचलिक नहीं माना जा सकता।'

शिव प्रसाद मिश्र 'रुद्र' का काशी के जन-जीवन पर आधारित 'बहती गंगा' (1952) उपन्यास भी आंचलिक उपन्यास माना गया है। इसमें काशी के सामाजिक, राजनीतिक, सांस्कृतिक जीवन का दो सौ वर्षों तक वर्णन अंकित है। इसका शिल्प धर्मवीर भारती के 'सूरज का सातवाँ घोड़ा' नामक उपन्यास से मिलता है। कुल सत्रह अध्याय हैं जो मिलकर उपन्यास की कथा निर्मित करते हैं और अलग-अलग स्वतन्त्र भी अस्तित्व रखते हैं।

फणीश्वर नाथ 'रेणु' का 'मैला आँचल' एक नयी विधा का नाम लेकर प्रकाशित हुआ। इसी के आधार पर हिन्दी में 'आंचलिक उपन्यास-विधा' का नामकरण हुआ। यह हिन्दी का प्रथम श्रेष्ठ आंचलिक उपन्यास माना जा सकता है। बिहार राज्य के पूर्णिया जिले के मेरीगंज गाँव की अन्तरात्मा का जो स्वरूप प्रस्तुत उपन्यास में अंकित हुआ है, वैसा ग्रामीण जीवन अन्य आंचलिक उपन्यास माना जा सकता है। बिहार राज्य के पूर्णिया जिले के मेरीगंज गाँव की अन्तरात्मा का जो स्वरूप प्रस्तुत उपन्यास में अंकित हुआ है, वैसा ग्रामीण जीवन अन्य आंचलिक उपन्यास में नहीं। 'रेणु' गाँव में इतने रम गये हैं कि अंचल का यथार्थ वर्णन उनसे छिपा नहीं रहा। उन्होंने अंचल से तादात्म्य स्थापित किया और उसकी राह से गम्भीरता के साथ गुजरते हुए भूमिका में लिखा है—

''इसमें फूल भी है, शूल भी, धूल भी है, गुलाल भी, कीचड़ भी है, चन्दन भी, सुन्दरता भी है, कुरूपता भी। मैं किसी से भी दामन बचाकर निकल नहीं पाया।'' प्रस्तुत उपन्यास की अनेक दृष्टियों से आलोचना की गयी। इसे कृति से लेकर अकृति तक की या चित्र से लेकर फोटो चित्र तक की संज्ञा दी गयी है। इन दो अतिवादों में 'मैला आँचल' डोलता रहा है। इसका कारण आंचलिक उपन्यास होना है। कई आलोचकों ने इसमें नायक के अभाव का आरोप लगाया है, परन्तु वे भूल जाते हैं कि अंचल का नायक स्वयं अंचल ही होता है। कथागत बिखराव और स्थानीय बोली का अतिशय प्रयोग पाठक के मन में झुँझलाहट जरूर पैदा कर देते हैं परन्तु दोष नहीं बन पाये हैं। लेकिन इन सीमाओं के बावजूद 'मैला आँचल' ने हिन्दी उपन्यासों को एक नया मोड़ दिया है, इसे अस्वीकारा नहीं जा सकता और यही उसकी उपलब्धि भी है।

रेणु का दूसरा उपन्यास 'परती परीकथा' (1957) भी आंचलिक उपन्यास

है। इसमें लेखक ने पूर्णिया के ही 'परानपुर' गाँव को चुना जो कोसी के अंचल में स्थित है। उपन्यास के प्रमुख पात्र जितेन्द्र और ताजमनी हैं जो नायक-नायिका की सीमा में नहीं आ पाये हैं। इसमें ग्रामीण विकास योजनाओं, जमींदारी उन्मूलन, भूमिहीनों और जमींदारों का संघर्ष, राजनैतिक पार्टी में वादों की परिव्याप्ति का सजीव वर्णन है। परानपुर के तीन ओर परती जमीन है। परती की यह कथा वहाँ के पशु, पक्षियों, जानवरों, खेत-खलिहानों, फसलों, ध्वनि-संकेतों, प्राकृतिक रूप परिवर्तनों, निवासी पुरुष और स्त्रियों के बीच होनेवाले परिवर्तनों की गाथा का प्रामाणिक दस्तावेज है।

'रेणु' का 'जुलूस' भी आंचलिक उपन्यास माना गया है, परन्तु सम्पूर्ण आंचलिक तत्त्वों के अभाव में उसे अर्द्ध-आंचलिक उपन्यास कह सकते हैं।

उदयशंकर भट्ट के 'सागर, लहरें और मनुष्य' (1955) में महानगरी बम्बई के पश्चिम तट पर स्थित ग्राम बरसोवा के मछुआरों का जीवन चित्रित हुआ है। यह अनुसूचित जाति को चित्रित करनेवाला आंचलिक उपन्यास है। यहाँ कोली जाति के मछुआरे अपने जीवन-यापन के लिए मछलियाँ पकड़ते हैं और इनकी स्त्रियाँ इन्हें बाजार में बेचने जाती हैं। सम्पन्न परिवार की कन्या रत्ना कॉलेज में पढ़ती है। वह माणिक के बाद डॉक्टर को प्राप्त करती है, चाहे उसे विद्रोह ही क्यों न करना पड़ा। माणिक के चरित्र में स्खलन है जो उसकी लोभी प्रवृत्ति के कारण आया है। रत्ना महाभारत की मत्स्यगन्धा बनना चाहती है। उपन्यास की कथा आवश्यकतानुसार महानगर बम्बई में भी विचरण करती है। साथ ही निम्नवर्गीय जीवन को छूने में लेखक असफल हुआ है।

'लोक-परलोक' (1958) भट्ट जी का आंचलिक उपन्यास है, जिसमें पश्चिमी उत्तर प्रदेश के तीर्थग्राम पद्मपुरी के अंचल को मुखरित किया गया है एवं नारी की दुर्गति, पाश्चात्य प्रभाव से विकारग्रस्त ग्रामीण जीवन, वर्ग संघर्ष, धार्मिक आडम्बरों का सफल चित्रण हुआ है।

उदयशंकर भट्ट के 'शेष-अशेष' (1960) को भी डॉ. त्रिभुवन सिंह ने आंचलिक उपन्यास माना है। यह साधु और संन्यासियों के जीवन को चित्रित करता है। परन्तु यह जरूरी नहीं कि साधु और संन्यासियों का जीवन आंचलिक जीवन ही हो। इसे अर्द्ध-आंचलिक उपन्यास माना जा सकता है।

'फागुन के दिन चार' (1960) उग्र जी के उपन्यास को भी डॉ. त्रिभुवन सिंह ने आंचलिक उपन्यास के विशेषण से विभूषित किया है जबकि इसमें तीस-पैंतीस वर्षों पूर्व फिल्मी दुनिया की एक खेदजनक कहानी है। इसे आंचलिक उपन्यास नहीं माना जा सकता।

देवेन्द्र सत्यार्थी के 'रथ के पहिये' (1953) में गोंड़ आदिम जाति के जीवन

का चित्रण हुआ है। कथा का अंचल है, करंजिया ग्राम है। यह भी आंचलिक उपन्यास है।

'ब्रह्मपुत्र' (1956) में देवेन्द्र सत्यार्थी ने आसाम के लोक जीवन को मुखरित किया है। ब्रह्मपुत्र नदी के किनारे बसनेवाले ग्रामीण-जीवन की स्वतन्त्रता के पहले की कथा कहकर लेखक ने राजनीतिक, सामाजिक, धार्मिक, सांस्कृतिक और आर्थिक जीवन को उभारा है।

देवेन्द्र सत्यार्थी जी का 'दूध-गाछ' (1958) को भी आंचलिक उपन्यास माना गया है, जिसमें केरल के लोक जीवन को स्थानीय रंगत के साथ चित्रित किया गया है।

डॉ. रांगेय राघव के 'कब तक पुकारूँ' में नटों के जीवन का चित्रण है। यह विशुद्ध जनजातीय आंचलिक उपन्यास है। 'राई और पर्वत' (1958), 'पथ का पाप' (1960), 'धरती मेरा घर' (1961), 'आखिरी आवाज' (1963) भी उनके ग्रामीण लोक-जीवन से सम्बन्धित हैं, जो आंचलिक उपन्यास कहे जा सकते हैं, जिनका वर्णन आगे विस्तारपूर्वक होगा, इसलिए यहाँ संकेत मात्र ही पर्याप्त होगा। उनका 'काका' (1963) उपन्यास भी मथुरा के जनजीवन को उभारता है। यह मथुरा नगरी से सम्बन्धित होते हुए भी नगर के वातावरण से अपने आपको पूर्णतः मुक्त रखता है—उपन्यास के चरित्र, भाषा-शैली, सभी पर गहरा आंचलिक रंग है—संक्षेप में, यथार्थवादी सामाजिक कथानक को कुशलतापूर्वक आंचलिक रूप प्रदान कर दिया गया है।

महन्त धनराजपुरी का 'अविरल आँसू' (1952) को भी आंचलिक उपन्यास माना गया है। परन्तु इसके पात्र आंचलिक नहीं हैं और न घटनाएँ। अतः आंचलिक उपन्यास की श्रेणी में नहीं रखा जा सकता। लेखक का उद्देश्य पीड़ित और उपेक्षित जीवन का चित्रण करना है जो उसकी भूमिका में स्पष्ट है, 'अविरल आँसू' मानव समाज के हास-अश्रुमय आनन ज्यादा आँसू थोड़ा हास के वृहत् इतिहास का संक्षिप्त पर, प्रखर, देश काल-सीमित पर व्यापक ऐतिहासिक यथार्थ एवं सत्य को कलात्मक रूप देने का प्रशंसनीय प्रयास है।

शैलेश मटियानी का 'हौलदार' (1960) भी कुमाऊँ क्षेत्र के अल्मोड़ा अंचल की कहानी कहता है। लँगड़ा डूंगर सिंह अपने अस्तित्व से उत्पीड़ित है।

मटियानी ने 'चिट्ठी रसैन' (1961) में ऊड़लगों गाँव का जीवन मुखरित हुआ। यह भी आंचलिक उपन्यास है। भाषा-शैली एवं लोक जीवन के प्रभावशाली चित्र उपन्यास को आंचलिक रूप प्रदान करते हैं।

मटियानी का 'चौथी मुट्ठी' (1962) भी कुमाऊँ के पर्वतीय अंचल के लोक-जीवन को उभारने वाला लघु-आंचलिक उपन्यास है।

डॉ. रामदरश मिश्र का 'पानी का प्राचीर' (1961) भी आंचलिक उपन्यास है जिसमें गोरखपुर जिले के राप्ती और गौरी नदियों के बीच के अविकसित प्रदेश का जीवन्त जनजीवन मुखरित हुआ है। स्वयं लेखक ने भी लिखा है, ''कहानी स्वाधीनता प्राप्ति तक की है। स्थानीय जीवन के समस्त सत्यों और पक्षों को चित्रित कर इस भू-भाग के संश्लिष्ट व्यक्तित्व को उभारना ही इसका लक्ष्य है, किन्तु इस भू-भाग में संश्लिष्ट व्यक्तित्व के माध्यम से राष्ट्र और युग की चेतना ध्वनित है। इसीलिए कथानक एक दिशा प्रवाही नहीं है वह अनेक कोणों से उभरती जीवन कथाओं की संश्लिष्ट बुनावट है। लोक-गीतों और लोक-भाषा का प्रयोग बड़ा ही सर्जनात्मक है।''

बलवन्त सिंह के 'रात, चोर और चाँद' (1949) में पंजाब के मध्यवर्गीय जीवन का चित्रण हुआ है। डॉ. सुरेश सिन्हा ने लिखा है—'हिन्दी का सही अर्थों में प्रथम आंचलिक उपन्यास है' परन्तु डॉक्टर सुरेश सिन्हा भूल जाते हैं कि पूरा पंजाब एक प्रदेश है और आंचलिक उपन्यास के लिए पंजाब का कोई विशेष अंचल होता तो अच्छा रहता। विशेष बात तो यह है कि मध्यवर्गीय जीवन में आंचलिक तत्त्वों के मिलने की सम्भावना कम रहती है।

'सूरज किरण की छाँह' (1959) की राजेन्द्र अवस्थी जी का आत्मकथात्मक शैली में लिखा हुआ आदिवासी गोड़ों का जीवन चित्रित करने वाला आंचलिक उपन्यास है। लेखक मध्यवर्ग के जीवन और निम्नवर्ग के जीवन को मिला नहीं पाया। इसलिए निम्नवर्गीय जीवन की अतलान्त गहराई को संस्पर्श करने में असफल रहा है। एक आलोचक का मत है—''मुझे लगता है कि अवस्थी को अब आंचलिकता का मोह छोड़ देना चाहिए।''

राजेन्द्र अवस्थी के 'जंगल के फूल' (1960) में मध्यप्रदेश की आदिम जाति गोड़ों की कहानी वर्णित है। वन्य जीवन का सुन्दर व्यक्तित्व मुखरित होता है। यह भी आंचलिक उपन्यास है।

कैलाश कात्यायन ने 'लम्बे, ठिगने-बौने' में रांगेय राघव के 'काका' की तरह मथुरा के पंडों का जन-जीवन चित्रित किया है जो साधारण आंचलिक उपन्यास बन पड़ा है।

श्यामू संन्यासी ने भी 'उत्थान' में मालवा (मध्यप्रदेश) का लोक जीवन चित्रित किया है जिसमें वहाँ की लोक-संस्कृति अच्छी तरह मुखरित हुई है।

बलभद्र ठाकुर का 'मुक्तावती' (1955) मणिपर के जनजीवन पर आधारित उपन्यास है। मणिपुर के सामाजिक, सांस्कृतिक, आर्थिक और राजनैतिक जीवन को भी वाणी मिली है।

बलभद्र ठाकुर का दूसरा उपन्यास 'आदित्य नाथ' (1959) है, जिसमें

कश्मीर प्रदेश के कुल्लू घाटी में रहनेवाले लोगों का जन-जीवन चित्रित है। लेखक का उद्देश्य 'आदित्यनाथ' से कुछ शिक्षा देने का है जिसे भूमिका में स्पष्ट किया है, ताकि नवरक्त की भावुकता भरी लहरों में स्वामी सोमानन्द की तरह बहकर बाद में विनष्ट न हो जाएँ, स्वामी सत्यकेतु और वीरेन्द्र वर्मा जैसे लोग स्वयं आदित्यनाथ के जीवन से कुछ सीख सकें, स्वस्थ, स्वाभाविक जीवन के मूल्य को पहचान सकें।

बलभद्र ठाकुर का तीसरा आंचलिक उपन्यास है—'नेपाल की वो बेटी'। इसमें भी नेपाल के जन-जीवन के व्यक्तित्व को उभारा गया है। डॉक्टर मक्खन लाल शर्मा ठाकुर के उपर्युक्त तीनों उपन्यासों को आंचलिक उपन्यास मानते हैं। और स्वयं लेखक का भी दावा है कि उसने खूब पर्यटन कर साहित्यिक साधना की है। उन्होंने लिखा है, "लेखक ने अदम्य साहसी परन्तु साधन-विहीन युवक के रूप में, अपनी पीठ पर कम्बल लादकर हिमालय को रौंद दिया और वर्षों इसी साधना में बिता दिये। आँखें खोलकर कुल्लू देखा, गढ़वाल देखा, कैलास देखा और देखे मणिपुर व दार्जिलिंग, देखे ही नहीं उन्हें परखा भी। वहाँ समाज का, सामाजिक रीति-रिवाजों का और शासन प्रणाली का आँखें खोलकर गहन अध्ययन किया और उस अध्ययन का परिणाम है उनके हिमालय के जीवन पर लिखे आधे दर्जन से भी अधिक उपन्यास।" लेकिन इनके उपन्यासों में आंचलिकता प्रमुख रूप से भाषा-शैली में ही है, अत: इन्हें मिश्रित अथवा अर्द्ध-आंचलिक उपन्यासों की श्रेणी में परिगणित किया जा सकता है।

नागर जी का उपन्यास 'बूँद और समुद्र' (1956) उनकी प्रतिनिधि रचना है। इसमें लेखक का आंचलिक वर्णन करते-करते मथुरा-वृन्दावन में आ जाता है। इसमें भी आंचलिक भाषा का प्रयोग किया गया है, अत: अर्द्ध-आंचलिक उपन्यास ही माना जा सकता है।

भैरव प्रसाद गुप्त का 'मशाल' (1951) भी आंचलिक उपन्यास माना गया है, जिसमें रानपुर का जन-जीवन चित्रित हुआ है। कथा का नायक नरेन आजाद हिन्द फौज से वापस लौटने पर अपने गाँव को उजड़ा पाता है। वह फिर मजदूरों के साथ अपने को समन्वित कर संघर्ष करता है। उपन्यास का मूल स्वर साम्यवादी चेतना है। जैसा कि 'मशाल' की भूमिका में भी लिखा है, मजदूरों के इस संयुक्त मोर्चे की आवाज कानपुर के मजदूर-आन्दोलन के इतिहास में सदा अमर रहेगी। आठ मजदूर शहीद और सत्तर घायल मजदूरों के लाल खून से कानपुर के मजदूरों में जो जंगी एकता और क्रान्तिकारी संयुक्त मोर्चे की मशाल जलायी है, वह कभी न बुझेगी। उसकी लाल रोशनी धीरे-धीरे सारे हिन्दुस्तान में फैल जाएगी और जनता के सभी शोषित वर्गों को भी इंकलाबी रास्ता दिखाएगी। गुप्तजी के 'गंगा

मैया' में किसानों का आंचलिक जीवन प्रगतिवादी चेतना से मुखरित हुआ है। गंगा मैया के अंचल को छोड़ना किसानों को भाता ही नहीं है।

'सती मैया का चौरा' (1959) भी गुप्त का उत्तर प्रदेश ग्राम पियरी के जन-जीवन पर आधारित वृहद् उपन्यास है। उपन्यास में कांग्रेस, कम्युनिस्ट पार्टी, जनसंघ और लीग की राजनीतिक रीति-नीति का खंडन अथवा मंडन किया है। इनके उपर्युक्त इन तीनों उपन्यासों में राजनीति के स्वर प्रमुख हैं, अतः अर्द्ध-आंचलिक उपन्यासों की श्रेणी में रखे जा सकते हैं।

मनहर चौहान के 'हिरना साँवरी' (1962) आंचलिक उपन्यास में छत्तीसगढ़ के ग्राम करतरा के एक ग्वाला परिवार की कथा हिरना के द्वारा कही गयी है। इसमें दानीपुर ग्राम की कथा भी आ जाती है।

आनन्द प्रकाश जैन का 'आठवीं भाँवर' (1969) नारी-पुरुष के सम्बन्धों को लेकर लिखा गया आंचलिक उपन्यास है, जिसमें गोसाईं जाति का जन-जीवन अभिव्यक्त हुआ है।

श्री शिवप्रसाद सिंह का 'अलग-अलग वैतरणी' (1967) पूर्वी उत्तर प्रदेश के वाराणसी क्षेत्र के करेता ग्राम के किसानों की गाथा प्रस्तुत करता है। गाँव की आत्मा भी इसमें सजीव हो उठी है। 'नये गाँव की नयी सस्वरता, कोने-कोने की टोह, हर हवेली, हर गली और बैठक का रेखान्यास, न कहीं सघन, न कहीं विरल, एक साफ तस्वीर सामने आ जाती है। पूरी ग्राम कहानी आदि से अन्त तक नपी तुली, सन्तुलित है। बाहर से बिखराव है और भीतर से एक सूत्रता।' परन्तु लेखक इसे आंचलिक उपन्यास नहीं कहता है। उन्होंने लिखा है, 'मैं लाख चाहूँ पढ़नेवाले इसे आंचलिक उपन्यासों की पंक्ति में न डाल दें, तो मैं कर ही क्या सकता हूँ! हाँ, निवेदन सिर्फ इतना है कि पढ़ते समय उपन्यास यदि आंचलिक लगे तो आपकी दृष्टि आंचलिक न हो...।' उपर्युक्त कथन उसके आंचलिक उपन्यास होने की ओर अप्रत्यक्ष रूप से संकेत करता है। उपन्यास की भाषा भी गहरी आंचलिक है और देहाती जीवन का भी प्रतिभाशाली अंकन हुआ है जिसे लेखक लाख चाहे पर पाठक को आंचलिक उपन्यास ही लगेगा।

योगेन्द्र नाथ सिन्हा के 'वन में मन में' (1962) उपन्यास को भी आंचलिक उपन्यास माना गया है, जिसमें वन्य जन-जाति 'हो' का जन-जीवन चित्रित हुआ है।

जय प्रकाश भारतीय ने 'कोहरे में खोए चाँदी के पहाड़' (1968) आंचलिक उपन्यास में उत्तर सीमान्त पर स्थित जौनसार-बाबर और खाई के पार्वत्य प्रदेश के उपेक्षित एवं अविकसित शोषित और पीड़ित जनजाति का जीवन चित्रण किया है।

डॉ. इन्दुप्रकाश पांडेय ने हिन्दी के आंचलिक उपन्यासों का सर्वेक्षण प्रस्तुत किया है और साथ ही उन्होंने अपनी पुस्तक 'हिन्दी के आंचलिक उपन्यासों में जीवन सत्य' में वर्गीकृत भी किया है। उन्होंने अलग-अलग वर्गों में नागरिक पृष्ठभूमि से सम्बन्धित, ग्रामीण पृष्ठभूमि से सम्बन्धित, जाति जनजाति सम्बन्धित एवं पेशेवर समुदायों से सम्बन्धित उपन्यासों को वर्गीकृत किया है।

हिन्दी के आंचलिक उपन्यासों का स्थूल वर्गीकरण

कथ्य के आधार पर आंचलिक उपन्यासों को निम्न प्रकारों के अन्तर्गत रखा जा सकता है : (1) किसी ग्रामीण पृष्ठभूमि से सम्बन्धित (2) नागरिक पृष्ठभूमि से सम्बन्धित, (3) किसी जाति अथवा जन-जाति से सम्बन्धित, और (4) किसी पेशेवर समुदाय से सम्बन्धित। दूसरे निर्णायक तत्त्व के आधार पर आंचलिक उपन्यासों का वर्गीकरण असाध्य है क्योंकि प्रत्येक लेखक एकान्वय एवं विशिष्टीकरण की प्रक्रिया का प्रयोग न्यूनाधिक मात्रा में करता है। इसलिए वर्गीकरण की कोई भी योजना निश्चय के साथ इन्हें किसी भी स्थूल सीमा के अन्तर्गत नहीं प्रस्तुत कर सकती। सक्सेना ने इस प्रकार का वर्गीकरण प्रस्तुत किया है। उनके अनुसार, 'शुद्ध आंचलिक' और 'अर्द्ध आंचलिक' के दो वर्ग हमारे सामने प्रस्तुत होते हैं जिनके अन्तर्गत उन्होंने हिन्दी के आंचलिक उपन्यासों की दो कोटियाँ बनायी हैं।

सर्वेक्षण के क्षेत्र में आगे बढ़ने से पहले हम एक बार फिर दोहराना चाहते हैं कि 'आंचलिक उपन्यासकार प्रत्येक अंचल की विभिन्न अन्तर्दशाओं को देखता है, जो उस अंचल के मानव-समुदाय को गहराई से प्रभावित करती हैं, और जिनके फलस्वरूप विभिन्न सांस्कृति रूप और चरित्र उत्पन्न होते हैं।' अन्तर केवल स्थानीकरण और विशिष्टीकरण की मात्रा में है। इसलिए हम इस सलाह को मानकर आगे बढ़ें, 'यदि आंचलिकता मौजूद है तो वह किस सीमा तक उपन्यास के तत्त्वों को प्रभावित करती है।'

(क) ग्रामीण पृष्ठभूमि से सम्बन्धित

पृष्ठभूमि के साथ घनिष्ठ सम्बन्ध रखने वाले चरित्रों का संकुल जीवनवृत्त नागार्जुन के उपन्यासों की विशेषता है जो मिथिला के गाँवों से सम्बधित है। नागार्जुन आलोचनात्मक यथार्थवादी हैं और साम्यवादी होने के कारण समस्याओं के समाधान के रूप में क्रान्तिकारी परिप्रेक्ष्य प्रस्तुत करते हैं। 'बलचनमा' (1952) में अपनी असफल समाजवादी क्रान्ति के उपरान्त वे युवा पीढ़ी के द्वारा 'नयी पौध' (1953) में अहितकारी सामाजिक रूढ़ियों के विरुद्ध संग्राम छेड़ते हैं। 'बमपाटी' के युवक तिरहुतिया ब्राह्मणों की प्राचीन विवाह-प्रथा को तोड़कर नये प्रकार के विवाह का

सुधारवादी रूप प्रस्तुत करते हैं। 'बाबा बटेसरनाथ' (1954) में वे किसान और जमींदार के संघर्ष को ऐतिहासिक पृष्ठभूमि में चित्रित करते हैं, जिसमें कथावाचक का काम एक पुराना बरगद का पेड़ करता है। 'दु:खमोचन' (1957) में लेखक ने एक आदर्श सामाजिक कार्यकर्ता के माध्यम से गाँव की समस्याओं का समाधान कराया है। दलगत संघर्षों का समाधान करते हुए दु:खमोचन गाँव में शान्ति और सामाजिक न्याय की स्थापना करता है। 'उग्रतारा' (1963) में लेखक फिर से (देखिए, 'रतिनाथ की चाची', 1948) एक विधवा की समस्याओं को नये सिरे से उठाता है। इस उपन्यास में लेखक के नये विचारोंवाले नौजवानों का आह्वान किया है और दिखाया है कि जो बालविधवा उग्रतारा परिस्थितियों में पड़कर एक अधेड़ जेल के सिपाही से विवाह करती है और उसका गर्भ धारण करती है, अवसर पाकर अपने नौजवान प्रेमी कामेश्वर के साथ भाग जाती है। प्रगतिशील विचारोंवाली भाभी इन दोनों का विवाह कराती है। इस प्रकार प्रगतिशील विचारों वाले नौजवान कामेश्वर के साहस से एक बाल विधवा का उद्धार होता है। विशेष रूप से इस उपन्यास में कथावस्तु-नियोजन और भी क्षीण है। केवल समस्या के रूप को उसके समाधान के साथ प्रस्तुत किया गया है। नागार्जुन सामाजिक एवं राजनीतिक समस्याओं को गम्भीरता के साथ प्रस्तुत करने के लिए अपने उपन्यासों के पात्रों को कठिन एवं कठोर परिस्थितियों में रखते हैं और एक-दो प्रगतिशील विचारोंवाले साहसी नवयुवकों द्वारा उनका समाधान प्रस्तुत करते हैं। अस्तु, नागार्जुन आलोचनात्मक यथार्थवादी की भाँति जीवन को समस्याओं के माध्यम से देखते हैं और उन्हीं के अनुसार पात्रों की रचना करते हैं। इन्हीं पात्रों के द्वारा वे सुधारवादी या क्रान्तिकारी परिप्रेक्ष्यों की स्थापना करते हैं। इसलिए आंचलिक जीवन इनके उपन्यासों में न तो समग्रता के साथ आता है और न प्रमुख स्थान ही ग्रहण करता है।

इसके विपरीत रेणु के उपन्यासों में कथा-नायक प्रकट नहीं होता, और जो नायक की भाँति प्रतीत होता है, वह होता है आंचलिक जीवन का निरीक्षण बिन्दु—जहाँ से स्थान विशेष के मानव-समुदाय के विशिष्ट कार्यकलापों को विस्तार एवं स्पष्ग्ता से देखा जा सकता है। 'मैला आँचल' (1954) के डॉ. प्रशान्त और 'परती परिकथा' (1957) के जित्तन इन उपन्यासों के नायक नहीं हैं; वे केवल माध्यम हैं, दूरबीन की तरह जिसके जरिये देखने से मेरीगंज और परानपुर गाँवों का 'पैनोरैमिक' दृश्य आँखों के सामने फैल जाता है। प्रशान्त और जित्तन दोनों ही शिक्षित एवं आभिजात्य वर्ग के होने के कारण गाँवों के सामान्य जीवन से पृथक् ही रहते हैं जिससे ग्रामीण जीवन पर दृष्टिनिक्षेप करने के लिए आवश्यक दूरी और ऊँचाई प्राप्त हो जाती है। प्रशान्त की अपेक्षा जित्तन ग्रामीण जीवन से

अधिक सम्पृक्त है इसलिए 'परती परिकथा' में जीवन की ऊष्मा और संघर्षों की यथार्थता अधिक प्रभावशाली बन पड़ी है और आंचलिक जीवन अधिक प्रखरता से प्रस्तुत हुआ है। फिर भी दोनों उपन्यासों से रेणु भूमिहीन किसानों और जमींदारों के संघर्ष को उसकी आनुषंगिक समस्याओं के साथ मूलरूप में प्रस्तुत करना चाहते हैं। इस मूल प्रश्न के साथ जाति, दल, वर्ग इत्यादि की परम्परागत परिस्थितियों का भी विस्तृत चित्रण प्राप्त होता है। इस आंचलिक पक्ष को और भी अधिक उभारने के लिए और उसे प्रामाणिकता प्रदान करने के लिए रेणु लोकसंस्कृति के अनेक तत्त्वों का समावेश करते हैं। 'परती परिकथा' में तो लेखक ने लोक-साहित्य का संग्रह करनेवाले एक शोध-विद्यार्थी को भी कैमरा और टेपरिकार्डर के साथ प्रस्तुत कर दिया है। रेणु का तीसरा उपन्यास 'जुलूस' (1965) है, जिसमें लेखन ने बंगाली शरणार्थियों और स्थानीय बिहारियों के पास्परिक सम्बन्धों के आधार पर कथा की रचना की है। ऐसा करने के लिए लेखक ने दोनों पक्षों के पूर्वाग्रहों और संकीर्ण विचारों के कारण उत्पन्न संघर्षों का चित्रण किया है।

'मशाल' के अतिरिक्त भैरवप्रसाद गुप्त ने 'गंगा मैया' (1951), 'सती मैया का चौरा' (1959) और 'धरती' (1964) जैसे उपन्यासों की रचना ग्रामीण जीवन की पृष्ठभूमि पर की है। प्रस्तुत अध्ययन में 'गंगा मैया' पर विस्तार से विचार किया गया है। इनके उपन्यास प्रेमचन्द के 'गोदान' की परम्परा में हैं जिनमें ग्रामीण जीवन को और भी अधिक विस्तार प्राप्त हुआ है। शिल्प की दृष्टि से इनके उपन्यास आंचलिक नहीं कहे जा सकते परन्तु 'गंगा मैया' में आंचलिक की कुछ विशेषताएँ प्राप्त होती हैं।

रेणु के बाद बलभद्र ठाकुर का नाम आंचलिक उपन्यासकारों में लिया जाता है जिन्होंने 'हिमालय कथामाला' के अन्तर्गत कई उपन्यासों की रचना की है। इस क्रम में ठाकुर ने हिमालय के लोक-जीवन पर अनेक रोचक उपन्यास लिखे हैं जिन्हें अच्छे आंचलिक उपन्यासों की कोटि में रखा जा सकता है। इनके उपन्यास 'आदित्यनाथ' (1958) और 'देवताओं के देश में' (1959) कुल्लू घाटी के जन-जीवन को प्रस्तुत करते हैं जिनसे घाटी के लोगों के रहन-सहन और रीति-रिवाजों का अच्छा परिचय प्राप्त होता है। 'नेपाल की वो बेटी' (1959) में लेखक ने पश्चिमी नेपाल के मध्यवित्तीय लोगों का विस्तृत चित्रण किया है। ठाकुर एक अच्छे घुमक्कड़ हैं और इन्होंने हिमालय और मणिपुर की विस्तृत यात्राएँ की हैं जिनके फलस्वरूप इन्होंने इन स्थानों पर अन्य अनेक उपन्यासों की रचना की है।

अल्मोड़ा और कुमाऊँ के लोक-जीवन की पृष्ठभूमि सम्बन्धी शैलेश मटियानी के अनेक उपन्यास हिन्दी जगत् में प्रख्यात हो चुके हैं। इनके उपन्यास 'हौलदार' (1960) और 'चिट्ठीरसैन' (1961) 'सैटिंग' की दृष्टि से आंचलिक उपन्यासों

के अन्तर्गत आते हैं यद्यपि ये इन अंचलों के समग्र जीवन को नहीं प्रस्तुत करते। 'हौलदार' उपन्यास के प्रारम्भ में लेखक ने स्वयं स्वीकार करते हुए सूचित किया है कि, 'हौलदार', 'चिट्ठीरसैन' में मैंने अल्मोड़ा के जन-जीवन के सामाजिक-आर्थिक पहलुओं के गहन-व्यापक स्तरों को नहीं छुआ है। 'जिबूका', 'सरूली', 'सुंयाल-कोसी' और 'लाम और बुरूंश के फूल' आदि अपने नये उपन्यासों में मैं वहाँ के जन-जीवन के सर्वांगीण बिम्बों को रूपायित करने का प्रयास कर रहा हूँ।' अपने उपन्यास 'चौथी मुट्ठी' (1962) में मटियानी ने कुमाऊँ अंचल के लोगों की, गोल्ल (गोलू) देवता में अगाध श्रद्धा को प्रस्तुत किया है जिनके आदेश के बिना वहाँ के लोग कोई भी महत्त्वपूर्ण काम नहीं करते।

'नदी फिर बह चली' (1961) के प्रकाशन के उपरान्त हिमांशु श्रीवास्तव एक यथार्थवादी उपन्यासकार के रूप में विख्यात हो गये। अपने उपन्यास 'लोहे के पंख' (1957) से ही यह किसान-जमींदार के संघर्षपूर्ण सम्बन्धों के चित्रक के रूप में हिन्दी-साहित्य में पदार्पण कर चुके थे। यह उपन्यास प्रेमचन्द की परम्परा के अन्तर्गत रखा जा सकता है। समाजवादी परिप्रेक्ष्यों के समावेश करने की दृष्टि से इन्हें नागार्जुन के निकट रखा जा सकता है। 'नदी फिर बह चली' उपन्यास में लेखक परबतिया के सहारे ग्रामीण और शहरी मजदूरों के जीवन की पृष्ठभूमि को विस्तार से प्रस्तुत करता है। इसमें शहर के व्यभिचार, नशाखोरी और रंडीबाजी के विस्तृत वर्णन हैं। अन्त में मजदूरों का संघर्ष और पुलिस के गोली चलाने के दृश्य हैं जिसमें परबतिया शहीद हो जाता है। इस प्रकार लेखक ने वर्ग-संघर्ष का एक रूप प्रस्तुत किया है जो लेखक के निजी सैद्धान्तिक आग्रह के फलस्वरूप है। बोली-बानी आंचलिक है।

ग्रामीण पृष्ठभूमि से सम्बन्धित हर्षनाथ के कुछ उपन्यासों का उल्लेख आंचलिक उपन्यासों के साथ प्रायः कर दिया जाता है परन्तु शिल्प की दृष्टि से और विशिष्टीकरण की प्रक्रिया की दृष्टि से उन्हें आंचलिक उपन्यास मानना कठिन है। इसमें 'करमू और जगनी' (1954), 'राजा रिपुमर्दन' (1956), 'टूटते बन्धन' (1956), 'धरती, धूप और बादल' (1957), 'उड़ती धूल' (1957), 'रक्त के आँसू' (1959) इत्यादि उपन्यासों में बहुचर्चित किसान-जमींदारों के संघर्षों को अनेक रूपों में प्रस्तुत किया गया है। यद्यपि कुछ विशिष्ट जातियों को भी कथा का विषय बनाया गया है परन्तु ध्यान कथा पर विशेष है और पृष्ठभूमीय जीवन अन्य सामान्य उपन्यासों की भाँति पृष्ठभूमि में ही रहता है।

रामदरश मिश्र का उपन्यास 'पानी के प्राचीर' (1961) गोरखपुर जिले के एक छोटे गाँव पांडेपुर की कथा है जिसमें स्वतन्त्रता प्राप्ति के पहले की अनेक समस्याओं और सामाजिक एवं आर्थिक स्थितियों का विस्तृत चित्रण हुआ है। इनका

दूसरा उपन्यास 'जल टूटता हुआ' (1969) पहले उपन्यास का पूरक है या दूसरे भाग की तरह आया है जिसमें कालान्तर से स्वतन्त्रता के बाद के उसी क्षेत्र के ग्रामीण जीवन का अंकन हुआ है। लेखक ने ग्रामीण जीवन के सामाजिक एवं राजनीतिक तनावों, पारस्परिक वैमनस्य और लड़ाई-झगड़ों को विस्तार के साथ रूपायित किया है। इन वर्णनों में ग्रामों का रोमानी, सुन्दर और सरल जीवन वाला रूप न प्रस्तुत कर लेखक ने यथार्थवादी दृष्टि से काम लिया है और ग्रामीण जीवन के उन पक्षों को प्रकाश में रखा है जिनके कारण आजकल गाँवों में शान्ति से रहना असम्भव हो गया है। इन उपन्यासों के पढ़ने से कुल मिलाकर जो प्रभाव पड़ता है वह यह है कि गाँवों का जीवन न केवल दरिद्रता और अज्ञानता का केन्द्र है, प्रत्युत पारस्परिक कलह और संघर्ष के कारण विशृंखल हो गया है। ये प्रेमचन्द की परम्परा के उपन्यास हैं।

शिवप्रसाद सिंह ने गाँवों के इसी टूटते एवं बिखरते हुए रूप को अपने उपन्यास 'अलग-अलग वैतरणी' (1967) में और भी विस्तार देकर गाँवों की स्थिति को निराशापूर्ण घोषित किया है। 1954 में डॉ. प्रशान्त 'फॉरेन स्कॉलरशिप' का परित्याग कर (मैला आँचल : रेणु) पूर्णिया जिले के पिछड़े हुए गाँव मेरीगंज में आता है और मलेरिया तथा कालाजार जैसी बीमारियों के सम्बन्ध में खोज करने तथा बीमारों का उपचार करने के लिए कटिबद्ध है; और निराश होने पर भी 'पशुवत् मनुष्य' को मनुष्य बनाने के लिए वह फिर वहीं लौटने की प्रतिज्ञा करता है। परन्तु तेरह वर्षों में गाँवों की हालत और भी बिगड़ गयी मालूम पड़ती है क्योंकि करैता गाँव में पैदा हुआ डॉ. देवनाथ हारकर गाँव की अपनी प्रैक्टिस को छोड़कर पास के कस्बे में डॉक्टरी करने के लिए चला जाता है। यह स्थिति केवल डॉ. देवनाथ की ही नहीं है, बल्कि किसानों की भी हालत बिगड़ रही है और वे मन मारे किसी तरह जिये जा रहे हैं। लेखक ने करैता को 'नाचिरागी मौजा' कहा है। लेखक आंचलिकता से इतना डर गया है कि 'तटचर्चा' में कहता है, "मैं चाहे लाख चाहूँ, पढ़नेवाले इसे यदि आंचलिक उपन्यासों की पंक्ति में डाल दें, तो मैं कर की क्या सकता हूँ।" आंचलिक सत्यांकन में लेखक को निश्चय ही सफलता प्राप्त हुई है, क्योंकि रेणु के मानवतावादी आदर्श करैता के नितान्त यथार्थवादी चित्रण की पृष्ठभूमि में स्वप्नवत लगते हैं। लेकिन भूमिका में लेखक ने पाठकों से यह माँगकर ज्यादती की है कि, "निवेदन सिर्फ इतना है कि पढ़ते समय उपन्यास यदि आंचलिक लगे तो लगे, आपकी दृष्टि आंचलिक न हो।" अर्थात् लेखक चाहता है कि करैता गाँव की कहानी को सभी गाँवों की कहानी माना जाये। वह करैता गाँव के माध्यम से भारतीय गाँवों के सम्बन्ध में एक सार्वभौमिक सत्य प्रस्तुत कर रहा है। परन्तु यदि ध्यान से देखा जाये तो यह सार्वभौमिक सत्य नहीं है

क्योंकि सभी गाँवों की ऐसी ही हालत नहीं है। आंचलिक रूप में करैता एक 'नाचिरागी मौजा' के रूप में विशिष्ट है परन्तु भारतीय गाँवों के पूर्ण प्रतिनिधित्व का दावा नहीं कर सकता। रचनात्मक दृष्टि से लेखक ने अपने भावबोध और ज्ञान की गहराई उपन्यास के रूप में प्रस्तुत की है जो उसके आंचलिक अथवा विशिष्टीकृत रूप में सत्य और सार्थक है। इससे बाहर या ऊपर उठकर और कुछ की माँग करना अपनी सृष्टि को झुठलाना है।

रघुवरदयाल सिंह का उपन्यास 'त्रियुगा' (1967) में तिरहुत क्षेत्र में बहनेवाली त्रियुगा नदी के बदलते हुए किनारों पर बसे हुए जन-समुदाय का चित्रण हुआ है। नदी के पानी के उतार-चढ़ाव के साथ तटवासी लोगों का जीवन दुःख-सुख की लहरों में आन्दोलित होता है। लेखक ने इस चढ़ाव-उतार का अच्छा चित्रण किया है और साथ ही एक शिक्षित युवक के अशिक्षित ग्रामबाला के साथ चलनेवाले रोमांस को भी प्रस्तुत किया है। यह प्रेम-व्यापार पाठकों का ध्यान आंचलिकता से हटा देता है परन्तु परिस्थितियों के संघर्ष से दूर नहीं ले जाता। तटवासी सभी कष्टों को सहन करते हुए भी नदी के किनारे से चिपके रहते हैं जो उनका सर्वस्व है। इसी प्रकार 'गगास के तट पर' उपन्यास का प्रकाशन जगदीशचन्द्र पांडेय ने 1968 में किया जिसमें लेखक ने कुमाऊँ अंचल के गगास के किनारे पर बसे हुए लोगों की, नये भूमि-सुधार के विधानों के कारण उत्पन्न समस्याओं का चित्रण किया है। जमींदार, ब्राह्मण और क्षत्रिय थे जो भूमिहीनों को बटाई पर जमीन देकर खेती करवाते थे। जिससे भूमिहीनों की रोटी चलती थी। परन्तु नये कानूनों के लागू हो जाने पर भूमिहीनों को खेती के लिए बटाई पर भी जमीन का मिलना बन्द हो गया। सरकार की ओर से भी उन्हें न कोई सहायता मिली और न जमीन ही। इस प्रकार जमींदारी प्रथा के अन्तर्गत जो सुविधाएँ गरीब किसानों को प्राप्त थीं वे भी समाप्त हो गयीं। किसानों की इसी बिगड़ी हुई स्थिति का वर्णन इस उपन्यास में हुआ है जो किसी एक व्यक्ति की कथा नहीं, प्रत्युत समस्त क्षेत्र की कथा है। यद्यपि लेखक ने उपभाषा या किसी बोली का उपयोग नहीं किया है, तथापि उपन्यास के आंचलिक तत्त्व प्रमुख एवं प्रभावशाली हैं।

(ख) नागरिक पृष्ठभूमि से सम्बन्धित

रेणु के उपन्यास 'मैला आँचल' (1954) के पूर्व आंचलिक विशेषण उपन्यास के सन्दर्भ में अज्ञात था। परन्तु फिर भी प्रेमचन्दीय परम्परा पर लिखे गये अनेक उपन्यासों में आंचलिकता के तत्त्व प्रकट होने लगे थे और लेखक जागरूकता के साथ जीवन और समाज के कुछ निश्चित पक्षों पर अपना ध्यान केन्द्रित करने लग गये थे। लाहौर के मध्यवर्गीय नागरिक जीवन की पृष्ठभूमि पर उपेन्द्रनाथ 'अश्क'

ने अपना प्रसिद्ध उपन्यास 'गिरती दीवारें' 1947 में प्रकाशित किया। स्वयं लेखक के अनुसार, ''कहानी उसमें महत्त्व नहीं रखती, महत्त्व रखता है निम्न-मध्यवर्ग के वातावरण का चित्रण और उस अँधेरे में अपनी प्रतिभा का विकास-पथ खोजने वाले अति भावप्रवण युवक की तड़प और मानसिक विकास।'' इस उपन्यास में 1935 और 1940 के लाहौर का जीवन प्रस्तुत हुआ है। बलवन्त सिंह का उपन्यास 'रात और चाँद' (1949) इसी वर्ग का है जिसमें पंजाबी मध्यवर्ग का चित्रण हुआ है और जिसे सुरेश सिन्हा हिन्दी का प्रथम सफल आंचलिक उपन्यास मानते हैं। इस सिलसिले में शिवप्रसाद मिश्र 'रुद्र' की 'बहती गंगा' (1952) सर्वाधिक सराहनीय कृति है, जिसमें लेखक ने 17 कहानियों के माध्यम से काशी नगरी की आत्मा को और उसके विशिष्ट व्यक्तित्व को सफलता के साथ प्रस्तुत किया है। इस प्रयत्न में लेखक काशी नगरी के दो सौ वर्षों (1750-1950) के इतिहास में उन तत्त्वों को खोज निकालता है जिन्होंने काशी के वर्तमान व्यक्तित्व का निर्माण किया है। इस उपन्यास की सफलता में लेखक का तो हाथ है ही, पर काशी नगरी का भी योगदान है क्योंकि काशी का एक अपना विशिष्ट व्यक्तित्व है जो अन्य शहरों की भाँति अनेक रूपों में बिखरा नहीं है। भैरवप्रसाद गुप्त के उपन्यास 'मशाल' (1951) से कानपुर के कारखानों में काम करनेवाले मजदूरों का जीवन सामने आता है तो अमृतलाल नागर के उपन्यास 'बूँद और समुद्र' (1956) में लखनऊ के चौक मुहल्ले के हिन्दू मध्यवर्गीय जीवन का विस्तृत चित्र मिलता है। इस बीच हर्षनाथ का उपन्यास 'पत्थर और दूब' (1955) प्रकाशित हो चुका था, जिसमें लेखक ने रेस्तराँ में काम करनेवालों का जीवन-वृत्त प्रस्तुत किया है। इस समय तक आंचलिक उपन्यास की विधा प्रचलित एवं प्रख्यात हो गयी थी। शैलेश मटियानी ने इस दृष्टि से अनेक प्रयोग किये और ग्रामीण एवं नागरिक दोनों पृष्ठभूमियों पर रोचक उपन्यास। 'बोरीवली से बोरीबन्दर तक' (1959) में उन्होंने बम्बई जीवन के फेनिल मुँह भागदौड़ में व्यस्त जीवन को उभारा है। इनका उपन्यास 'कबूतरखाना' (1959) बहुत लोकप्रिय हुआ जिसमें बम्बई के भूलेश्वर मुहल्ले की पृष्ठभूमि पर ऊँची इमारतों में कबूतरों की तरह छोटे-छोटे दरबों में रहनेवाले मध्यवर्गीय शहरों का चित्र अंकित हुआ है। 'किस्सा नर्मदाबेन गंगूबाई' (1960) में मटियानी ने बम्बई की सेठानियों के अनैतिक यौनाचार के रूप प्रस्तुत किये हैं। इन तीनों उपन्यासों में लेखक ने यथार्थता लाने के लिए 'बम्बइया हिन्दी' का प्रभावशाली प्रयोग किया है। मटियानी के इन उपन्यासों के पूर्व उदयशंकर भट्ट का उपन्यास 'सागर, लहरें और मनुष्य' 1955 में ही प्रकाशित हो चुका था जिसमें लेखक ने बारसेवा तट की मछलीमार कोइली जाति का सुन्दर चित्रण किया था। इस कथा की पृष्ठभूमि बम्बई के उपनगर बारसेवा के अतिरिक्त

बम्बई भी है। इस उपन्यास के अनेक पात्र 'बम्बइया हिन्दी' बोलते हैं जो सत्य के निकट नहीं, क्योंकि कोली जाति के लोग परस्पर मराठी बोलते हैं। इन उपन्यासों की सफलता से कदाचित् प्रभावित होकर मिथिला अंचल के लेखक नागार्जुन ने भी अपने उपन्यास 'कुम्भीपाक' (1960) में पटना के एक दुमंजिले मकान के रहनेवाले किरायेदारों के जीवन पर अपना दृष्टिबिन्दु केन्द्रित किया है। इस उपन्यास में लेखक सामाजिक व्यभिचार, स्त्री-व्यापार और कांग्रेसी राजनीति के दारुण चित्र उकेरता है। रेणु ने अपने 'फोकस' को और भी समेटा और अपने उपन्यास 'दीर्घतपा' (1963) में वर्किंग-वीमेंस होस्टल की पृष्ठभूमि में एक दीर्घतपा नारी के संघर्षों का चित्रण किया है। भूमिका में लेखक कहता है, "यह उपन्यास...नहीं, आंचलिक नहीं...हाँ आंचलिक ही...किन्तु...अर्थात् यह उपन्यास, उपन्यास है।" आंचलिकता के प्रति सीमित और संकीर्ण आलोचनाओं के कारण लेखक के मन में किंचित् दुविधा उत्पन्न होती है फिर भी वह इसे 'आंचलिक ही' कहता है। ग्रामीण पृष्ठभूमि पर अनेक उपन्यास लिखने के बाद शैलेश मटियानी ने दिल्ली के कुतुब रोड पर बस गये 'स्लम' का चित्र 'दो बूँद जल' (1966) में बड़ी सफलता से प्रस्तुत किया है। इन 'स्लमों' में रहनेवाले अपने जीवन की समस्त मानवीय मर्यादा बेचकर शहरी सभ्यता की सफलता के लिए प्रयत्न करते हैं और अपने जीवन की बची-खुची पूँजी को भी लुटा देते हैं। इस 'स्लम' में ऐसी दुर्भाग्यपूर्ण महिलाएँ रहती हैं जो अपने शरीर को दिल्लीवासियों को रुपये-डेढ़ रुपये में बेचती हैं।

1971 में जगदम्बाप्रसाद दीक्षित का 'कटा हुआ आसमान' प्रकाशित हुआ है जिसमें कॉलेज जीवन का बम्बइया पृष्ठभूमि में चित्रण किया गया है। किस प्रकार एक विलक्षण परन्तु मध्यवर्गीय मर्यादा से आतंकित प्रोफेसर एक उच्चवर्गीय विद्यार्थिनी की विलास-भावना का शिकार बनता है और किस प्रकार देश के अनेक प्रान्तों से आये हुए लोग रोज़ी-रोटी के चक्कर में पड़कर बम्बई के दानवी चक्र में काल-कवलित हो रहे हैं, इसे प्रभावशाली ढंग से दिखाया गया है। सभी पात्र अकेलेपन और मध्यवर्गीय सम्मान एवं मर्यादाओं के पंजों में जकड़े हुए छटपटा रहे हैं और काफ्का के उपन्यास 'दि ट्रायल' के नायक की भाँति अदृश्य भय से पीड़ित हैं। मकानों के अभावों में ये परदेशी न तो अपने परिवार के लोगों को अपने पास बुला सकते हैं और न बम्बई के समाज में अपनी जड़ें ही जमा सकते हैं। मनोरंजन के लिए क्षणिक सम्बन्ध जुड़ते हैं जो सामाजिक विधि-निषेधों के ताप में झुलस जाते हैं। महानगरी बम्बई के इसी अभिशप्त जीवन का चित्र दीक्षित ने बड़े ही सुन्दर ढंग से प्रस्तुत किया है। हो सकता है कि आंचलिक उपन्यास के सन्दर्भ में इस उपन्यास की चर्चा लेखक को चौंका दे क्योंकि हिन्दी

में यह युग आंचलिकता से पीछा छुड़ा रहा है।

(ग) जाति, जन-जाति अथवा सम्प्रदाय सम्बन्धी

इस शीर्षक के अन्तर्गत उन उपन्यासों का उल्लेख किया गया है जो किसी जाति अथवा आदिवासी जन-जाति अथवा किसी धार्मिक सम्प्रदाय के जीवन की पृष्ठभूमि के आधार पर लिखे गये हैं। ऐसे उपन्यासों में क्षेत्रों अथवा अंचल की भौगोलिक सीमाओं पर विशेष ध्यान न देकर विशिष्ट समुदाय की सामाजिक परम्पराओं, धार्मिक विश्वासों, विशेष मूल्यों एवं मान्यताओं, आचार-विचार, रीति-रिवाजों को निर्णायक तत्त्वों के रूप में प्रस्तुत किया गया है। भौगोलिक तत्त्व अनायास ही प्रस्तुत हो जाता है; क्योंकि विशिष्टीकरण की प्रक्रिया में इसका महत्त्व सर्वाधिक है। लोक-साहित्य-प्रेमी और उत्साही यात्री देवेन्द्र सत्यार्थी ने मध्यप्रदेश के गोंड़ आदिवासियों से सम्बन्धित उपन्यास 'रथ के पहिये' (1953) की रचना की, जिसमें लेखक की रोमानी और आदर्शवादी दृष्टि की प्रमुखता है। करंजिया गाँव में सभ्य एवं शिक्षित आनन्द और सोम नागरिक सभ्यता से आते हैं और आदिवासियों के जीवन में सुधार लाते हैं। आनन्द का विवाह गाँव के मुखिया की लड़की से हो जाता है और इस प्रकार प्रकृति का नागरिक सभ्यता से मिलन होता है और एक समन्वित सभ्यता के विकास की सम्भावनाएँ प्रतीक रूप में उत्पन्न हो जाती हैं। उदयशंकर भट्ट ने बारसोवा की कोली मछुआ जन-जाति का विस्तृत निरूपण अपने प्रसिद्ध उपन्यास 'सागर, लहरें और मनुष्य' (1955) में किया है। इस उपन्यास की रचना के लिए लेखक ने तटवर्ती कोलियों के गाँवों का विशेष अध्ययन किया और एक समाजशास्त्री की भाँति सामग्री एकत्र करके कोलियों के जीवन का प्रामाणिक जीवनवृत्त प्रस्तुत किया। उपन्यास में कथा महत्त्वाकांक्षिणी नायिका रत्ना के साथ बारसोवा और बम्बई के बीच भटकती रहती है जिससे आदिवासी जाति के सभ्य समाज के बढ़ते हुए सम्बन्धों का भी परिचय प्राप्त होता है। यथार्थता लाने के लिए लेखक ने इन कोलियों की भाषा 'बम्बइया हिन्दी' रखी है जबकि वे इस भाषा का प्रयोग केवल उन्हीं लोगों के साथ करते हैं जो उनकी भाषा मराठी नहीं जानते। 'ब्रह्मपुत्र' (1956) उपन्यास में देवेन्द्र सत्यार्थी ने ब्रह्मपुत्र नदी के किनारे पर रहनेवाले असमी लोगों का चित्र प्रस्तुत किया है। ब्रह्मपुत्र नदी के अतिरिक्त इस उपन्यास में और कोई भी आंचलिक तत्त्व नहीं है। क्रान्तिकारी राजनीति के समावेश से उपन्यास की सार्वभौकिता को ही प्रश्रय मिला है और आंचलिक विशिष्टीकरण का अभाव हो गया है। नैसर्गिक सरलता, प्राकृतिक सौन्दर्य और लोक-साहित्य के प्रति विशेष अनुराग के कारण लेखक का दृष्टिकोण रोमानी हो जाता है और इसलिए सत्यार्थी अपने आंचलिक समाज का यथार्थ चित्र

नहीं प्रस्तुत कर पाते।

इस सन्दर्भ में नागार्जुन, रांगेय राघव और राजेन्द्र अवस्थी अधिक विश्वसनीय हैं। 'वरुण के बेटे' (1957) में नागार्जुन ने मछुआ जाति की सामाजिक एवं आर्थिक परिस्थितियों का वर्णन किया है। लेकिन अपनी प्रतिबद्धता के कारण नागार्जुन ने इस शोषित जाति को जमींदारों के विरुद्ध संघर्ष करते हुए चित्रित किया है। रांगेय राघव ने अपने उपन्यास 'कब तक पुकारूँ' (1958) में राजस्थान की नट जाति को चुना है। ये नट चोरी करते हैं और उनकी महिलाएँ कुलीन हिन्दुओं के साथ सम्बन्ध स्थापित करके पैसे कमाती हैं। परन्तु इस कथा में एक नट यह अनैतिक जीवन नहीं जीना चाहता परन्तु थानेदार उसकी पत्नी के साथ बलात्कार करता है और उसे एक सिपाही की रखैल बनने के लिए विवश होना पड़ता है। इस प्रकार लेखक ने इस जाति की विशेष परिस्थितियों को उभारा है। 'धरती मेरा घर' (1961) में रांगेय राघव ने राजस्थान की लोहार जिप्सी जाति को लेकर एक रोचक कथा कही है। इसमें बेईमानी से लोहार के बच्चे को उस राजपूत बच्चे का स्थानापन्न बना दिया जाता है जिसे बघेरा खा गया है। किस प्रकार सवर्ण एवं समर्थ हिन्दू इन गरीब लोहारों का शोषण करते हैं और इन्हें नगण्य समझते हैं, यह इस उपन्यास में प्रस्तुत किया गया है। कथा की प्रधानता के कारण आंचलिक तत्त्व दब जाते हैं। फिर भी जातिगत विशेषताएँ उभरकर ऊपर आती हैं। किस प्रकार ये जन-जातियाँ हिन्दुओं के आसपास रहकर प्रभावित होती हैं और दुःख-सुख भोगती हैं—यह इन उपन्यासों में द्रष्टव्य है।

'सूरज किरण की छाँव' (1959) में राजेन्द्र अवस्थी ने बस्तर के गोंड़ों के जीवन को ईसाई धर्म-परिवर्तन की समस्या के सहारे प्रस्तुत किया है। मुखिया की लड़की के साथ ईसाई मिशनरी का लड़का विलियम बलात्कार करता है और फलस्वरूप उसे ईसाई धर्म स्वीकार करने पर विवश होना पड़ता है। लेकिन डॉक्टर की सहायता से, जो धर्म-परिवर्तन में विश्वास नहीं करता, गोंड़ लड़की अपनी जाति में वापस लौटता है और ईश्वर से प्रार्थना करती है कि किसी भी निस्सहाय को अपना समाज छोड़कर ईसाई धर्म स्वीकार न करना पड़े। समस्त उपन्यास गोंड़ों के आचार-विचार और विशिष्ट प्रकार के नृत्यों और गीतों से सजा हुआ है, जिससे इस जन-जाति का समग्र रूप प्रस्तुत होता है। अपने दूसरे उपन्यास 'जंगल के फूल' (1960) में अवस्थी ने गोंड़ों के जीवन को और भी विस्तृत रूप से प्रस्तुत किया है। घोंटुल की विशिष्ट प्रथा के कारण यह जन-जाति अन्य भारतीय जनसमुदायों से भिन्न और विशिष्ट हो जाती है। विवाहपूर्व युवा लड़के-लड़कियों में स्वतन्त्र निर्वाचन और यौन-सम्बन्ध इस जाति की एक विशेषता है जो इन घोंटुलों में नियमित रूप से घटित होती है। एक ऐतिहासिक घटना के द्वारा लेखक ने अपने

वर्णन को और भी प्रामाणिक बना दिया है और वह है गोंड़ों का अँग्रेजी अफसरों के विरुद्ध संघर्ष।

एक अन्य लोक-साहित्य-प्रेमी श्याम परमार ने मालवा के आदिवासी भीलों को अपने उपन्यास 'मोरझल' (1963) का विषय बनाया है। परमार को इस जन-जाति का अच्छा ज्ञान है और इसीलिए इनका चित्रण भी विश्वसनीय एवं प्रभावशाली बन पड़ा है। इसमें एक प्रेम-कहानी प्रस्तुत की गयी है, जिसके माध्यम से लेखक ने इस समुदाय का रोचक चित्रण किया है। बस्तर के गोंड़ों और मालवा के भीलों, राजस्थान के नटों और बारसोवा के कोलियों की भाँति सिंहभूमि की 'हो' जन-जाति का चित्रण योगेन्द्र सिन्हा के उपन्यास 'वन के मन में'। (1962) में हुआ है। फॉरेस्ट ऑफिसर के रूप में सिन्हा ने इस जाति और जंगली जीवन का निकट से अध्ययन किया है और उसी अध्ययन एवं निरीक्षण के आधार पर लेखक ने इस उपन्यास में 'हो' जन-जाति का प्रामाणिक जीवन प्रस्तुत किया है। इस उपन्यास में भी एक प्रेम-कथा रखी गयी। लेखक ने कुछ विशिष्ट प्रथाओं अथवा नामों के अतिरिक्त साधारण खड़ी बोली का प्रयोग किया है। माड़िया गोंड़ों से सम्बन्धित शानी का उपन्यास 'सालवनों का द्वीप' (1967) भी एक दिलचस्प आंचलिक उपन्यास है। लेखक स्वयं भी उपन्यास का एक पात्र है जिसे कथा के विस्तारों को और भी प्रामाणिकता प्राप्त हो गयी है। कैलीफोर्निया स्टेट कॉलेज, हेवर्ड के एन्थ्रोपोलॉजी के प्रोफेसर जे.जे. एडवार्ड के साथ शानी ने भी प्रचुर मात्रा में सामग्री एकत्र की और माड़िया जन-जाति का निकट से निरीक्षण किया। यह अध्ययन और निरीक्षण इस उपन्यास के लिए उपयोगी सिद्ध हुआ।

जयप्रकाश भारती ने अपने उपन्यास 'कोहरे में खोये चाँदी के पहाड़' (1968) में हिमालय के जौनसार-भावर क्षेत्र के उस जन-जाति को प्रस्तुत किया, जो अपने को पांडवों का उत्तराधिकारी मानती है और बहुपति की प्रथा का आज भी पालन करती है। इस जन-जाति में केवल सबसे बड़ा भाई विवाह करता है और सभी सन्तति उसी की मानी जाती है जबकि सभी भाइयों का बड़े भाई की पत्नी पर बराबर का अधिकार होता है। अतिथि-सत्कार में ये अद्वितीय हैं जिसका अनुचित लाभ उठाया जाता रहा है। अब ये इतने अज्ञानी और अन्धविश्वासी नहीं रह गये। सरकारी विकास योजनाओं और एक शिक्षित पात्र के द्वारा सुधारों का समावेश करके लेखक ने एक नये परिप्रेक्ष्य को भी प्रस्तुत किया है। राही मासूम रज़ा का उपन्यास 'आधा गाँव' (1966) गंगौली के शिया मुसलमानों से सम्बन्धित है जिस पर पाँचवें प्रकरण में विस्तार से विवेचन हुआ है।

राजस्थान के जोशी ब्राह्मणों के आधार पर आनन्दप्रकाश जैन ने 'आठवीं भाँवर' (1969) उपन्यास की रचना की जो जातीय विशेषताओं के कारण बहुत

ही रोचक है। इस जाति में यौन सम्बन्धी नियम ढीले हैं और आदान-प्रदान अथवा 'ओतप्रेत' पद्धति पर विवाह का नियम है। इस जाति में विवाह प्रतिनिधि के माध्यम से भी हो सकते हैं और कोई जरूरी नहीं कि जिसके साथ विवाह हुआ हो लड़की उसी की पत्नी बनकर रहे। इन्हीं सामाजिक प्रथाओं के कारण उत्पन्न हो जानेवाले संघर्ष को लेखक ने इस उपन्यास में प्रस्तुत किया है।

(घ) पेशेवर समुदायों से सम्बन्धित

हिन्दी में धर्म के ठेकेदार पंडों और पुजारियों पर अनेक रोचक उपन्यासों की रचना हुई है। इसी के अन्तर्गत महन्तों, साधुओं और सन्तों को भी रखा गया है। इस प्रकार का महत्त्वपूर्ण उपन्यास 'काका' (1953) है जिसके लेखक रांगेय राघव हैं। इस उपन्यास में राघव ने मथुरा के पंडों के पेटूपन तथा तीर्थयात्रियों और जजमानों के साथ उनकी चालबाजियों का चित्रण किया है। उदयशंकर भट्ट के 'लोक-परलोक' (1958) में पद्मपुरी तीर्थस्थान (एक काल्पनिक स्थान) के धार्मिक लोगों की झूठी और रूढ़िवादी पवित्रता की पोल खोली गयी है। भट्ट ने अपने अन्य उपन्यास 'शेष-अशेष' (1960) में साधु-सन्तों के जीवन पर प्रकाश डाला है। इस उपन्यास में भट्ट ने यह दिखाने का यत्न किया है कि ये त्यागी साधु और महात्मा गृहस्थों से भी अधिक संग्रह भाव से आक्रान्त हैं। त्याग और उत्सर्ग तो केवल कहने की बात है, नहीं तो ये साधु-सन्त भी सभी ऐन्द्रिय सुखों का उपभोग करने के लिए लालायित रहते हैं। ईर्ष्या-द्वेष की भावना इनमें साधारण गृहस्थों से कम नहीं है जिससे इनका जीवन और भी कुरूप और अभद्र हो जाता है। इस उपन्यास में इनके स्वतन्त्रता-संग्राम में सहयोग का भी वर्णन किया गया है, जिससे इस समुदाय की कुछ सराहना हो गयी है। 'इमरतिया' (1968) उपन्यास में नागार्जुन ने महन्त के बनावटी एवं व्यभिचारी जीवन पर प्रकाश डाला है, जिसकी व्याख्या इमरतिया पात्र के माध्यम से और भी स्पष्ट हो जाती है। महन्त और उसके शिष्य को गिरफ्तार करके जेल में भेज दिया जाता है तब मालूम होता है कि कुछ चालाक लोगों ने पैसे कमाने के लिए मठ खोला था और एक बनावटी साधु को उसका महन्त बना दिया था। ओमप्रकाश निर्मल का उपन्यास 'बहता पानी रमता जोगी' (1969) भी मठ और महन्त के जीवन की कथा प्रस्तुत करता है। किस प्रकार लोभी महन्त धन-संचय के लिए सभी कुछ करता है, और गाँव के लोगों से उचित-अनुचित सम्बन्ध रखता है, यही इस उपन्यास में दिखाया गया है। महन्त एक नौजवान व्यक्ति को मठ का उत्तराधिकारी बनाने के लिए शिष्य बनाता है, परन्तु वह गाँव की एक जवान लड़की के प्रेम में पड़कर अपमानित होता है और मठ छोड़कर चला जाता है तथा राजनीतिक नेता बन जाता है। दूसरा

शिष्य समलिंगी प्रेम का नमूना पेश करता है और महन्त गाँव की एक महिला की गोद में आश्रय ढूँढ़ता है। ऐसी अनेक अनैतिक और अनुचित स्थितियों का वर्णन इस छोटे से उपन्यास में हुआ है, जिससे 'मैला आँचल' उपन्यास के महन्त सेवादास और रामदास का स्मरण होने लगता है।

6

आंचलिकता, रेणु और उनकी कृतियाँ

मनुष्य ने जहाँ जन्म लिया है वह एक अंचल है, और है उसका कोई-न-कोई नाम। व्यक्ति घर से दूर जहाँ शिक्षा या जीविका पाता है वह भी स्थान किसी अंचल में ही होता है। प्रत्येक अंचल भाषा, विचार, रहन-सहन, जीवन-यापन, सामाजिक तथा धार्मिकता आदि के कारण एक-दूसरे से अपने को अलग रखता ही है। यही पार्थक्य अंचल की आंचलिकता होती है। बिहार का इतिहास प्रसिद्ध जिला रोहतास है। इसमें दो अंचल हैं। एक की भाषा में जहाँ 'दूर' शब्द का प्रयोग होता है, वहीं दूसरे अंचल में 'ओहटा' का प्रयोग होता है। अंचलविशेष के कारण ही शब्दद्वय का प्रयोग भी होता है। 'कौन चीज' शब्द 'कौंची' रेणु के गाँव में परिणत हो जाता है। प्रत्येक अंचल की भाषा अपना वैशिष्ट्य रखती है। अधिक दूर होने पर तो भाषा बदल ही जाती है। जैसे—बनारस के बाद की भोजपुरी में का रंग दूसरा होता है और सोन पार करते मगही का जो प्राबल्य बढ़ा कि भाषा का कलेवर ही बदल जाता है। अनुमानत: हर दो कोस के बाद भाषा अपना रूप बदलने लगती है। प्रत्येक अंचल पर जलवायु का अपना प्रभाव होता है। भेद भाषागत ही नहीं, विचारगत और आचारगत भी होते हैं। विचार के साथ आचार जुड़ा हुआ है। अत: बोल-चाल में आचार और विचार एक साथ व्यवहृत होते हैं। एक अंचल के आचार-विचार, दूसरे अंचल से पृथक ही प्रतीत होते हैं। कश्मीरी एक कश्मीरी के घर जाता है, सुना जाता है जाड़े के कारण पहले आग से ही उसका आतिथ्य होता है। यह जलवायु के कारण कश्मीरी आचार-विचार, दूसरे अंचल से पृथक ही प्रतीत होते हैं। यह जलवायु के कारण कश्मीरी आचार-विचार है। यह कश्मीर की आचार सम्बन्धी आंचलिकता है। विचार की बात भी ऐसी ही है। एक और उदाहरण से इसे स्पष्ट किया जा सकता है। हावड़ा स्टेशन की बात है। एक अँग्रेज नवयवुती है, उसके सगे-सम्बन्धी सभी विदाई देने के लिए 'प्लेटफॉर्म' पर खड़े हैं। सगे-सम्बन्धियों का एक-एक सदस्य प्लेटफार्म पर खड़ी महिला का खुला मुख चूमता है। यह तो यहाँ की दृष्टि में भारी अभद्रता होगी। लेकिन यह अँग्रेजों का अपना आचार-विचार

है। अंचल या आंचलिक साहित्य विचार वैविध्य से जुड़ा है।

एक अंचल को दूसरे से अलग करने में रहन-सहन का बहुत बड़ा हाथ है। कभी-कभी एक अंचल का रहन-सहन दूसरे अंचल के लिए हास्यपाद हो जाता है। जहाँ साड़ी का प्रचलन है वहाँ कहीं लहँगा, बिकनी या मिनी स्कर्ट आ टपका तो नेत्र संकेत, कानाफूसी तथा दूषद हास्य, मन्द हास्य और कभी-कभी अट्टहास भी देखने को मिलता है। पर जहाँ लहँगा, बिकनी या मिनी स्कर्ट का प्रचलन है वहाँ की आंचलिकता लहँगे या बिकनीवाली अवश्य होगी। ठीक इसी तरह रीति-रिवाज में भी अन्तर है।

प्रत्येक अंचल का अपना जीवन अपने ढंग का होता है। यह जीवन का बाह्य रूप है जो सर्वत्र अपनी विलक्षणता के साथ दृश्यमान होता है। किसी अंचल में सादगी है तो कहीं ठाट-बाट, बनाव-ठनाव का बाह्याडम्बर। भाषा और विचार में भी वही सादगी वर्तमान रहती है। बोल-चाल, कथा-प्रहसन तथा व्यावहारिक कार्य-कलाप में भी वही सादगी दीख पड़ेगी। प्रेमचन्द की कहानियों में या उपन्यासों में उपर्युक्त सारी बातें स्पष्टत: ज्ञात होंगी। यशस्वी कथाकार की एक कहानी 'पंच परमेश्वर' है। जहाँ की कथावस्तु कहानी में है, वहाँ के ग्राम्य जीवन की सादगी एवं सरलता कहानी में स्पष्टत: लक्षित है। पंचायत बैठी है और वह बैठी है 'टाट' पर। नाई ताबड़तोड़ चीलम भरता है। एक साथ गरीब और अमीर बैठ बातें कर रहे हैं। उपर्युक्त गाँव एक अंचल में है। वहाँ का अपना एक अलग ढंग है।

सामाजिकता एवं धार्मिकता तो एक-सी होती हुई भी प्रत्येक अंचल में विभिन्न रूप धारण करती है। कहीं पुरुषों के साथ अभिनव करने में भी नारी नहीं 'हिचकती, तो कहीं पर्दे के पीछे खड़ी मिलेगी। कहीं कथा में पंचामृत से काम लेते हैं, तो कहीं (उत्तर बिहार में) शीतल प्रसाद के बिना कथा अधूरी समझी जाती है। उसी प्रकार धर्म के अनेक मत मतान्तर हैं, कोई शाक्त है तो कोई वैष्णव। उनके आचार-विचार में पार्थक्य है। यही कारण है कि कथाकार चाहे जैसा हो, अपनी कृति में हमने अंचल की भाषा, विचार, रहन-सहन, जीवन-यापन, दोष-गुण, रीति-रिवाज आदि का चित्र उपस्थित करता है। हिन्दी साहित्य में प्रथम मौलिक कथाकार एवं उपन्यासकार प्रेमचन्द से लेकर आज तक जितने कथासाहित्य उपलब्ध हैं, सर्वत्र किसी-न-किसी प्रकार की आंचलिकता अवश्य है। अंचल शब्द की अर्थ सीमा को लेकर बहुत विवाद है। अंचल से तात्पर्य है कोई गाँव, उपनगर, नगर, प्रान्त या विशेष भूखंड जिसे कथाकार अपनी कृति का प्रधान केन्द्र-स्थल मान लेता है। अत: वह कथासाहित्य, जो किसी विशेष ग्राम, प्रान्त या भूखंड से सम्बन्धित होता है उसे आंचलिक साहित्य की संज्ञा मिलती है।

गाँव के प्रति रेणु का आकर्षण विवेकशून्य मोह मात्र नहीं है। गाँव के समाज में ही मनुष्य का मनुष्य से हार्दिक सम्बन्ध बना होता है। शहर के 'लोकारण्य' में व्यक्ति का व्यक्तित्व नदारद हो जाता है। इसीलिए शहर में असामाजिकता की समस्या सबसे अधिक चिन्ता की बात बनती जा रही है। अर्थकेन्द्रित शहर के समाज में स्वार्थ उभर आता है। आधुनिक सभ्यता के प्रसार के साथ शहर के अर्थकेन्द्रित दृष्टिकोण का प्रभाव गाँवों पर पड़ता चला जा रहा है, परिणामतः मनुष्य की सामाजिकता को दृढ़मूल बनानेवाली लोकसंस्कृति की उपेक्षा गाँवों में भी होने लगी है। 'तीसरी कसम' का हीरामन इसीलिए कहता है—''जा रे ज़माना!...कहाँ चला गया वह ज़माना!'' हीरामन की यही भावना रेणु की कृतियों में विद्यमान है।

फणीश्वरनाथ रेणु को अधिकतर आलोचकों द्वारा आंचलिकता का जनक माना गया है। निर्मल वर्मा के अनुसार रेणु पहले कथाकार थे, जिन्होंने भारतीय उपन्यास की जातीय सम्भावनाओं को तलाश की थी। प्रसिद्ध आलोचक डॉ. चन्द्रभानु सोनवर्ण के मतानुसार—हिन्दी कथा साहित्य में फणीश्वरनाथ रेणु का महत्त्व असाधारण है। उनके कथा साहित्य का सर्वांगीण विवेचन अनुपलब्ध है। इस विवेचन को तब तक नहीं समझा जा सकता, जब तक कि उनके व्यक्तित्व को संक्षेप में समझ न लिया जाये। रेणु का जन्म 4 मार्च, सन् 1921 को बिहार राज्य के पूर्णिया जिले के अन्तर्गत औराही हिंगना नामक गाँव में हुआ था। यह गाँव मिथिला अंचल का गाँव है। इस अंचल का चित्रण उन्होंने अपने कथा साहित्य में विशेष रूप से किया है। 'दीर्घतपा' को छोड़कर उनके सभी उपन्यासों का घटनास्थल मिथिला अंचल है। वस्तुतः 'दीर्घतपा' के अन्दर भी मिथिला अंचल का आकर्षण विद्यमान है। इस उपन्यास की नायिका बेला मिथिला अंचल की ही रहनेवाली है। बेला के यहाँ हॉस्टल पर रहनेवाली विभा और गौरी, दोनों बेला को विशेष रूप से प्रिय हैं। विभा को देखकर बेला की आँखों के आगे महानदी उमड़ने लगती है और चंचल गौरी के गीत बेला को लुभा लेते है। ये दोनों मैथिल अंचल की ही हैं। कहने का आशय यह है कि रेणु मिथिला अंचल में जनमे ही नहीं, अपितु पढ़-लिख लेने के बाद भी मन से इस अंचल के साथ जुड़े रहे। 'एक अकहानी का सुपात्र' छोटेलाल भी ऐसा ही एक व्यक्ति है जो शहर में रहते हुए अपने गाँव उड़ जाने के लिए बेचैन बना रहता है। छोटेलाल तो खैर अशिक्षित या अल्पशिक्षित व्यक्ति है। 'मन का रंग' कहानी का पढ़ा-लिखा प्राध्यापक भी सोचता है—''अपना गाँव घर छोड़कर पराये नगर में आकर रहने को मजबूर आदमी भी कभी खुश रह सकता है क्या?'' इसी प्रकार 'विघटन के क्षण' में आठ-दस साल की छोटी-सी चुरमुनियाँ भी गाँव के टूटने के दर्द से पीड़ित है। यह दर्द स्वयं रेणु के व्यक्तित्व में समाया हुआ दर्द है।

औराही हिंगना सिमराहा के निकट है। सिमराहा की बस्ती का रेणु के बचपन के साथ विशेष सम्बन्ध है। रेणु ने बचपन में इस सिमराहा स्टेशन का स्टेशन मास्टर बनने का सपना देखा था। उन्होंने अपनी 'परती परीकथा' भैया महेन्दर को समर्पित की है, जिसने सिमराहा की सपाट परती को हरी-भरी देखने का सपना देखा था। इसी सपने का सजातीय सपना इस उपन्यास के जितेन्द्र ने देखा है। वह भी सोचता है—"न जाने कोसी का काम कब शुरू हो। वह मेरा इलाका है। कोसी कवलित अंचल।" इसी सपने के कारण औराही हिंगना के समाजवादी लेखक रेणु को जितेन्द्र प्रिय लगता है। इस सपने के अतिरिक्त लोकसांस्कृतिक मूलक समाज के गठन का स्वप्न रेणु के समान जितेन्द्र ने देखा है।

रेणु की जन्मभूमि बंगाल और नेपाल के निकट है। इसलिए इन दोनों प्रदेशों का प्रभाव उनके व्यक्तित्व पर भरपूर पड़ा है। कुमार विमल ने इसीलिए लिखा है—"खानपान से लेकर पाणिग्रहण तक सबमें रेणु बंगाली सुवास रखते थे। वे लगभग पूरे बंगाली थे।" इसी कारण उनके उपन्यासों में बंगाली पात्र भी प्राय: जहाँ-तहाँ हैं। उनके 'जुलूस' उपन्यास की नायिका बंगाली है। इस उपन्यास के लगभग आधे पात्र बंगाली हैं और इस उपन्यास में बांग्ला भाषा का स्पर्श पर्याप्त है। इस उपन्यास की पवित्रता को यह पीड़ा सालती रहती है कि बंगाली लोग यहाँ की मिट्टी से प्यार क्यों नहीं करते! वे यहाँ की भूमि को परभूमि क्यों समझते हैं? मिट्टी का रेणु के साहित्य में उत्कृट रूप में व्यक्त हुआ है। इस प्यार में कहीं मोहग्रस्तता नहीं है, इसलिए अन्य अंचलों के प्रति कहीं उपेक्षा का भाव नहीं है। इसलिए रेणु ने बांग्ला के साहित्य का गहराई से अध्ययन ही नहीं किया था, अपितु उन्होंने बांग्ला में छिटपुट लेखन भी किया था।

बंगाल के समान रेणु की जन्मभूमि के निकट नेपाल का राज्य भी है। इसी निकटता के कारण उन्होंने 'दसगज्जा के इस पार और उस पार' कहानी लिखी है। वैसे उनकी शिक्षा कोइराला परिवार द्वारा स्थापित स्कूल में भी हुई थी। यह स्कूल नेपाल के अन्तर्गत विराटनगर में है। इसलिए नेपाली से भी उनका अच्छा परिचय था। सन् 1950 की नेपाल क्रान्ति में रेणु ने विश्वेश्वर प्रसाद कोइराला को सहयोग भी दिया था। 'परती परीकथा' में रेणु ने नेपाली पात्र दिलबहादुर का अत्यन्त सहृदयता के साथ चित्रण किया है। उन्होंने नेपाल की क्रान्ति के सम्बन्ध में एक पुस्तक भी लिखी है।

रेणु ने जब किशोरावस्था में पदार्पण किया, तब सन् 1934 का बिहार का भूकम्प हुआ। इस भूकम्प ने रेणु के मन पर अमिट प्रभाव डाला। उनके साहित्य में इस भूकम्प का प्रसंगत: अनेक स्थानों पर उल्लेख हुआ है। 'तीन बिन्दियाँ' तथा 'जलवा' कहानियों के अतिरिक्त 'दीर्घतपा' और 'कितने चौराहे' के कथानकों

में इसको स्थान मिला है। किशोरावस्था के बाद युवावस्था में प्रवेश के साथ सन् 1942 का 'भारत छोड़ो' आन्दोलन हुआ। इस आन्दोलन में रेणु ने अत्यन्त सक्रिय रूप में भाग लिया था। इस आन्दोलन का प्रभावशाली चित्रण 'कितने चौराहे' में हुआ है।

राजनीति के प्रति लेखकों में दिखाई देने वाली उदासीनता या अतिरेकी मोह रेणु में दिखाई नहीं देता। इसलिए उनके साहित्य पर राजनीति कहीं भी हावी नहीं है। इसलिए किसी भी पार्टी के सक्रिय कार्यकर्ता के प्रति श्रद्धा उन्होंने प्रकट की है। 'मैला आँचल' का बावनदास कांग्रेसी है। 'आत्मसाक्षी' का गनपत साम्यवादी है। रेणु ने स्वयं समाजवादी होते हुए इन पात्रों के प्रति अपनी श्रद्धा व्यक्त की है। समाजवाद के बिना स्वतन्त्रता निरर्थक है, यह वे समझते हैं। इसलिए 15 अगस्त, 1947 की स्वतन्त्रता को वे सच्ची स्वतन्त्रता नहीं मानते हैं। इसी कारण मेरीगंज के स्वराज्योत्सव में औराही हिंगना का एक समाजवादी कार्यकर्ता नारा लगाता है— ''यह आजादी झूठी है।'' यह समाजवादी व्यक्ति कोई और व्यक्ति नहीं, स्वयं लेखक रेणु हैं, जो अपने जन्म ग्राम औराही हिंगना से 'मैला आँचल' के मेरीगंज में आ पहुँचा है। इस प्रसंग को पढ़ने के बाद रामचरित मानस का एक प्रसंग सहसा याद हो आता है। जब मर्यादा पुरुषोत्तम राम जमुना पार पहुँचते हैं, तो निकटवर्ती राजपुर के गोस्वामी तुलसीदास आराध्य के प्रति अपना प्रणाम निवेदित करने के लिए अनाम ब्राह्मणभक्त के रूप में वहाँ पहुँच जाते हैं।

राजनीति के प्रति रेणु के मन में अतिरेकी मोह भी नहीं है। लड़ैया राजनीति की उन्होंने निन्दा ही की है। इस प्रकार की राजनीति का चित्रण 'परती परीकथा' में व्यापक रूप से हुआ है। जातिवाद की राजनीति से उन्हें घृणा है। जातिवाद की दीमकें मनुष्य की संवेदनशीलता को ही खा डालती हैं। 'जलवा' कहानी में उन्होंने कांग्रेस की साम्प्रदायिकता का विरोध किया है। मत खींचने की शक्ति के आधार पर उसने साम्प्रदायिक मुसलमानों को बढ़ावा दिया है और राष्ट्रीय मुसलमानों की उपेक्षा ही की है। स्वयं रेणु ने जयप्रकाश नारायण के सम्पूर्ण क्रान्ति के आन्दोलन में सहयोग दिया था। आपात्काल में उन्हें सरकार ने जेल में बन्द भी कर दिया था।

युग के प्रति रेणु की जागरूकता उनके कथा साहित्य से सहज ही स्पष्ट है। सन् 1954 में प्रकाशित 'मैला आँचल' का कथानक सन् 1947-48 से सम्बन्धित है। सन् 1957 में प्रकाशित 'परती परीकथा' का कालखंड सन् 1955-56 है। 'दीर्घतपा' का कालखंड भी 19554-56 ही है। सन् 1965 में प्रकाशित 'जुलूस' का कथाकाल सन् 1961 है। 'कितने चौराहे' में सन् 1965 तक की घटनाएँ हैं। इन उपन्यासों में राजनीति के क्षेत्र के अनेक पात्र हैं। 'कितने चौराहे' में मंचीय

कथानक में महामानव गाँधी अवतरित हुए हैं। इसी प्रकार उनके कथा-साहित्य में अतीत कथाओं के अन्तर्गत पंडित जवाहरलाल नेहरू, सुभाषचन्द्र बोस, बाबू राजेन्द्र प्रसाद आदि को स्थान मिला है। चुन्नीदास नामक राजनीतिक कार्यकर्ता वास्तविक जीवन का पात्र है। 'मैला आँचल' उपन्यास और 'आत्मसाक्षी' कहानी में इस पात्र की चर्चा है। इसी प्रकार 'परती परीकथा' का कामरूप नारायण सिंह भी सच्चे जीवन का पात्र है। इस पात्र के नाम में केवल यत्किंचित् परिवर्तन किया गया है। इस पात्र का मूल नाम कामाख्या नारायण सिंह है। रेणु के कल्पित पात्र भी यथार्थ के ही रूप हैं। 'दीर्घतपा' उपन्यास में तो स्वयं लेखक उपन्यास के पात्र के रूप में बेला गुप्त से मिलने के लिए जेलगेट पर पहुँच जाता है। इसके द्वारा लेखक ने यह सूचित किया है कि उपन्यास के पात्रों का अस्तित्व उतना ही सत्य है, जितना कि लेखक का निजी अस्तित्व है।

रेणु का अन्तःकरण उदार था। वे अपने सजातीय कलाकारों का बड़े आदर के साथ उल्लेख करते हैं। उनके साहित्य में निराला, नागार्जुन, शमशेर आदि के उद्धरण जहाँ-तहाँ प्रयुक्त हुए हैं। उनके बेला जैसे पात्रों पर शरतचन्द्र चटर्जी की भावुकता का प्रभाव विद्यमान है। निर्मल वर्मा ने तो यहाँ तक कहा है—"वह समकालीन हिन्दी साहित्य के सन्त लेखक थे।" वे "कथा साहित्य में पूर्वांचल के एक महागाथाकार" हैं। "रेणु जी पहले कथाकार थे जिन्होंने भारतीय उपन्यास की जातीय सम्भावनाओं की तलाश की थी।" उन्होंने जो "गद्य की भाषा को अप्रत्याशित रूप से काव्यात्मक मुहावरे में ढाला था।" यह बात भी हिन्दी उपन्यास के इतिहास में अभूतपूर्व घटना थी। निर्मल वर्मा का यह मत पूर्णतः सत्य है।

मैला आँचल

फणीश्वरनाथ रेणु ने 'मैला आँचल' की भूमिका में ही यह स्पष्ट कर दिया है— "यह है मैला आँचल, आंचलिक उपन्यास।" आंचलिक उपन्यास व्यक्ति जीवन को नहीं, अपितु विशिष्ट समाज के जीवन को चित्रित करने के लिए लिखा जाता है। आंचलिक उपन्यास की दृष्टि यथार्थवादी होती है, जिसमें कभी-कभी आदर्श की हल्की-सी झाईं रह सकती है। रेणु ने इस उपन्यास को लिखते समय इसी प्रकार की दृष्टि को अपनाया है। उन्होंने कहा भी है—"इसमें फूल भी हैं, शूल भी; धूल भी है, गुलाल भी; कीचड़ भी है, चन्दन भी; सुन्दरता भी है, कुरूपता भी—मैं किसी से भी दामन बचाकर निकल नहीं पाया।" रेणु ने उपन्यास की भूमिका में आंचलिक उपन्यास की एक अन्य विशेषता की ओर भी संकेत कर दिया है, आंचलिक उपन्यासकार जिस प्रकार व्यक्ति-जीवन के स्थान पर समाज-जीवन का चित्रण करने के लिए समाज के विविध अंगों का प्रतिनिधित्व करनेवाले

वर्ग चरित्रों को उभारता है; ठीक उसी प्रकार समाज जीवन का चित्रण करने के लिए वह जिस गाँव या कस्बे को आधार बनाता है, वह गाँव भी अपनी समानधर्मा आंचलिक गाँवों का प्रतिनिधित्व करता है। रेणु ने इसी कारण उपन्यास की भूमिका में स्पष्ट कर दिया है कि 'मेरीगंज' अपने अंचल के 'पिछड़े गाँव का प्रतीक है'।

मेरीगंज बिहार के पूर्णिया जिले के पूर्वी अंचल का गाँव है। पहले महायुद्ध के बाद डब्ल्यू.जी. मार्टिन ने इसका नाम अपनी पत्नी मेरी के नाम पर 'मेरीगंज' रख दिया था। मार्टिन निलहा गोरा था। उसकी पत्नी मलेरिया के कारण समय पर इलाज न होने से मर गयी थी। इसलिए उसने मेरीगंज में सरकारी दवाखाना खुलवाने का प्रयत्न किया। दवाखाने के लिए उसने अपनी जमीन भी डिस्ट्रिक्ट बोर्ड को दे दी थी। गोरा साहब होने के बावजूद वह अपने जीवन में मेरीगंज में दवाखाना चालू करा सकने में असमर्थ रहा। इस घटना के बरसों बाद मार्टिन द्वारा दी गयी जमीन पर सन् 1947 ई. में दवाखाना चालू हो सका। मलेरिया से मरनेवाले गरीब ग्रामीणों की चिन्ता सरकार को कहाँ से सताती? वह कभी जनहित के नाम पर कोई नया कानून पास भी कर देती तो उसमें छोटा-सा छेद अवश्य रहने देती जिससे कि उसमें से शोषकों के हाथी अम्बारी सहित निकल जाएँ। शासक जब कभी बदलते भी थे, तो बेचारे ग्रामीण को इतना ही लगता था कि नागनाथ के स्थान पर साँपनाथ आ गये हैं। थाने का फौजदार तो बात-बात में गाली दिया करता था और डेग-डेग पर डाली पाया करता था। कचहरी की दशा भी ऐसी ही थी। उसके कम्पाउंड में पलने वाले कीट-पतंग भी पैसा माँगते थे।

मेरीगंज की आर्थिक स्थिति भी विषमता से ग्रस्त है। विश्वनाथ प्रसाद, रामकिरपालसिंह और खेलावन यादव के पास गाँव की अधिकांश जमीन है। इन बड़े किसानों के अपने-अपने मजदूर टोले हैं। खुदकाश्त के अतिरिक्त ये लोग अपनी कुछ जमीनें आधीदारी और बटैयादारी में छोटे किसानों को दे डालते हैं। जमींदारी-निर्मूलन का कानून बन जाने पर बड़े किसानों ने इन छोटे किसानों से जमीनें छीनकर खुदकाश्त दिखाने का प्रयत्न किया। इस काम में विश्वनाथ प्रसाद को किसी के मार्गदर्शन की जरूरत नहीं थी। वह तो तहसीलदार रह चुका था। उसने बड़ी चालाकी के साथ सबसे पहले गाँववालों को सन्थालों के विरुद्ध भड़काया। सन्थाल बाहरी लोग जो थे! ये लोग गाँव से बाहर ही रहते थे। जिस जमीन पर इन लोगों के झोंपड़े थे, वह जमीन भी तो इनकी अपनी नहीं थी। लगभग दो सौ गाँववालों के विरुद्ध केवल दो दर्जन सन्थालों और डेढ़ दर्जन सन्थालिनी ने संघर्ष किया। दस गाँववाले और चार सन्थाल नाहक मारे गये। इसके साथ ही इस कांड के मुकदमे में रामकिरपाल सिंह और खेलावन यादव की दशा बिगड़ती गयी और विश्वनाथ प्रसाद का कोई भी प्रतिद्वन्द्वी गाँव में नहीं रहा।

सन्थालों को दामुल हौज की सजा हुई और बेचारी सन्थाल नें सुराज-उत्सव में नाचने के लिए पीछे रह गयीं। सन्थालों के विरुद्ध खड़े किये गये संघर्ष की लपेट में गाँव का समाजवादी नेता कालीचरन भी आ गया। वह विश्वनाथ प्रसाद के धूर्त दाँव-पेंचों को समझ न सका। उसकी आँखें तो तब खुलीं, जब डॉक्टर प्रशान्त ने यह समझाया कि सन्थालों के बाद गाँव के किसानों की बारी आएगी। छोटे किसानों की तुलना में गरीब और बे-जमीन मजदूरों की हालत तो खम्हार के बैलों जैसी थी, जिनके मुँह में जाली का 'जाब' लगा होता है। मजदूरी की दर इतनी कम थी कि भर पेट खा सकना सम्भव ही नहीं था।

मेरीगंज के सभी गरीब किसी-न-किसी बाबू के कर्जदार हैं। गरीबों को सादे कागज पर अँगूठा लगवाकर बाबू लोग कर्ज देते हैं। कालीचरण ने गरीबों को जब अँगूठे का निशान देने से रोका, तो बाबू लोगों ने भी होली के अवसर पर कर्ज देने से इनकार कर दिया। किन्तु विश्वनाथ प्रसाद ने सभी को कर्ज देना स्वीकार किया। उन्होंने सोचा कि साल में दुगना या तिगुना न सही, सवाया ही सही।

मेरीगंज की सामाजिक स्थिति में असामाजिकता के तत्त्व उभरते हुए दीख पड़ते हैं। गाँव में बारहों बरनों के लोग हैं। यहाँ मुसलमान एक भी नहीं है। देश विभाजन के समय लोग सोचते हैं—"...बड़े भाग से मेरीगंज बच गया। दस मुसलमान भी होते तो पाकिस्तान लेकर ही छोड़ता।" छोटे-मोटे धन्धे करनेवाले मुसलमान बीच-बीच में मेरीगंज आते रहते हैं। स्वराज्य की प्राप्ति के समय हुए हिन्दू-मुस्लिम दंगों के समय ऐसे ही एक गरीब मुसलमान जुमराती से सुमरितदास ने पाँच रुपए छीन लिये हैं। बालदेव हिन्दू और मुसलमानों के साम्प्रदायिक दंगों से अवश्य विचलित दीख पड़ता है। उसे लगता है—"अँधेरा हो गया। एकदम सब पगला गये हैं।" उसे सुराजी कीर्तन की पंक्तिया याद हो आती हैं—"अरे, चमके मन्दिरवा में चाँद मसजिदवा में बँसी बजे!"

गाँव के हिन्दू अनेक टोलियों में विभक्त हैं। गहलोत, तन्त्रिमा, दुसाध अनेक जातियों के लोग अलग-अलग टोलियों में रहते हैं। गाँव में सबसे अधिक लोग यादव जाति के हैं। उन्हें अखाड़े का भी शौक है। अपनी संख्या के बल पर वे गाँव में सबसे बड़ी शक्ति के रूप में उभर रहे हैं। अब उनके टोले को गुअरटोली कहने की हिम्मत किसी की नहीं है। बालदेव जैसे पुराने सुराजी के गाँव में रह जाने से यादवों को अपनी जाति की इज्जत बढ़ती हुई प्रतीत होती है। बालदेव के समान ही यादवों में कालीचरन के रूप में एक नयी शक्ति का उदय हुआ है। समाजवाद के प्रभाव में उसने जात-पाँत की अवहेलना करनी शुरू कर दी है। वह एक बार चमार टोली में जाकर भात भी खा आया है।

ब्राह्मण और राजपूत अपनी जातियों को औरों की जातियों से अधिक श्रेष्ठ समझते हैं। मेरीगंज में ब्राह्मणों के कुल मिलाकर दस ही घर हैं। वे इसके बावजूद अपनी धूर्तता के सहारे गाँव की तीसरी शक्ति बने रहने के प्रयत्न में हैं। वे राजपूतों को अपने अनुकूल बनाए रखने के लिए उन्हें धमकी देते रहते हैं कि अगर राजपूतों ने ब्राह्मणों का साथ न दिया, तो ब्राह्मण लोग ग्वालों को राजपूत मान लेंगे।

मेरीगंज की धार्मिक स्थिति इसी प्रकार विकारग्रस्त है। लोगों में तर्कहीन अन्धविश्वासों का बोलबाला है। मेरीगंज में जब दवाखाना चालू करने की बात चली, तो कुछ लोगों का यह मत रहा कि डॉक्टर लोग ही रोग फैलाते हैं। किसी ने यह भी कहा कि अँग्रेजी दवा में गाय का खून मिला रहता है। इसी प्रकार हैजे के फैलने से पहले गाँववालों ने कुओं में दवा डालने से डॉक्टर को रोकने का प्रयत्न किया।

'मैला आँचल' का कथानक मेरीगंज नाम के गाँव से सम्बन्धित है। यह किसी व्यक्ति की कहानी नहीं है। इसमें मेरीगंज के समाज-जीवन की कहानी कही गयी है, मेरीगंज के समान पूर्णिया जिले में निलहे साहबों के नाम का बोझ ढोनेवाले अनेक गाँव हैं। मेरीगंज का नामकरण कथानक के काल से पैंतीस साल पहले डब्ल्यू.जी. मार्टिन ने अपनी पत्नी के नाम पर किया था। आंचलिक स्तर मेरीगंज की कथा उपस्थित करने के लिए लेखक ने मेरीगंज के सभी वर्गों के जीवन की झाँकियाँ उपस्थित की हैं। इसमें एक ओर सघन किसानों का वर्ग है, तो दूसरी ओर गरीब शोषित छोटे किसानों और मजदूरों का वर्ग है। इनके अतिरिक्त डॉक्टर प्रशान्त के रूप में पढ़े-लिखे सक्रिय मध्यवर्ग का स्पर्श भी मेरीगंज के सामाजिक जीवन को प्राप्त है। पुराने लोगों की दृष्टि से जमाना बदल ही नहीं रहा, बल्कि साफ उलट गया। आंचलिक जीवन को बदलने में डॉक्टर प्रशान्त, बालदेव आदि का महत्त्व असाधारण है। ये व्यक्ति यद्यपि मूलत: मेरीगंज के नहीं हैं, किन्तु मेरीगंज की मिट्टी का रंग उनके प्राणों में समा गया है। इसलिए उनकी आंचलिकता निर्विवाद है। आंचलिक जीवन को बदलने में राजनीतिक दलों का प्रमुख हाथ रहा है। मेरीगंज में भी चरखा केन्द्र, लाल झंडा केन्द्र आदि खोले गये हैं, जिन्होंने गाँव के जीवन का केन्द्र बदल दिया है। गाँव के जीवन में बाहरी व्यक्तियों के आने से ही परिवर्तन नहीं हुए, अपितु गाँववालों के पूर्णिया जाने के बाद भी वहाँ के सम्पर्क के कारण परिवर्तन हुए हैं। पूर्णिया से ही कालीचरण, बालदेव आदि समाजवादी बनकर लौटे हैं।

मेरीगंज के कथानक का एक महत्त्वपूर्ण भाग मठ का जीवन भी है। आंचलिक जीवन में धर्म का महत्त्वपूर्ण स्थान रहा है। मठ गाँव की धार्मिकता का प्रतीक है। मेरीगंज के पास ही जंगल में सन्थालों की बस्ती है। सन्थालों की बस्ती का

कोई चित्र उपन्यास में नहीं है। सन्थालों के जीवन का केवल उतना ही भाग उपन्यास में लिया गया है, जितना कि वह गाँव के जीवन के साथ प्रत्यक्षतः सम्बद्ध है।

आंचलिक उपन्यास में कथानक का विस्तार कालगत न होकर अंगवैविध्य की ओर उन्मुख होता है। इसलिए पौने चार सौ पृष्ठों का यह उपन्यास केवल साल-सवा साल की कहानी ही प्रस्तुत करता है। प्रस्तुत उपन्यास में अतीत की कथाएँ जहाँ कहीं हैं, वे वर्तमान के सन्दर्भ में ही पेश की गयी हैं और वे अत्यन्त संक्षिप्त हैं। लक्ष्मी के प्रसंग से मठ के अतीत की कथा, डॉक्टर प्रशान्त की कथा, बावनदास की अतीतकथा आदि इसी प्रकार की कथाएँ हैं, वर्तमान की कथाएँ मेरीगंज तक ही सीमित हैं। केवल चम्पापुर, पूर्णिया जेल और कलीमुद्दीन के प्रसंग मेरीगंज से बाहर के प्रसंग हैं। इन प्रसंगों में मेरीगंज से सम्बन्धित लोगों का वर्णन है। चम्पापुर की कथा कालीचरण की फरार अवस्था से सम्बद्ध है तथा जेल का प्रसंग डॉक्टर प्रशान्त से सम्बद्ध है, जिसने मेरीगंज को प्यार की खेती करने के लिए अपना लिया है। कलीमुद्दीपुर का प्रसंग अवश्य ही मेरीगंज से प्रत्यक्षतः बहुत कम सम्बद्ध प्रतीत होता है, किन्तु हर गाँव को पटनियाँ रोग से ग्रस्त बनानेवाली राजनीति की पोल खोलने के लिए उसकी योजना बनाई गयी है। बावनदास जैसे सामान्य कार्यकर्ता देश की सेवा में मर-खप जाते हैं, किन्तु कुर्सी-दौड़ में लगे नेताओं को उसकी खबर तक नहीं मिल पाती। इस प्रसंग के द्वारा लेखक ने यह भी स्पष्ट किया है कि किस प्रकार दो आजाद देशों की, हिन्दुस्तान और पाकिस्तान की, ईमानदारी को, इंसानियत को बावनदास ने बस दो डगों में ही नाप लिया! यह प्रसंग उपन्यास के सर्वोत्तम प्रसंगों में से एक है।

उपन्यास का कथानक दो खंडों में विभक्त किया गया है। पहला खंड आजादी से पहले की कथा से सम्बद्ध है तथा दूसरा खंड आजादी के स्वागत की तैयारी एवं आजादी से पहले की कथा से सम्बद्ध है। पहले खंड की अपेक्षा दूसरा खंड आधा है। पहले खंड में चवालीस परिच्छेद हैं तथा दूसरे खंड में तेईस। पहले खंड का प्रारम्भ नाटकीय ढंग से किया गया है और उसके बाद दूसरे परिच्छेद में मेरीगंज का परिचय प्रस्तुत किया गया है।

'मैला आँचल' में उपन्यास के प्रारम्भ में ही यह सूचना दी गयी है कि पूरे मेरीगंज में दस आदमी पढ़े-लिखे हैं—इनकी पढ़ाई दस्तखत करने से लेकर तहसीलदारी का कर (टैक्स) लेने तक की है। इनके अतिरिक्त नये पढ़नेवालों की संख्या पन्द्रह है। पढ़ाई के माध्यम से जगनेवाली चेतना का संकेत उपन्यास में कहीं-न-कहीं होता, तो उचित ही होता—ऐसा लगता है।

'आंचलिक उपन्यास' में देशकाल प्रमुख तत्त्व के रूप में उभरकर सामने आता है। 'मैला आँचल' में मैथिल अंचल का स्वरूप अनेक रूपों में उभरकर सामने आया है। इस उपन्यास के घटनास्थल मैथिल अंचल के अन्तर्गत है और मेरीगंज लगभग सभी घटनाओं का आधार स्थल है। मेरीगंज पूर्णिया जिले के पूर्वी अंचल का गाँव है। पूर्णिया जिले का यह पूर्वी अंचल मलेरिया और कालाजार से पीड़ित भाग है। डॉक्टर प्रशान्त इसी दृष्टि से यहाँ आया है और एक परिच्छेद में उसके द्वारा परीक्षित रोगियों की अनेक केस-हिस्ट्री दी गयी हैं। इतना ही नहीं, मेरीगंज नाम में अन्तर्निहित 'मेरी' नाम की स्त्री मलेरिया से ही मरी थी, जिसका वर्णन पूर्व की कथा में किया गया है। यहाँ पहुँचने पर डॉक्टर ने मलेरिया और कालाजार के अतिरिक्त जिन सामाजिक खतरनाक रोगों को देखा, वे हैं—गरीबी और जहालत। इन रोगों का चित्र उपन्यास में आद्यान्त हुआ है।

'मैला आँचल' का रूप उसकी सामाजिक, राजनीतिक चैतन्य, धार्मिक विश्वास आदि के द्वारा भी व्यक्त हुआ है। इनका कथ्य के प्रसंग में सविस्तार परिचय दिया जा चुका है। लेखक ने प्रकृति चित्रण की ओर विशेष ध्यान नहीं दिया है, क्योंकि उसका उद्देश्य मेरीगंज के समाज का चित्रण करना है। यथाप्रसंग वातावरण-चित्रण की सूक्ष्मताएँ देखी जा सकती हैं। लाठियाँ लेकर यादवों द्वारा राजपूत टोली की ओर भागने पर खूँटे में बँधे हुए बैलों के कान खड़े हो जाते हैं और गाँव के बाहर चरनेवाली बकरियाँ मिमियाती हुई गाँव में भागी चली आती हैं। इसी प्रकार भंडारे की घोषणा के समय तुरही की आवाज सुनते ही गाँव के कुत्ते दल बाँधकर भौंकना शुरू कर देते हैं और छोटे-छोटे नवजात पिल्ले तो भौंकते-भौंकते परेशान ही हैं। हीरू द्वारा पार्वती की माँ को मार डालने के प्रसंग में तो कुत्तों के शोर के मारे कुछ पता ही नहीं चल पाता कि हुआ क्या है? कालीचरन की खोज में पुलिस के मेरीगंज में आने पर माघ में ठिठुरते हुए सन्नाटे में कालीचरन की माँ की दर्द भरी पुकार गाँव के कोने-कोने में फैल जाती है। हरगौरी के मरने पर उसके बैलों का घास-पानी छोड़ना और अँधेरे में विदियारथी जी को देखकर बालदेव की गाड़ी में जुते हुए बैलों का बिदकना भी लेखक ने चित्रित किया है। इसी प्रकार रात के एकान्त में बावनदास को सामने देखकर गाड़ी के बैल 'छिउँ...' करके भड़क उठते हैं। कहीं-कहीं प्रकृति के संक्षिप्त वर्णन हैं, जैसे—"भुस्कुवा तारा जगमग कर रहा है। कमला नदी के गड्ढे में उसकी छाया झिलमिला रही है। लगता है, नीलकमल खिला है।"

मेरीगंज अंचल के चित्रण में परीकथाओं और गीतों ने भी रंग भरा है। लोरिक या बिज्जेभान की कथा और सारंगा-सदाब्रिज की कथा के प्रसंग इस दृष्टि से देखे जा सकते हैं। सारंगा-सदाब्रिज की कथा तो खलासी जी की कथा

में उठावदार ढंग से रंग भरती है। चैती, बटगमनी, फगुवा आदि के गीतों का सविस्तार विवेचन शैली के प्रसंग में किया जाएगा। गीतों के अतिरिक्त विदापत नाच, सावित्री नाच आदि के प्रसंगों का भी उपन्यास में समावेश किया गया है। जाट-जट्टिन का खेल भी एक स्थान पर चित्रित है। इस खेल को देखने का अधिकार केवल स्त्रियों के है। पुरुषों में से केवल वे ही लोग इस खेल को देख सकते हैं, जिनकी मूँछें अभी उगी नहीं हैं। यदि कोई मूँछवाला इस खेल को देख ले, तो उसकी बात पंचायत में पहुँच जाती है।

उपन्यास में प्रसंगत: होली, सतुआनी, सिखा आदि पर्वों का उल्लेख किया गया है। होली के पर्व पर डॉक्टर और कमला के होली खेलने के प्रसंग में एक लोकविश्वास का उल्लेख किया गया है—"कहते हैं, सिन्दूर लगाते समय जिस लड़की के नाक पर सिन्दूर झड़कर गिरता है, वह अपने पति की बड़ी दुलारी होती है।" इसी प्रकार डायन, जिन आदि से सम्बन्धित विश्वासों को विभिन्न प्रसंगों में पिरोया गया है। चैत संक्रान्ति के दिन सतुआनी पर्व होता है। इस दिन सत्तू खाने का रिवाज है। साल के प्रारम्भ में पहली वैशाख को 'सिखा' पर्व होता है। इस दिन मछमरी होती है। गाँव के लोग इस दिन सामूहिक रूप से मछली का शिकार करते हैं। इस दिन घरों में चूल्हा नहीं जलाया जाता। वर्ष के प्रथम दिन भूमिदाह नहीं किया जाता। पिछली रात को पकाई हुई चीजें ही खाई जाती हैं। इसी दिन जमींदार लोग नया खाता खोलते हैं।

मेरीगंज गाँव के निकट जंगल में सन्थालों की बस्ती भी है। परन्तु उनके रीति-रिवाज थोड़े भिन्न हैं। यहाँ तक कि वे शराब भी अलग प्रकार की पीते हैं, जिसे पंचायत कहा जाता है। मेरीगंज के लोग तो तड़बन्ना में लबनी का आनन्द उठाते हैं। खट-मिट्ठी, शहर-चिनियाँ, बैरचिनियाँ आदि ताड़ी के प्रकार हैं। बसन्ती पीकर बिरले पियक्कड़ ही होश दुरुस्त रख पाते हैं। गर्मी की शिकायत होने पर लोग पहरतिया पीते हैं। कफ प्रकृति के लोगों के लिए संझा अधिक लाभदायक होती है।

उपर्युक्त बातों के अतिरिक्त छोटी जाति के लोगों द्वारा बड़ी जाति के लोगों को परनाम पाती किया जाना, धैलासुपारी की सजा आदि छोटी-छोटी बातें भी जहाँ-तहाँ उपन्यास में हैं। मठ में महन्ती की दीक्षा का प्रसंग सविस्तार वर्णित है। पन्द्रह अगस्त के दिन कमली इस अंचल में पहने जानेवाले सभी तरह के गहनों से लदकर डॉक्टर के पास पहुँची है। उसके शरीर पर बाँक, हँसुली, बाजू, कंगना चूर, झंझना आदि गहने हैं। उसके चूर तो थोड़ी-सी भी शरीर की सिहरन पर टुनटुन करके खनक उठते हैं।

उपन्यास में आंचलिकता का ठाठ खड़ा करने में अंचल की भाषा का बड़ा

भारी योगदान है। भाषा के स्वरूप का सविस्तार विवरण शैली के प्रसंग में किया गया है।

. आंचलिक उपन्यास समाज जीवन का व्यापक चित्रण करता है, इसलिए यह समाज का क्षैतिज छेद (क्रॉस सेक्शन) पेश करता है। इसलिए इस प्रकार के उपन्यासों में घटनाकाल छोटा होता है। प्रस्तुत उपन्यास का घटनाकाल केवल सवा वर्ष का है। डॉक्टर प्रशान्त ने विदेश जाने से इंकार करके देशवासियों की सेवा करने का व्रत अपनाया। वह सन् 1947 ई. के प्रारम्भ में मेरीगंज पहुँचा। उसके पहुँचने के दिन सेवादास ने सारे गाँव को भंडारा दिया था। इस समय बाघ को भी ठंडा कर देनेवाला माघ का जाड़ा पड़ रहा था। माघ की एक ठंडी रात का वर्णन इस प्रकार किया गया है—"सूई की तरह गड़नेवाली, माघ के भोर की ठंडी हवा का देह पर कोई असर नहीं होता। ओस और पाले से तो देह शून्य हो जाता है। जब हाथ से अपनी नाक भी नहीं छुई जाती है, तब घूर में फिर से सूखे पुआल डालकर नयी आग पैदा की जाती है।"

माघ के बाद फागुन की बावरी हवा में होली के गीत मँडराने लगते हैं। फगुवा के गीतों से जवानों ही नहीं बूढ़ों के शरीर भी सिहर-सिहर उठते हैं। जोगीड़ा और भड़ौआ के गीतों के कारण फागुन की आवारा हवा मदहोश हो उठती है। इसी समय से डॉक्टर की जिन्दगी में कमला का नया अध्याय शुरू होता है। अब वह ऐसा नहीं कह सकेगा कि 'दिल नाम की कोई चीज आदमी के शरीर में है, हमें नहीं मालूम।' पर अब वह महसूस करने लगा है कि कोई अगम-अगोचर चीज है, जिसमें दर्द होता है। अगर इस दर्द को मिटा दिया जाये तो आदमी जानवर हो जाएगा। "दिल वह मन्दिर है जिसमें आदमी के अन्दर का देवता वास करता है।"

फागुन के बाद 'चैत संक्रान्ति' और बैशाख का 'सिखा पर्व' आता है। उसके बाद जेठ की तपन आती है और उसके बाद आषाढ़ के बादल मादल बजाना शुरू कर देते हैं। डॉक्टर इस काल में गुलमुहर के फूलों के जादू से मन्त्रमुग्ध हो उठता है। उसे मिट्टी का मोह महसूस होने लगता है। वह सोचता है—"गोल्ड मोहर-गुल मुहर-कृष्णाचूड़ा!....गुलमहर का कृष्णाचूड़ा नाम यहाँ कितना मौजूँ लगता है। काले कृष्ण के मुकुट में लाल फूल कितने सुन्दर लगते होंगे।" बरसात के खंडित होने पर गाँव की स्त्रियाँ 'जाट-जट्टिन' का खेल खेलती हैं।

बरसात के मौसम में ही 15 अगस्त, सन् 1947 ई. को स्वराज्य का उत्सव मनाया जाता है। बरसात के बाद शरद बीती और हेमन्त का आगमन हुआ। लोग जाड़े से काँप रहे थे और इन्हीं दिनों दिल को कँपानेवाला गाँधीवध का समाचार आया। माघ से प्रारम्भ किया गया उपन्यास फिर से माघ तक पहुँच जाता है।

माघ में महात्मा गाँधी का श्राद्ध है और इसी श्राद्ध के दिन बावनदास सश्रद्ध बलिदान है। वस्तुतः इस बलिदान के साथ उपन्यास का अन्त किया जा सकता था, किन्तु रेणु की आशावादी दृष्टि ने उपन्यास में अन्तिम तीन परिच्छेद उपसंहारात्मक ढंग से जोड़े हैं। भोर का तारा कमला नदी में झिलमिला उठता है। उसे देखकर ऐसा लगता है, मानो नीलकमल खिला है। अप्रैल के दिन हैं और कमला नीलोत्पल को जन्म देती है। कमला नदी के अंचल में नीलोत्पल के जन्म के बाद तहसीलदार विश्वनाथ प्रसाद के मन में परिवर्तन होना शुरू होता है।

इस प्रकार हम देखते हैं कि वर्ष के मौसमों के साथ आंचलिक जीवन जुड़ा हुआ है और ये मौसम व्यक्ति-जीवन की कहानियों को गति देते हैं।

शैली की दृष्टि से 'मैला आँचल' की कुछ विशेषताएँ हमारा ध्यान बरबस आकृष्ट कर लेती हैं। इनमें से एक विशेषता श्रुति संवेदनों को यथातथ्य रूप में व्यक्त करने का प्रयत्न है। मेरीगंज के वातावरण को विभिन्न समयों में मानर, डिग्गा, झाँझ, मृदंग आदि वाद्य लय की तरंगों से भर देते हैं। रेणु ने मेरीगंज के अंचल में बजनेवाले वाद्यों को सुना ही नहीं है, अपितु इन वाद्यों से निकलने वाले अर्थों को पहचाना भी है। उदाहरण के लिए डोल की ताल के अलग-अलग रूपों से वह पूरी तरह परिचित हैं।

उपन्यास की शैली की एक अन्य विशेषता उसकी भाषा के प्रयोग में दिखती है। उपन्यास का अंचल मैथिली भाषा का अंचल है, इसलिए मैथिली के गीतों का तो प्रयोग किया ही गया है, किन्तु मैथिली भाषा का भी प्रयोग यत्र-तत्र हुआ है। शुद्ध मैथिली भाषा के वाक्य अनपढ़ लोगों की भाषा में दिख पड़ते हैं। विश्वनाथ प्रसाद की नौकरानी नीलोत्पल के जन्म की सूचना देते हुए कहती है— "नाती भैल हो...गुजुर गुजुर हेरै छे!" इसी प्रकार कलीमुद्दीनपुर में स्मग्लिंग की गाड़ियों को लौटाना चाहने पर गाड़ीवान करता है—"गाड़ी ना लौटी।" इसके उत्तर में बावनदास ने भी कहा—"लौटी ना त ठाढ़ रही।"

सामान्यतः उपन्यास की भाषा खड़ी बोली हिन्दी का वह रूप है, जो मैथिली अंचल के व्यक्तियों द्वारा कचराही बोली के रूप में पहचानी जाती है। इस भाषा में मैथिली बोली के अनेक शब्द हैं। इनमें से अनेक शब्दों के अर्थ पाद-टिप्पणियों में दिए गये हैं। ऐसे शब्दों की संख्या लगभग पौने दो सौ है। कुछ-एक शब्द इस प्रकार हैं—कनिया (दुलहिन), भुस्कुवा (भोर का तारा), पंचलैट (पेट्रोमैक्स), पुरैन (कमल) आदि।

पात्रों के व्यक्तित्व के अनुसार भाषा के पृथक-पृथक रूप भी उपन्यास में हैं। मैनेजर डफ की भाषा का रूप इस प्रकार है—"अमारा स्टेट में एक भी बडमाश अम नीं देखने मंगटा।" आभारानी देवी बंगालन हैं, इसलिए बावनदास के मायाग्रस्त

होने के प्रसंग में कहती हैं—''भगवानेर व्रतभग हडबा असम्भव।'' छीतन का तोतहवा बेटा कहता है—''मूँ स-सम्भाय के कथ बो ओ।'' छोटे-से गणेश की भाषा तोतली है। वह डॉक्टर के लिए कहता है—''पूलब छे छाहेब आया।''

'मैला आँचल' की एक महत्त्वपूर्ण विशेषता उसकी गीतात्मकता है। लोकसंस्कृति के उपादानों में लोकगीतों का महत्त्व सर्वोपरि होता है। वर्ष के विभिन्न पर्वों पर ग्रामीण अंचल, विशेषत: मिथिला अंचल का वातावरण गीतमय हो उठता है। प्रस्तुत उपन्यास में होली का रंग सबसे अधिक गाढ़ा है। यह रंग जिन्दगी का सूचक है—'जो जिए सो खेले फाग।' डॉक्टर मेरीगंज को प्यार करने लगा है, जिन्दगी को खुलकर जीना चाहने लगा है। इसीलिए उसकी इच्छा है कि कोई उसे भी रंग दे। होली के पर्व पर होली, फगुवा, भँड़ौआ और जोगीड़ा के गीत गाये जाते हैं।

परती परिकथा

'परती परिकथा' पूर्णिया जिले के अन्तर्गत उस विशाल भू-भाग की कथा है, जो उत्तर में नेपाल से शुरू होकर दक्षिण में गंगातट तक फैला हुआ है। न जाने कब कुल्हड़िया आँधी और पहड़िया पानी से विक्षुब्ध कोसी मैया की महाविनाश लीला के कारण यहाँ की लाखों में एक धरती को अचानक लकवा मार गया होगा। परिणामत: सफेद बालुचारों के कफन से ढँकी धरती की लाश का अन्तहीन वीरान पान्तर यहाँ फैल गया है। कोखजली वन्ध्या धरती की संवेदना में बहती अश्रुधारा—जैसी दुलारीदाय इस परती धरती की पश्चिमी रेखा है। बरसात के चौमासे में पान्तर की छोटी-मोटी, दुबली-पतली नदियाँ कलकल स्वर में इस परती की व्यथा भरी कथा को गाकर सुनाती हैं। इन धाराओं के आसपास के धनहर खेतों में धरती के प्राण सिमटे रहते हैं। केवल बरसात के चौमासे में शेष परती पर क्षणिक आशा की तरह दूब हरी हो जाती है। कार्तिक से माघ तक के चार महीनों में हिमालय से स्थलान्तर करके आने वाले परदेशी पक्षियों के कलरवमय स्वर तरंग के कारण इस परती पर कुछ चेतना संचरित हो उठती है। इस आरोपित चेतना के कारण इस परती की पीड़ा और भी अधिक उभर आती है। परदेशी पंक्षियों के जहाँ-के-तहाँ उड़कर वापस चले जाने के बाद तो मानो गरमी के कारण बालुचरों की पंक्तियाँ आकाश में उड़ने को अपनी पाँखें तौलने लगती हैं। केवल पंडुकी ही इन दिनों में भी परती का साथ नहीं छोड़ती। इसीलिए परती की चेतना का प्रतिनिधित्व वही करती है। वही 'परती-पुत्तर' जित्तू ही को धरती माँ के सुख-ऐश्वर्य को फिर से लौटा ले आने के लिए पुकारती है। परती-पुत्तर जित्तू ही गन्धहीन धरती में संस्कृति की खेती करके परती के एक-एक प्राणी को पापमुक्त होने के

लिए प्रेरित करेगा। इसी प्रेरणा को 'परती परीकथा' में साकार किया गया है।

फणीश्वरनाथ रेणु ने परती के अंचल का अखंड चित्रण करने के लिए इस अंचल के जन-जीवन की समस्त दिशाओं को स्पर्श करनेवाली अनेक खंड-खंड उपकथाओं, परीकथाओं और किवदन्तियों का सहारा लिया है। इनमें सुन्नरिनैका की कथा सर्वोत्कृष्ट है। स्थूल रूप से इन कथाओं के विस्तार में एक बिखराव-सा प्रतीत होता है, किन्तु सूक्ष्म रूप में यह बिखराव सहज ही एक सृजनात्मक अखंडता लिये हुए है। ऊपर से अलग-अलग प्रतीत होनेवाली ये कथाएँ परती के प्राणों का प्रतिनिधित्व करनेवाले परानपुर की कथा को उभारने में योग देती हैं। इन सब कथाओं के सूत्र परानपुर की ओर हैं, इसे सुरपतिराय ने भी महसूस किया है। परानपुर दुलारीदाय के पूर्वी महार पर बसा हुआ गाँव है। यह गाँव पूर्णिया जिले के अन्तर्गत हवेली परगना के रानीगंज थाने में है। गाँव की आबादी लगभग आठ हजार है। इस गाँव में विभिन्न जातियों के तेरह टोले हैं। शिश्नोदर परायण सभ्यता के प्रवेश के साथ अंचल के अन्य गाँवों के समान ही यह गाँव भी भौतिक दृष्टि से जहाँ एक ओर बढ़ा है, वहाँ दूसरी ओर संस्कृति की उपेक्षा के कारण झुका भी है। नव निर्माण के बीच टूटते हुए गाँवों का प्रतिनिधित्व यह गाँव करता है। यह गाँव पहले से समृद्ध गाँव रहा है, इसीलिए इसके सम्बन्ध में यह कथन प्रचलित हो गया है—"आभरन देवे पाट, पेटभरन देवे धान; परानपुर के बेफिकरा सोवै चादर तान।" व्यक्ति को व्यक्ति से उच्छिन्न करनेवाली विषाक्त राजनीति के कारण चादर तान कर बेफिक्र सोनेवाले परानपुर के निवासियों की नींद हराम हो गयी है। इस लड़ैया भूत के कारण हर घर और हर व्यक्ति अशान्त है। 'नारद नारद' का जाप करनेवाले गरुड़धुज झा की 'सोने चाँदी की खेती' लहलहा उठी है, किन्तु इस खेती के बावजूद स्वयं गरूड़धुज झा क्या सन्तुष्ट हैं? उनका दबा हुआ सामाजिक व्यक्तित्व लोगों को कछुए बनते देखकर त्रस्त होकर सोचने लगता है—"कोई घर साबुत नहीं, क्या गरीब, क्या अमीर!" लड़ैया राजनीति के नेता लुत्तो भी दुःखी हैं, क्योंकि उनके घर में भी छेद हो गया है। इस राजनीति के कारण गाँव के सबसे बड़े महाजन रोशन बिस्वा को सबसे अधिक लाभ हुआ है, किन्तु उसके घर की दीवारों में भी तो दरारें पड़ गयी हैं। कहने का आशय यह है कि भौतिक दृष्टि से सबसे अधिक सफल होने पर भी गरूड़धुज झा, लुत्तो और रोशन बिस्वा भी अन्दर-ही-अन्दर खोखले होते चले जा रहे हैं। ली ने जिस परानपुर को ग्रामगीतों की जन्मभूमि कहा है, उसके पास गीत के नाम पर एक शब्द भी नहीं रह गया है। परानपुर की चेतना को जैसे लकवा मार गया है। परती पुत्र जित्तू ने इस स्थिति को अनुभव किया है। उसे बरसात की रिमझिम के सूने स्वर ने बेचैन कर दिया है। किन्तु वह भी संस्कारशीलता को

डसनेवाली राजनीति के दंश से मूर्छित-सा हो गया है। इसीलिए उसने राजनीति में प्रविष्ट होते समय जिस सुन्दर सुभूमि भारत का सपना देखा था, उसे उसने अधूरा ही छोड़ दिया है। इरावती और ताजमनी ने उसे फिर से अकेलेपन के अन्धकार से बाहर आने के लिए प्रेरित किया है। यही जित्तू उपन्यास के अन्त तक पहुँचते-पहुँचते अपने सपने को साकार करने में लग गया है। इसके कारण मानो आसन्नप्रसवा धरती ने हँसकर करवट-सी ली है। कथाओं का सारा बिखराव प्रभाव की एकता में बदल गया है।

आंचलिक उपन्यास में देशांचल का महत्त्व अधिक होता है। इस प्रकार के उपन्यासों में भौगोलिक परिवेश और सामाजिक जीवन के घनिष्ठ सम्बन्ध पर प्रकाश डाला जाता है। किसी भी राष्ट्र या समाज के जीवन का प्राथमिक आधार भूमि होती है। आंचलिक जनजीवन में भूमि की आधारभूतता उभरकर सामने आती है। ज्यों-ज्यों कोई समाज आधुनिकता की ओर अग्रसर होता जाता है, त्यों-त्यों भौगोलिक परिवेश के कारण विकसित विशिष्ट सामाजिक इकाई अपनी निकटवर्ती इकाइयों की तुलना में अपनी विशेषता से वंचित होती जाती है। इस प्रकार के जीवन में नैसर्गिक प्राणशक्ति लुप्त होती चली जाती है।

आंचलिक उपन्यास समाज-जीवन का क्षैतिज छेद (ट्रांसवर्स सेक्शन या क्रास सेक्शन) होता है। इसलिए काल का विस्तार उसमें अधिक नहीं होता। प्रायः एक वर्ष का काल आंचलिक जनजीवन को चित्रण करने के लिए पर्याप्त कहा जा सकता है। खेती-बाड़ी, पर्व-उत्सव आदि का वैविध्य इस काल में समेटा जा सकता है। 'परती : परिकथा' का प्रारम्भ पंचमी से हुआ है और अन्त भी पंचमी के उत्सव के साथ हुआ है। प्रारम्भ की पंचमी किस मास की है, यह नहीं कहा जा सकता; किन्तु इतना निश्चित है कि वह शुक्लपक्ष की पंचमी है। वर्णन है—"आसमान में पंचमी का चाँद हँसता है...और परती पर भवेश की हल्की छाया डोलती है।" इसी प्रकार रात के पहले पहर में जित्तन अपनी खिड़की से पोखरे में पड़ी वृक्षों की परछाइयों को निहार रहा है और उसी समय "हलकी चाँदनी की चदरी धीरे-धीरे बिला रही है।" इन उल्लेखों के बाद एक स्थान पर 'जून की सरदी' का उल्लेख है, इसलिए यह स्पष्ट है कि यह पंचमी गरमी के मौसम के महीने की पंचमी है। उपन्यास के अन्त की पंचमी तो फागुन की श्रीपंचमी है। इस पंचमी को कोयल की मधु-लिपटी बोली सुनकर प्रत्येक व्यक्ति के मन में 'टटके मधु का एक बूँद संचित हो गया है।' इस प्रकार पंचमी से पंचमी तक की यह कथायात्रा दस-ग्यारह महीनों से अधिक की नहीं है।

रेणु का यह उपन्यास सन् 1957 ई. में पहली बार प्रकाशित हुआ था। इस उपन्यास का कालखंड 1955-56 ई. का कालखंड है। इस उपन्यास में कुछ

निश्चित तारीखें भी दी गयी हैं। 8 जुलाई, शुक्रवार, सन् 1955 को जित्तन ने परती को तोड़ने का शुभारम्भ किया है। इसी प्रकार 12 तारीख को कोसी प्रोजेक्ट की पहली मालगाड़ी आने का उल्लेख एक स्थान पर हुआ है। इससे अपने युग की गतिविधियों के प्रति लेखक की जागरूकता का प्रमाण मिलता है। इनके अतिरिक्त दशहरे के मेले, आश्विन-पूर्णिमा के शामाचकेवा के पर्व आदि का भी लेखक ने जमकर वर्णन किया है।

प्रस्तुत उपन्यास का एक अन्य वैशिष्ट्य उसकी भाषा में है। लेखक ने परती की कहानी उपस्थित करते हुए यह ध्यान रखा है कि पात्र मूर्ख और निर्जीव न बन जाएँ। यह उपन्यास खड़ी बोली में लिखा गया है, किन्तु पात्रों ने सजीव बनकर अपनी आंचलिक बोली का भरपूर व्यवहार किया है।

सामान्य अनपढ़ पात्रों की भाषा में मैथिली के पूरे वाक्य देखे जा सकते हैं। उदाहरण के लिए मालकिन माँ की नौंडी शिवेन्द्र मिश्र के जेल से छूट आने का समाचार चिल्लाकर देते हुए कहती है—''मालकिन, दूल्हा बाबू आविगेल! लाउ हमर इलाम बकासिस। हमर बात ठीक, भेल!'' इसी प्रकार जगमग कर चलनेवाली मनोहर बाबू की छोटी बेटी ने जित्तन को पास से गुजरते हुए देखकर कहा है—''हेय! मार कन्ने?'' मनोहर अपनी बेटी को डर दिखाता रहा है कि चुप रह, नहीं तो हवेलीवाला मारेगा।

प्रस्तुत उपन्यास की शैली की अत्यन्त महत्त्वपूर्ण विशेषता गीतात्मकता भी है। रानीगंज सर्कल से सम्बन्धित इस उपन्यास में गीतात्मकता न होती, तो आश्चर्य होता; क्योंकि रानीगंज सर्कल तो ग्रामगीतों की जन्मभूमि है। यहाँ के लोग हँसते हैं, तो हीरे झड़ते हैं और रोते हैं तो दस मन मोती। यहाँ की औरतें रोते समय भी पद जोड़कर, गा-गा कर रोती हैं! सुरपति ने एक औरत को पद्यमय रुदन करते हुए देखकर आश्चर्य किया था। वह औरत रोते-रोते अपने बाप को गुहार कर कह रही थी—''मनकेर ममोला मनहि में रहल—सेमरिक फलवा सूखि के फुटाइल-सेमरिक रूई उड़त...।''

इस उपन्यास से पूर्व रेणु ने 'मैला आँचल' लिखा था। इस उपन्यास में मैथुन के अतिरिक्त आकर्षण पर आक्षेप किये गये थे। इस उपन्यास के बाद लिखे गये 'परती परिकथा' उपन्यास पर यह आक्षेप नहीं किया जा सकता। 'परती परीकथा' में नट्टिन टोली के अनेक पात्र हैं। इनमें से एक पात्र तो स्त्री पात्रों में सर्व प्रमुख भी है। इन पात्रों के होते हुए भी उपन्यास में अश्लीलता नहीं आ पाई है। काम सम्बन्धों के यथार्थ वर्णन करने से लेखक ने अपने को बचाया भी नहीं है। रोशन बिस्वा और गरुड़धुज झा मेरीगोल्ड कप-होल्डर हैं। लुत्तो भी लोटस खोजने लगा है। दशहरे के मेले में नट्टिनों ने साल भर की कमाई की

है। हीराबाई को इस मेले के बाद दुर्दशाग्रस्त भी होना पड़ा है। किन्तु इन सब प्रसंगों में कहीं भी लेखक ने कामुकता में रस लेकर प्रसंग को अश्लील नहीं होने दिया है। नट्टिन टोली के बाहर मलारी की माँ चुन्नी का पर-पुरुष से सम्बन्ध है। स्वयं मलारी महीचन की बेटी नहीं है। चुन्नी का अपने दामाद से भी काम सम्बन्ध स्थापित हो जाता है, किन्तु इस सम्बन्ध को भी विस्तार देकर चित्रित नहीं किया गया। मलारी और सुवंश का सम्बन्ध तो प्रेम सम्बन्ध है और इसमें काम भावना का स्वस्थ एवं संयत रूप ही चित्रित है। जित्तन और ताजमनी के सम्बन्ध में अवश्य ही यह आक्षेप किया गया है कि वह अमूर्त एवं वायवीय है। ताजमनी की नथिया उतारने की बात जित्तन ने स्वयं स्वीकार की है! उससे इतना तो स्पष्ट है कि यह सम्बन्ध इतना वायवीय नहीं है।

दीर्घतपा

'दीर्घतपा' उपन्यास दिसम्बर, सन् 1963 में प्रकाशित हुआ। इस उपन्यास का लेखन दिसम्बर, सन् 1961 को पूरा हो चुका था। फणीश्वरनाथ रेणु ने 'पंचकन्या' नाम से पंचकन्याओं को अलग-अलग रूपायित करनेवाला 'अलबमनुमा उपन्यास' उन कन्याओं के संक्षिप्त वक्तव्यों को गूँथकर प्रस्तुत करने का विचार किया था। उनकी यह योजन सफल न हो सकी। इसलिए उन्होंने उन कन्याओं को अलग-अलग उपन्यासों के रूप में ही क्रमशः प्रकाशित करने का निश्चय किया। इस मालिका का केवल एक उपन्यास ही उन्होंने लिखा। शेष उपन्यास क्यों नहीं लिखे गये, यह उन्होंने स्पष्ट नहीं किया है।

प्रस्तुत उपन्यास 'दीर्घतपा' कुमारी बेला गुप्त के हृदय के यथार्थ रूप की पहचान प्रकट करता है। जीवन और संसार की मंगल-कामना से प्रेरित होकर बेला गुप्त ने अपना सम्पूर्ण जीवन समाज की सेवा में समर्पित कर दिया है। बेला के माध्यम से लेखक ने यह पूछना चाहा है कि क्या यही वह आजादी है जिसके लिए अनगिनत लोगों ने जेलें काटीं और अपने प्राणों की आहुति दी। जिस समाजवाद की चर्चा गला सूखने तक सभी पार्टियाँ करती रहती हैं, क्या उसकी सामाजिक रूपरेखा उस व्यंग्यचित्र में पर्यवसित नहीं हो गयी है, जो 'सत्यमेव जयते' के ध्येय वाक्य की विडम्बना को उजागर करता है और पुकार-पुकार कर कहता है कि सचाई का लोप होता जा रहा है। स्वार्थसिद्धि के लिए लोग किसी भी शर्त पर अपनी आत्माएँ बेचने लगे हैं। अच्छाई पर से विश्वास उठता जा रहा है और चारों ओर व्यर्थता का राज्य फैला हुआ है। इस व्यर्थता का ही एक सामाजिक रूप वर्किंग विमेंस हॉस्टल के बन्द होने की घटना के द्वारा लेखक ने प्रस्तुत किया है। यह हॉस्टल बन्द ही नहीं है, बल्कि भविष्य में इसके खुलने

की सम्भावना भी लगभग नहीं के बराबर है। भावी पीढ़ी के अन्दर सामाजिक संस्कार लुप्त होते चले जा रहे हैं, जिसका प्रमाण हमें उस ग्यारह वर्ष के किशोर में दिखते हैं, जिसने हॉस्टल के बन्द फाटक पर कोयले के टुकड़े से एक अश्लील वाक्य लिख दिया है।

कुमारी बेला गुप्त जैसी समाज सेविकाओं के प्रयत्नों को सार्थक बनाने के लिए यह नितान्त आवश्यक है कि विपरीततम परिस्थितियों में भी अच्छाई के लिए श्रद्धा पैदा की जाये। यह उपन्यास इस दृष्टि से सफल है। उपन्यास का एक पात्र बागे स्पष्टतः यह कहता है—"जहाँ सभी बालू की दीवार बना रहे हैं वहाँ ईंट-सीमेंट का घर कोई पागल ही बना देगा। सदर बाजार का ज़माना चला गया।" अपने को 'दलाल' कहने में बागे लजाता नहीं। वह श्रीमती आनन्द का सहायक होने के बावजूद उसे देखकर घृणा से मुँह बिगाड़ लेता है। इन दोनों ही पात्रों के असामाजिक रूप के विरुद्ध पाठकों के मन में घृणा भर आती है। यह उपन्यास का वर्जनात्मक उद्देश्य है और इस उद्देश्य में लेखक सफल हुआ है।

'दीर्घतपा' उपन्यास का घटनास्थल मुख्यतः बाँकीपुर है। उपन्यास का केवल एक प्रसंग राजगिर के सरकारी रेस्ट हाउस में घटित हुआ है। 'दीर्घतपा' उपन्यास का घटनाकाल सन् 1955 और 1956 ई. का है। उपन्यास का पहला दिन दिसम्बर महीने का है। उपन्यास की वर्तमान कथाओं की अपेक्षा अतीत की कथाओं में कम-से-कम वर्ष का स्पष्टतः उल्लेख हुआ है। रमला मौसी के प्रसंग में कहा गया है कि सन् 1934 में बिहार-भूकम्प के समय की गयी सेवाओं के लिए बाबू राजेन्द्र प्रसाद ने रमला चटर्जी की प्रशंसा की थी। इसके बाद रमला चटर्जी से रमला बनर्जी बनने के बाद सन् 1936 में कांग्रेसी स्वास्थ्यमन्त्री ने रमला बनर्जी का नाम नर्सेस सेलेक्शन कमिटी के सदस्यत्व के लिए प्रस्तावित किया, किन्तु रमला ने नर्स की ट्रेनिंग लेना अधिक पसन्द किया। वस्तुतः कांग्रेसी मन्त्रिमंडल सितम्बर सन् 1937 में सत्तारूढ़ हुआ था। श्रीमती आनन्द के पूर्ववृत्त के प्रसंग में यह कहा गया है कि सन् 1950 में नेपाल में राणाशाही का अन्त हुआ और श्रीमती आनन्द को नेपाल छोड़ना पड़ा। इसी प्रकार बेला के पूर्ववत् के प्रसंग में उसके सन् 1940 में बाँकीपुर मेडिकल कॉलेज में नर्स के ट्रेनिंग के लिए आने और 13 सितम्बर, सन् 1943 में उसे नर्सेस क्वार्टर छोड़ने के लिए विवश होना पड़ा। तारीख देने की इस प्रकार की प्रवृत्ति वर्तमान की कथाओं में कहीं नहीं है। उपन्यासों में बांग्ला भाषा का प्रयोग संवादों में काफी हुआ है। श्रीमती रमला बनर्जी हिन्दी और बांग्ला के समानार्थक वाक्य साथ-साथ बोल जाती हैं।

रेणु के उपन्यास में कहीं लोकगीत का प्रसंग आये ही नहीं, यह कैसे सम्भव

है। प्रस्तुत उपन्यास में एक स्थान पर रेणु ने फिल्मी लोकगीत पर व्यंग्य कसते हुए कहा है कि 'हैयो-रे-हैयो' या 'हजी ओ-ओ-ओ' के जोड़ देने मात्र से कोई गीत लोकगीत नहीं बन जाता। गौरी के मुख से जाँसार (गीत) सुनकर बेला बहुत देर तक गीत की चक्की जैसी घूमती गति पर चक्कर खाती हुई चित्रित की गयी है। इन लोकगीतों के अतिरिक्त एक स्थान पर बेला द्वारा गाए गये झुझारू लय के वीर गीत का उल्लेख किया है—"कुँवरसिंह ने जब बिहार में किया महा हुंकार...।" शौकत के प्रिय गीत "अजमेर वाले मेरी सुन लेना अरजी...." को दृष्टि में रखकर लेखक ने शौकत की मृत्यु के प्रसंग को करुणा रूप में उपस्थित करते हुए कहा—"...कोई अरजी नहीं सुनता, शौकत! यहाँ, अरजी सुननेवाला कोई नहीं।"

जुलूस

फणीश्वरनाथ रेणु ने लिखा है—"दिन-रात—सोते-बैठते, खाते-पीते—मुझे लगता है कि एक विशाल जुलूस के साथ चल रहा हूँ।...इस भीड़ से अलग होने की सामर्थ्य मुझमें नहीं। इस जुलूस में चलने वाले नर-नारियों...से मेरा परिचय नहीं। लेकिन...मैं छिटककर अलग नहीं हो सकता।" जुलूस की भीड़ से छिटककर अलग न हो सकने का असामर्थ्य ही रेणु के लेखन का सामर्थ्य है।

रेणु द्वारा उल्लिखित जुलूस सन् 1947 ई. में प्राप्त किये गये स्वराज को मनाने के लिए आयोजित किया गया जुलूस है। स्वराज के इस जुलूस में सम्मिलित होने वाले लोग सुराज्य की आशाओं और सपनों को अपने दिल में सँजोये हुए थे। स्वराज को मिले चौदह वर्ष बीत चुके हैं। सन् 1961 का वर्ष चालू है, जो कि प्रस्तुत उपन्यास का घटना-काल है। इन चौदह वर्षों में देश आगे बढ़ा है, ऐसा कुछ लोगों का दावा है। उन्हें अपना दावा सच ही लगता है। इस समय में दो-दो बार आम चुनाव हो चुके हैं और तीसरा आम चुनाव आठ-दस महीनों बाद होने जा रहा है। प्रत्येक खादीधारी आदमी चुनाव का टिकट पाने के लिए भाग-दौड़ कर रहा है। इन सालों में सरकार ने कम काम नहीं किया है। इस बात का प्रमाण बी.डी.ओ. जैसे 'ओ' वाले अफसरों की बहुलता से स्पष्ट है। सामान्य जनता भी कम जागरूक नहीं है। जनता का हर मैट्रिक-फेल नौजवान राजनीति में दाखिल हो गया है और हर मिडिल-पास लड़का कांट्रैक्टरी के सपने देखने लगा है।

समाज में प्रान्तीयता के समान ही जातीयता का भेदभाव भी खूब है। जयराम सिंह को नबीनगर के सभी बंगाली 'झर-बंगाली' लगते हैं। वह उन सबको 'अरजल-खरजल' समझता है। किन्तु यही जयराम तालेवर से 'मन्तर' सीखने

के लोभ में पड़कर तालेवर के पैर पकड़ लेता है और कहता है—"चूल्हे में जाये जाति? गुण से बढ़कर क्या जाति ही है!"

कभी-कभी स्वार्थ के लिए लोग स्त्री-पुरुष के भेद को भी बढ़ावा देने लगते हैं। इसी भेद को आधार बनाकर शारदा बर्मन लोगों को उचकाता रहता है कि— "औरत कॉलोनी मेम्बर जहाँ रहे वहाँ के मर्द की बात का क्या भैलू?"

धर्म, प्रान्त, जाति, लिंग आदि भेदों को मात करनेवाली आर्थिक विषमता तो देश में सर्वत्र व्याप्त है। धनवालों की स्थिति धरती पर रहते हुए भी धरती के पुत्रों से एकदम अलग है।

विभिन्न कारणों से व्यक्ति-व्यक्ति के बीच अलगाव पैदा करनेवाले तत्त्वों को दूर करने के लिए उपन्यास के द्वारा प्रेरणा दी है। इसके लिए लोकसंस्कृति के तत्त्वों का उपयोग विशेष सहायक बन सकता है। लोकसंस्कृति के उपादानों की सहायता लेते हुए ग्रामलक्ष्मी की छिनी हुई हँसी को फिर से लौटाया जा सकता है। 'जुलूस' में एक स्थान पर रेणु ने इस लक्ष्मी की स्थिति का वर्णन करते हुए लिखा है—"चारों ओर धान और पाट के खेत-हरे! लक्ष्मी खेतों में सजी-धजी खड़ी है धानी रंग की साड़ी पहनकर।...खेतों में लक्ष्मी हँसती है, घर में लक्ष्मी हँसती है।...लेकिन जब तालेवर गोढ़ी का मिल चलने लगता है तो लक्ष्मी के चेहरे पर एक आतंक की छाया छा जाती है। हँसी बिला जाती है। गीत रुक जाता है।"

'जुलूस' का देशकाल बहुत सीमित है। उपन्यास का देश गोडियर गाँव एवं गोडियर गाँव की नबीनगर बस्ती है। अधिकांश कथा नबीनगर से सम्बद्ध है। नबीनगर गाँव में भी मुख्यतः पवित्रा का घर और सामूहिक देवस्थान ठाकुरतला प्रमुख है। इनके अतिरिक्त सन्ध्या और बिष्टू के घर तथा गोल पार्क गौणरूप से नबीनगर के घटनास्थल हैं। गोलपार्क से ही पवित्रा ने परवाहा गाँव की ओर देखा था और उसे अछिमुद्दीपुर का भ्रम हो गया था। पवित्रा की स्मृतियों में मैमनसिंघ जिले के जुमापुर गाँव को स्थान मिला है और गौण रूप से काटिहार, बेतिया आदि कैम्पों का उल्लेख हुआ है।

नबीनगर के बाद गोडियर गाँव का वर्णन हुआ है। इस गाँव का मुख्य घटनास्थल तालेवर गोढ़ी का घर है और उसके बाद सरस्वती के घर का स्थान आता है। इन घरों के अतिरिक्त पहलवान रणवीर सिंह का घर है, जहाँ अपनी बहुओं से पहलवान झगड़ा करता है और नबीनगर के भोज के बाद बीमार पड़ जाता है। इसी गाँव में पवित्रा ने काली मन्दिर की नींव रखी है और इसी गाँव की गलियों से पाँच लड़कों को नबीनगर के स्कूल में पढ़ने के लिए राजी किया है।

'जुलूस' का काल सन् 1961 का वर्षाकाल है। उपन्यास का आरम्भ वर्षाकाल के प्रारम्भ के एक शनिवार के साथ हुआ है। उपन्यास के अनेक घटना प्रसंग मंगल के दिन के हैं। इसी दिन सामूहिक देवस्थान में कीर्तन होता था। उपन्यास का एक महत्त्वपूर्ण दिन काली मन्दिर की नींव डालने का दिन है। यह शनिवार का दिन है। इस दिन तालेवर गोढ़ी ने सारे गाँव को भोजन दिया था। यह भोजन रात के तीसरे पहर समाप्त हुआ था। काली मन्दिर की नींव का दिन कालीपूजा के प्रारम्भ का दिन भी है। कालीपूजा बंगालियों में बहुत अधिक प्रचलित है। कालीपूजा आश्विन में शुरू होती है। आश्विन में ही आँधी-तूफान और घनघोर वर्षा हुई थी। इसी वर्षा के कारण सारी खड़ी फसलें बरबाद हो गयी थीं। इस प्रकार हम देखते हैं कि उपन्यास का घटनाकाल चार मास से अधिक का नहीं है। उपन्यास के आठवें परिच्छेद में धान की बोआई के समय का उल्लेख है और अन्तिम परिच्छेद में धान की खड़ी फसल की बरबादी का उल्लेख है। इसी प्रकार उपन्यास का आरम्भ बरसात की 'हल्दी चिरैया' की पुकार के साथ हुई है।

'जुलूस' के कथानक का प्रारम्भ पवित्रा के घर से हुआ है। पवित्रा का घर उपन्यास का केन्द्रीय घटनास्थल है। इसके बाद घटनास्थल की परिधि बढ़ती चली जाती है। पवित्रा का घर नबीनगर का अंग है, इसलिए पवित्रा के घर के बाद नबीनगर का परिचय मिलता है। नबीनगर गोडियर गाँव की बस्ती है, इसलिए नबीनगर के परिचय के बाद गोड़ियर गाँव का दृश्य उपस्थित किया गया है। इन प्रारम्भिक दृश्यों के बाद गोडियार के समाज और नबीनगर के समाज के व्यक्तियों के घात-प्रतिघातों के माध्यम से कथानक विकसित होने लगता है। यद्यपि कथानक को खंडों में बाँटा नहीं गया है, किन्तु स्थूल रूप से नवें परिच्छेद तक के भाग को उपन्यास का पूर्वार्ध कहा जा सकता है। दसवें परिच्छेद में पवित्रा और तालेवर, दो विचारधाराओं के दो प्रतिस्पर्धी पात्र प्रथमत: आपस में मिलते हैं और इसके बाद तालेवर को पवित्रा जीतना प्रारम्भ कर देती है। इसी भाग में लोककलाओं की महत्ता का भी हमें परिचय मिलता है। पवित्रा संघर्ष करती हुई अन्त में लोकसंस्कृति मूलक समाज के गठन का संकल्प करती है और उसके लिए अपना जीवन समर्पित कर डालती है।

उपन्यास के कथानक में आभास और स्वप्न का सुन्दर समावेश है। नबीनगर से दिखनेवाला परवाहा का दृश्य अछिमुद्दिपुर का भ्रम पैदा करता है और कथानक को अतीत के इतिवृत से जोड़ता है।

शैली की दृष्टि से हमारा ध्यान सबसे पहले उपन्यास की भाषा के स्वरूप पर जाता है। यद्यपि सामान्यत: उपन्यास की भाषा खड़ी बोली है, किन्तु भाषा में स्थानीय बोलियों की बघार विद्यमान है। उपन्यास की सरस्वती ही नहीं अपितु

अन्य पात्र भी यथासाध्य सभ्य और 'सधुक्कड़ी भाषा' का प्रयोग करते हैं। इस भाषा में स्थानीय बोलियों के शब्द सहज ही आ गये हैं।

'जुलूस' उपन्यास के लगभग आधे पात्र बांग्ला-भाषी हैं। इसलिए उनकी हिन्दी में बांग्ला के अनेक शब्द विद्यमान हैं।

'जुलूस' के गीतों पर भी अन्त में विचार कर लेना चाहिए। उपन्यास की नायिका पवित्रा को गीतों से प्रेम है। उसी ने सन्ध्या को 'देशे देशे मोर घर आछे' गीत सिखाया है। पवित्रा के समान हरिप्रसाद यादव कीर्तन में रुचि रखता है। उसने विद्यापति का 'जय जय भामिनी असुरभयाउनी' गीत सन्ध्या को सिखाया है। इनके अतिरिक्त कारे मंडल और रबिया पासमान नाच में 'चाँदो बनिया साजिलों बारात ओ रे चाँदो...' गाते हैं। जगन्नाथपुरी से लौटने पर जयराम सिंह 'जगरनथिया गीत' गाता है। पहलवान की छोटी बहू अपने मन की बात गीत में गुनगुनाते हुए कहती है—'हो राज, छोड़ि दे रे नौकरिया-या-या! इसी प्रकार धाँगडां द्वारा प्रस्तुत गीत-नृत्य के दो प्रसंग उपन्यास में हैं। प्रथमतः धाँगड़ों की बस्ती में ''कौन बने कृष्णा बंसिया बजावै' को सुनकर पवित्रा व्याकुल हो उठती है। भादल और डिग्गा के इस गीत-नृत्य के बाद ढोल और करताल के साथ कीर्तन भी होता है। उपन्यास के अन्त में इन्हीं धाँगड़ों के गीत नृत्य का एक कार्यक्रम चैरिटी शो के रूप में आयोजित है। उपन्यास का अन्त रवीन्द्रनाथ ठाकुर के गीत के साथ किया गया है।

कितने चौराहे

'कितने चौराहे' राष्ट्रीय गीत का उपन्यास रूप है। कितने चौराहे फणीश्वरनाथ रेणु का अन्तिम उपन्यास है। रेणु ने अपना यह उपन्यास किशोर शहीद ध्रुव कुंडू को समर्पित किया है, जिसने अपने देश का झंडा सरकारी कचहरी पर फहराते समय गोली खायी थी। प्रस्तुत उपन्यास में भी सन् 1942 में महात्मा गाँधी की 'करो या मरो' पुकार को सुनकर 'भारत छोड़ो' आन्दोलन में कूद पड़नेवाले किशोरों की कहानी है। अररिया कोर्ट की सरकारी ट्रेजरी पर झंडा फहराने के प्रयत्न में इन किशोरों में से पाँच किशोरों की जानें गयीं। इन शहीद किशोरों के नाम इस प्रकार हैं—प्रियोदा, कृत्यानन्द, अशर्फी, भोला और तपू। इन शहीदों के अतिरिक्त हिन्दू-मुस्लिम दंगे में एक औरत को बचाते समय किशोर सूर्यनारायण, अमर शहीद गणेश शंकर विद्यार्थी के समान छुरे की मार का शिकार बनकर शहीद हो गया है। सूर्यनारायण के समान ही इस दंगे में सूर्थनारायण के शिक्षक हफीज साहब भी देह पर किरासन डालकर जिन्दा जला दिया गया हैं। सूर्यनारायण और हफीज साहब के जनाज़े जब चौराहे पर आ मिलते हैं, तो सारा वातावरण 'राम-रहीम

न, जुदा करो भाई' की भावना से भर उठता है। जनाजों के मिलन का यह चौराहा 'मन्दिरों में है खुदा और मस्जिदों में राम है' की भावना का मिलन-स्थल है। प्रान्तीयता, साम्प्रदायिकता आदि से निरपेक्ष रहकर 'दस और देश का काम' करने की भावना को किशोरों के मन में दृढ़मूल करने के लिए यह उपन्यास लिखा गया है।

प्रस्तुत उपन्यास के प्रमुख पात्र प्रायः किशोरावस्था के पात्र हैं। किशोरावस्था जीवन का महत्त्वपूर्ण चौराहा होती है। इस अवस्था में व्यक्ति के भटकने की सम्भावनाएँ बहुत अधिक होती हैं। इस अवस्था में कितने ही होनहार लड़के मयूर के डैने लगाकर हाईस्कूल में प्रविष्ट होते हैं, किन्तु कुसंगति के चक्कर में पड़कर कौए बन जाते हैं। उपन्यास का नायक मनमोहन देहात का होनहार बालक है। सौभाग्य से उसे जागरूक अभिभावक मिले हैं, उसको गुणवत्ता के आधार पर छात्रवृत्ति मिली है। उसे गाँव से शहर में पढ़ने के लिए भेजते समय पिता ने समझाया था—"शहर जाकर 'शहरी लड़का' मत बन जाना। बीड़ी-सिगरेट मत पीना।" मनमोहन मननशील था, इसलिए उसने शहर में रहते हुए भी प्रलोभनों में फँसकर अपने जीवन को बरबाद नहीं किया। पियक्कड़ मोहरिल मामा के घर पर रहते हुए भी उसने कभी मदिरा को सूँघा भी नहीं और न ही उसे मटरू की बीड़ी पीने की आदत ही लगी। शरबतिया के शरबती सम्बन्ध ने भी उसे अपने निर्दिष्ट पथ से विचलित नहीं किया। पढ़ाई करने की दृष्टि से विपरीत परिस्थिति में रहते हुए भी वह त्रैमासिक परीक्षा में प्रथम आया। शहर के चौराहे पर वह न दायें देखता है मुड़ा और न बायें। इसलिए वह 'शहरी लड़का' नहीं बना।

देहात से शहर में पढ़ने के लिए आनेवाले विद्यार्थी को बहकाने में साथी विद्यार्थियों का हाथ भी कम नहीं होता। चोर जुगल और स्वार्थी पूरन विस्वास से मनमोहन बचा ही रहा। उसने पढ़ाई के साथ प्रियोदा के सम्पर्क में रहकर 'दस और देश का काम' करना सीखा। 'दस और देश का काम' करते हुए उसने स्वार्थ के कारण दायें या बायें मुड़ना पसन्द नहीं किया। अपनी पाँच रुपये की छात्रवृत्ति को बनाये रखने के लिए वह गाँधीजी की गिरफ्तारी के विरोध में की जाने वाली हड़ताल में शामिल होने से अपने को कैसे अलग रख सकता था? वह हड़ताल में शामिल हुआ और हड़ताल में शामिल होने के बाद माफी न माँगनेवाले सात 'शैतानों' में वह भी एक रहा।

कुसंगति और स्वार्थ के अतिरिक्त कभी-कभी भावना की झोंक में आकर भी चौराहे पर दायें या बायें मुड़ जाने की सम्भावनाएँ होती हैं। मनमोहन से इसी कारण बड़े महाराज ने कहा था—"कभी 'झोंक' में आकर तुम भी पढ़ना-लिखना मत छोड़ बैठना।...अभी सीधे बढ़े चलो। राह में छाँव में कहीं बैठना नहीं है।

कितने चौराहे आएँगे। न दायें मुड़ना, न बायें-सीधे चलते जाना।'' मनमोहन बड़े महाराज के मार्गदर्शन में सीधे बढ़ता रहा। उसने न तो सामयिक क्रान्तिकारी आन्दोलन के जोश में पढ़ाई छोड़ी और न ही नीलिमा की लालिमा के रंग में रँग गया। कभी-कभी उसका मन घर भागने को होता था, किन्तु इस मोह से बच सकने में वह समर्थ हो सका। भावनाओं के रंगीन कुहरे में भटककर दायें या बायें मुड़ने से उसने अपने को बचा लिया।

इस प्रकार 'कितने चौराहे' का नायक मनमोहन अररिया कोर्ट की पाठशाला में पढ़ते हुए एक साल में ही अलग-बगल देखे बिना अपने गन्तव्य पथ पर चौराहों को पार करते हुए बढ़ता चला गया है। उसे अपने गन्तव्य पथ से हटाने में व्यसन, आर्थिक लाभ, भावना की झोंक आदि सफल नहीं हो सके। वह अपनी टेक पर ध्रुव की तरह टिका रहा और उसने अपने 'ध्रुवबजी' उपनाम को सार्थक कर दिखाया। उसके जीवन में केवल एक ही प्रसंग ऐसा है, जहाँ वह नीलिमा के कारण अनुशासन भंग करने का कारण बना। सन् 1942 के 'करो या मरो' आन्दोलन में नीलिमा के कारण वह देश का झंडा सँभालने के लिए समय पर यथास्थान उपस्थित न हो सका। इसी अपराध के पश्चात्तापस्वरूप वह परवर्ती तेईस वर्षों में ग्लानि की आग में झुलसता रहा। उसने इस अपराध का प्रायश्चित्त अपनी साधना के द्वारा किया।

प्रस्तुत उपन्यास पाठकों को, विशेषत: किशोर पाठकों को दृष्टि में रखकर लिखा गया है। लेखक ने इस उपन्यास में 'दस और देश का काम' करते हुए अपने गन्तव्य स्वधर्मपथ पर अग्रसर होते समय प्रलोभनों के चौराहों पर न मुड़ते हुए आगे बढ़ने का सन्देश पाठकों को दिया है।

'कितने चौराहे' का घटनास्थल मुख्य रूप से अररिया कोर्ट है। यह कस्बा मनमोहन के गाँव से चार स्टेशन दूर है। मनमोहन के गाँव का नाम भी नहीं दिया गया है। उपन्यास का पहला परिच्छेद गाँव से सम्बन्धित है। इसके बाद केवल मनमोहन की छुट्टियों से सम्बन्धित प्रसंगों में गाँव का उल्लेख हुआ है। गाँव आने पर मनमोहन को लगता था—''चने के खेतों और शकरकन्द-मिश्रीकन्द की बगिया से कोई इशारा करता है—'यहाँ आओ।' पुरवा और पछुवा हवा सुबह-शाम पूरब और पश्चिम के टोलों से निमन्त्रण ले आती है। गाँव के संगी-साथी, लंगोटिया यारों की टोली जमती है। डमरू और नगाड़े बजने लगते हैं।'' मनमोहन को गाँव की मिट्टी प्यारी लगती है।

उपन्यास का मुख्य घटनास्थल अररिया कोर्ट का हाईस्कूल है, जहाँ मनमोहन पढ़ता है और जहाँ हड़ताल करने पर उसे बेंतों की सजा दी गयी थी। निवास की दृष्टि से वह मोहरिल मामा के घर पर रहा था, जहाँ मच्छरों और खटमलों

के अलावा छछून्दरों और चमगादड़ों का भी बड़ा भारी अड्डा था। मनमोहन बाद में आश्रम में रहने लगा था, जहाँ भाईचारे की सीख के साथ तितलियाँ और गुलाब बनाए थे। यहाँ से वह मुठिया के लिए काली बाजार जाता रहा है, जहाँ नीलिमा का घर है। मनमोहन की गतिविधियों का एक स्थान परमान नदी का तट है, जहाँ शाम के समय किशोरों की टोली जमती थी। इसी तट पर एक बार उसने गाड़ीवान के द्वारा तन्मय होकर गाई गयी विद्यापति की लचारी सुनी थी। हड़ताल के दिन तो किशोरों ने अपना सारा दिन परमान के तट पर कलीलें करते हुए बिताया था। इसी प्रसंग में मनमोहन ने गेहूँ के कटे हुए खेतों में दाने चुगती हुई पतरंगा चिड़िया की उदास सीटी सुनी थी।

'कितने चौराहे' के घटनास्थल मैथिल अंचल के अन्तर्गत आते हैं, इसलिए इसके पात्रों की भाषा में मैथिल शब्दों का बहुलता से प्रयोग हुआ है। 'कितने चौराहे' में कई प्रतीक महत्त्वपूर्ण हैं। उपन्यास का शीर्षक स्वयं प्रतीकात्मक है। ध्येय मार्ग पर कहीं भी न बहकते हुए सीधे चलने को यह सूचित करता है। 'दि ग्रेट संन्यासी' भी प्रतीक सम्पन्न है। यह ब्रह्मचर्य एवं वानप्रस्थ जीवन के सूचक रंग को लिये हुए है। उपन्यास में इसका सम्बन्ध ब्रह्मचर्य व्रत के साथ है। ब्रह्मचर्य व्रत धारण करके सेवारत व्यक्ति का यह सूचक है। इसी प्रकार सपनों की प्रतीकात्मकता को समझा जा सकता है। मनमोहन अररिया कोर्ट को पहली ही रात को आम का स्वप्न देखता है, जो गेंद में बदल जाता है। आम उसके ग्रामीण सरस जीवन का सूचक है तथा गेंद नागर जीवन के परिवर्तित रूप का। हफीज साहब ने उससे कहा है कि उसे फुटबॉल खेलनी होगी। यही बात स्वप्न में परिवर्तित होकर उपस्थित हुई है। इसी प्रकार मनमोहन की माँ ने जिस जटाधारी व्यक्ति को अपने आधे होश में देखा है, वह भविष्यसूचक स्वप्न ही है। इसी प्रकार एक स्थान पर मनमोहन ने प्रियोदा को फाँसी होने का स्वप्न देखा है। इस स्वप्न में भगतसिंह के फाँसी पर झूलने का सन्दर्भ है और प्रियोदा के भविष्य की चिन्ता है।

'कितने चौराहे' की शैली की एक महत्त्वपूर्ण विशेषता गीतिमयता है। इसमें अनेक लोकगीतों का उल्लेख प्रसंगतः हुआ है। कहीं चैती गीत की कड़ियाँ सूर्यनारायण आलाप रहा है—'चैत महिनवाँ रामाँ....।' कहीं लगनी गीत का स्वर करुणा में भीगकर वातावरण को गम्भीर बना रहा है—'कौन बने भीगे राम रे।' अधिकांश गीत राष्ट्रीयता की भावना से युक्त हैं। कहीं पंजाबी भाषा का जोशीला स्वर है—'नी रखनी, नी रखनी; सरकार जालिम नी रखनी'। कहीं बांग्ला भाषा की भावुकता है—'एक बार बिदाय दे माँ. फिर आसो...फिरे आसी! फिरे आसी!!।'

हम यह कह सकते हैं कि 'कितने चौराहे' राष्ट्रीय गीत का उपन्यास रूप

है। गीत के समान ही यह संक्षिप्त है और उत्तरोत्तर सान्द्र से सान्द्रतर होती चली गयी भावना का अभिव्यंजन है। राष्ट्रीयता की इस भावना में कहीं भी घृणा, विद्वेष, प्रतिशोध आदि का लेशमात्र नहीं है। इसमें माखनलाल चतुर्वेदी की 'एक फूल की चाह' कविता की तरह बलिदान की भावना अनुस्यूत है।

7

आंचलिकता एवं नागार्जुन

हिन्दी के आंचलिक उपन्यासकारों में नागार्जुन का स्थान विशेष है। उनके उपन्यासों में आंचलिक जीवन को नयी गहराई और नया रंग मिला है। उन्होंने अपने उपन्यासों में अंचल की धरती, नदी, पोखरों, फसलों, पेड़-पौधों, वहाँ के जन-जीवन, वातावरण और पात्रों का सहज, स्वाभाविक और यथार्थ चित्र प्रस्तुत किया है। उन्होंने एक विशिष्ट अंचल के परिवेश और जीवन को विविध आयामों में समग्रता के साथ प्रस्तुत किया है। इन उपन्यासों की कथाएँ प्राय: ग्रामीण अंचलों से सम्बन्धित हैं। नागार्जुन ने युग की चेतना से प्रेरणा और प्रभाव लेकर अपने पात्रों और कथाओं का सृजन किया है। युग की चेतना के परिवर्तन के साथ ही साथ उपन्यासों की मूल विचारधारा, कथानक, पात्र और शैली-शिल्प में भी व्यापक परिवर्तन होता गया है। इनके प्रमुख उपन्यासों की यहाँ चर्चा करना आवश्यक है।

रतिनाथ की चाची

'रतिनाथ की चाची' में मिथिला अंचल के दरभंगा जिले के गाँव तरकुलवा और शुभंकरपुर को कथा का आधार बनाया गया है। तरकुलवा से ''पाँच कोस उत्तर नेपाल है। पूरब लोकहा थाना है, दक्षिण थाना फुलपरास पड़ता है। पश्चिम कमला मैया बहती हैं। जमीन बड़ी उपजाऊ है। दो-दो मन कट्ठा धान उपजता है।'' गाँव के चारों ओर की सीमाएँ उसकी यथास्थिति का अंकन करती हैं। इसके साथ ही जमीन के उपजाऊपन का परिचय भी मिलता है। तरकुलवा में कई छोटे बड़े पोखरा और तालाब हैं। ये सरोवर वहाँ के निवासियों की जीविका के साधन और मनोरंजन की सामग्री हैं। तरकुलवा सड़क के किनारे लम्बाई में बसा था। आठ-दस पोखरा थे। कुछ बस्ती के सामने और कुछ पीछे की ओर। एक का नाम 'बड़ी पोखर' था। जय किशोर ने बचपन से इसी पोखर में तैरना सीखा था। भादों आसिन की तपती दुपहरियों में छाता लगाये इसी के बाँध पर घंटों बैठकर काँटों में मछलियाँ फँसने की प्रतीक्षा की थी। बीसों बार इसके छाती भर पानी में घुकर

नीले सफेद कमल वह तोड़ लाये थे। बड़ी पोखर से परे 'सुदूर उत्तरी आकाश में हिमालय की धवल धूमिल चोटियाँ' शोभित होती हैं। 'दरभंगा जिले की उत्तरी सीमा यहाँ से चार कोस पर है। आगे नेपाल है। यह हिमालय नेपाल ही में तो पड़ता है।' शुभंकरपुर में गौरी की ससुराल है। शुभंकरपुर की कुल उपजाऊ जमीन का रकबा तीन सौ बीघा था।''

इस प्रकार उपन्यास में मिथिला के गाँव की स्थिति का जीता-जागता चित्र उपस्थित कर दिया गया है। चारों दिशाओं में स्थित सीमाएँ, गाँव की धरती की प्रकृति एवं सरोवरों की बहुलता उसकी यथोचित वस्तु स्थिति स्पष्ट कर रही है।

कथाकार ने शुभंकरपुर और तरकुलवा का वातावरण बड़ी सजीवता से अंकित किया है। वहाँ की शस्य-श्यामला भूमि पर आमों की सघन अमराइयाँ हैं। कटहल, बड़हल, बरगद, पीपल, जामुन पाकड़ जैसे विशाल वृक्ष हैं। हरसिंगार की कुंज हैं। तालाबों और पोखरों से सिंचित छोटी-बड़ी विभिन्न किस्मों की मछलियाँ किल्लोल करती हैं। ''सुजलां सुफलां मलयजशीतलां फुल्लकुसुमित-द्रुमदल-शोभिनीं शुभ्र-ज्योत्सना-पुलकित-यामिनीं, सुमधुर-भाषिणीं सुखदां-वरदां मातरम्...मातृभूमि की वन्दना के लिए बंकिमचन्द्र ने इन विशेषताओं का उपयोग किया है। जय किशोर का दावा था कि हमारी मातृभूमि मिथिला भी ठीक इन्हीं विशेषणों की अधिकारिणी है।''

रतिनाथ के ''आँगन में पश्चिम वाला डीह खाली पड़ा था। उस पर मौसम के मुताबिक भिंडी, बैंगन, मिर्चा वगैरह उपजाया जाता है। इस बास स्थान से पूर्व तालाब था, दच्छिन बाग और बाँस। बाग में चार ही छः आम के पेड़ थे। दो पेड़ कटहल के, एक बड़हल का, एक सहिजन का। अड़हुल, इन्द्रकमल, करबीर, कनैल, थलकमल, थल-कुमुदिनि, हरसिंगार, बेला-दो-दो, एक-एक झाड़ इन फूलों के थे। जम्बीरी नीबू का भी एक बड़ा झाड़ था। तालाब में रोहू, ब्वारी, भाकुर से लेकर सिंगी, माँगुर, इंचा, पोठी यानी बड़ी-से-बड़ी और छोटी-से-छोटी मछलियाँ थीं।'' यह समस्त चित्रण उस वातावरण के फलदार पेड़-पौधों फुलवारी और तालाब में प्राप्य विभिन्न प्रकार की मछलियों का यथार्थ चित्र प्रस्तुत करता है। मात्र विवरण ही नहीं, अपितु मछलियों और आमों की विभिन्न जातियों की पहचान भी बड़ी सूक्ष्म दृष्टि से रूपायित की गयी है। यह चित्रण मिथिला के प्राकृतिक वातावरण, पेड़-पौधों और जमीन आदि का प्रतिबिम्ब बनाता है।

शुभंकरपुर 'गाँव के पूरब बलुआहा पोखर था। कहते हैं खोदते समय उसमें से इतनी बालू निकली कि उसका नाम ही बलुआहा पड़ गया।', 'हेमन्त की हल्की ठंड में सिल्लियों और वनमुर्गियों का झुंड बलुआहा के निर्मल जल में

घने सेंवार पर इधर से उधर छप-डप करके दौड़ा करता।' इसके भीट पर चारों ओर बरगद, पीपल, पाकड़, मोलसिरी, आम और जामुन के पेड़ थे।'' जिनकी सघन छाया से आच्छादित शीतल निर्मल जल वाला यह तालाब रमणीय वातावरण सृजित करता था। ऐसे वातावरण के प्रति मोहाविष्ट होना सहज और स्वाभाविक है। तभी तो रतिनाथ को मोतिहारी जाते वक्त 'लगा कि सब उसे मना कर रहे हैं—मत जाओ, मत जाओ, मत जाओ। तालाब, बुड्ढ़ा पीपल, मौलसिरी का वह बौना पेड़, वे खेत, वे बाग, वे झाड़ियाँ, वे झुरमुट, वह बलुआहा—उन्होंने मानो चिल्लाकर रतिनाथ को मना करना शुरू किया कहाँ जाओगे, लौट चलो, लौट चलो, लौट चलो।'

''कोसों तक फैले धान के हरे-भरे खेत उनकी लहराती हरियाली क्या थी, तरंगित समुद्र का ही हरा संस्करण था।''

अंचल का 'सामाजिक वातावरण' मध्यम वर्ग से सम्बन्धित है। शुभंकरपुर में ''ढाई सौ परिवारों की आबादी और खानेवाले मुँह ग्यारह सौ'' हैं। जो स्पष्ट करता है कि प्रायः लोग गरीब ही हैं। जो मेहनत मजदूरी करके तथा तालाबों से मछलियाँ पकड़कर जीवन-निर्वाह करते हैं। स्त्रियाँ दिन-रात चर्खा चलाकर अपने लायक पैसा कमा लेती हैं।'' वातावरण भक्ति-भावना और पवित्रता से ओतप्रोत है। व्रत, ध्यानपूजा में रुचि स्वाभाविक ही है। संस्कृत का प्रसार अच्छा है।

इस प्रकार उपन्यास में प्राकृतिक और सामाजिक वातावरण अंचल की धरती और परिवेश तथा लोक-मानव का चित्र प्रस्तुत करता है। उपन्यासकार की चित्रांकन की शक्ति बड़ी ही सूक्ष्म और व्यापक है। उपन्यासकार अंचल के कण-कण और जन-जन से पूर्ण परिचित है। लोक वातावरण का अनुभवी है।

जहाँ ढाई सौ परिवारों की आबादी और खानेवाले ग्यारह सौ मुँह हों, भला वहाँ की आर्थिक स्थिति कैसे खुशहाल रह सकती है। रतिनाथ को ''गरीबी के मारे बाप उसे हिन्दी-अँग्रेजी स्कूल में नहीं रख सका।'' लेकिन यह आवश्यक नहीं है कि जहाँ आर्थिक स्थिति अच्छी न हो, वहाँ की संस्कृति की दशा भी अच्छी न हो। नहीं, ऐसे स्थान पर संस्कृति ही महान होती है। वही व्यक्ति को मानवता के उच्च शिखर पर प्रतिष्ठित करती है। इस दृष्टि से लोक-मानव धर्म पर आरूढ़ रहता है। समय-समय पर पूजा, व्रत, त्योहार, उत्सव आदि बड़े मनोयोग से मनाता है। पहला आम का फल पकने पर उसे सर्वप्रथम भागवान को अर्पित करता है। बाद में स्वयं खाता है। ''एक दिन सुबह-सुबह रतिनाथ ने एक पका आम पाया और खुशी के मारे चिल्ला उठा—पिताजी मैंने गोपी पाई है। यह देखिए, कैसा बढ़िया है। घर के अन्दर से ही जयनाथ ने आवाज दी—अरे सूँघ मत लेना,

भगवान को भोग लगाएँगे।'' सल्हेस दुसाधों का देवता है। उसी की पूजा की जाती है। तारा बाबा अश्विन के महीने में दशभुजी दुर्गा की पूजा करते हैं। जहाँ एक ओर धर्म और संस्कृति है, वहाँ दूसरी ओर कुरीतियाँ और कुप्रथाएँ भी प्रचलित हैं। बालविवाह, बिकौआ प्रथा, असंगत विवाह आदि इस प्रकार की कुरीतियाँ हैं। गौरी ऐसे ही अनमेल विवाह और बलात्कार की ज्वलन्त उदाहरण है। अनमेल विवाह की समस्या ही मूलतः वैधव्य का कारण है। यही इस उपन्यास का केन्द्र है। उपन्यास की सामाजिक परिस्थितियाँ जटिल और संघर्षयुक्त हैं।

'रतिनाथ की चाची' में मिथिला अंचल का प्रतिनिधित्व तरकुलवा और शुभंकरपुर की पृष्ठभूमि में किया गया है। 'तरकुलवा में सभी जाति के लोग बसते थे। दुसाध, मुसहर डोम थे तो धुनिया, जुलाहा भी थे। लेकिन बाभन, राजपूत, बनिया, ग्वाला वगैरह एक ओर थे, मुसलमान दूसरी ओर।' लोगों की आर्थिक स्थिति अच्छी नहीं है। स्त्रियाँ तकली अथवा चर्खा चलाकर अपनी फुर्सत का वक्त आसानी से काट लेती हैं। आठ-दस वर्ष को उम्र से लेकर जीवन पर्यन्त तकली का और उनका साथ रहता है।' गौरी तो 'तीसरे साल जब तरकुलवा से आयी, तभी से चर्खा चला रही है। पच्चीस-तीस रुपये हर महीने इससे निकल आते हैं।' वह भारतीय सूत-प्रतियोगिता में सर्वप्रथम पदक प्राप्त कर चुकी है। फिर भी चालाक और दुष्ट चर्खा संघ वालों से उसे पूरी मजदूरी नहीं मिलती। 'चाची जैसी कत्तिनों के सूत को कभी तो एक सौ दस नम्बर का करार देते हैं और कभी साठ का। तरीका चर्खा संघ वालों का यह है कि पहले कुछ दिनों तक महीने सूत कातने वाली के प्रति इन्साफ का अभिनय किया, फिर सूत्रों के माकूल नम्बर दिये। बाद में धीरे-धीरे नम्बर घटाते गये। झख मारकर कत्तिनों को यह सब कुछ बर्दाश्त करना पड़ता है।' फिर भी चर्खा चलाने से चाची को लाभ पहुँचा है। आर्थिक समस्या हल हो गयी। मन नियन्त्रित हो गया। दुर्भावनाओं से छुटकारा मिला।' मिथिला की कुलीन ब्राह्मणियों के जीवन में इस तकली का बहुत बड़ा स्थान रहा है। कुटीर शिल्प का यह मधुर प्रतीक अब तो उठता ही जा रहा है। फिर भी जनेऊ के लिए तकली से निकले इन बारीक सूतों की आवश्यकता अनिवार्य समझी जाती है।'

गाँव में जो आठ-दस पोखर और तालाब हैं, उनसे मछलियाँ पकड़ी जाती हैं और आजीविका का निर्वाह किया जाता है। लोग मछलियाँ खाते हैं और बेचकर अन्य गृह-खर्च चलाते हैं। जिन लोगों के पास खेती का अभाव था, वे मेहनत-मजदूरी करते हैं। 'गाँव के नजदीक ही हाट लगती सोमवार और गुरुवार को। धान, चावल, दाल, तेलहन, मकई, साग-भाजी, मछली, पान, मोटिया गमछा और चादरें—हाट के रोज शुभंकरपुर के लोग यह चीजें जाकर खरीद लाते थे।' इस

गाँव के ब्राह्मण लोग 'लूट लाओ, कूट खाओ' से अपनी आजीविका चलाते थे।

उपन्यासकार को मिथिला की इंच-इंच धरती की पहचान है। आम की फसल मिथिला में विशाल स्तर पर की जाती है। गौरी के पिता 'चुम्मन झा के पच्चीस बीघा जमीन थी, उपजाऊ। चार सौ मन धान साल-साल होता था। एक बड़ा-सा कलम बाग था, जिसमें कलमी आम के पचासों पेड़ थे। मालदह, कृष्णभोग, बम्बइया, फजली, शाहपसन्द, राढ़ी, भदई, दुर्गीलाल का केरवा, सुकुल, सिपिया, जर्दा-सब थे। किसी साल नागा नहीं जाता। सब साल फलता वह कलम बाग। चुम्मनझा पाँच पेड़ छोड़कर बाकी खटिकों के हाथ बेच लिया करते थे। चार सौ, पाँच सौ और कभी छः सौ तक मिल जाता। इस तरह आम भी इनके लिए एक अच्छी फसल थी।'

मिथिला के लोग व्यसनी भी होते हैं। स्त्रियाँ नाक के पूड़ों में चुटकी भर नस निकालकर भरती हैं, जिसे नस लेना अथवा सुँधनी कहते हैं। रतिनाथ के पिता को 'पूजा, पाठ, गपशप, सैर-सपाटा, बाबा वैद्यनाथ, बाबा विश्वनाथ, दुर्गा, तारा, काली—इनकी चर्चाओं के अतिरिक्त यदि और कोई वस्तु जयनाथ को प्रिय थी, वह थी विजया बनाम भंग भवानी।' गौरी के पति वैद्यनाथ झा को 'शतरंज का इतना शौक था कि एक बैठक में दस-दस घंटे खेलते रहते।' कुछ लोग पान और सुरती भी खाते हैं। राउत लोग हुक्का पीते हैं।

स्त्रियाँ शान्तीपुरी धोती पहनती हैं, जैसे दमयन्ती। वह गले में बारीक रुद्राक्षों की माला भी पहनती है। यहाँ के नर-नारी भक्ति भावना से ओतप्रोत हैं। 'दम्मो-फूफी नित्य सुबह-शाम शिवजी के दर्शन करने मन्दिर जाती हैं।' रतिनाथ अनिच्छा से पूजा-पाठ करता है। ॐ सहस्त्रशीर्षा...आदि मन्त्र पढ़कर शंख से शालिग्राम पर जल ढारा, फिर नर्मदेश्वर पर। फिर अनमने भाव से चन्दन, अच्छत, फूल, वगैरह चढ़ाकर रत्ती ने पूजा खतम की।' दुसाध लोग सल्हेस देवता की पूजा करते हैं। यह इन लोगों का आंचलिक देवता है। गौरी की माँ मंगलवार को उपवास रखती हैं। तारा बाबा दशमुखी दुर्गा माता की पूजा-अर्चना करते हैं। भोला पंडित 'सत्तर की उमर टाप गये, परन्तु तेरहों अध्याय चंडी (दुर्गा सप्तसती) का पाठ रोज करते हैं।' जयनाथ तो दुर्गापूजा के दसों दिन विन्ध्याचल पर बिता देते हैं। वह नित्य ही 'प्रातःस्मरण, सन्ध्या-तर्पण, पंचदेवता पूजा (शिव, विष्णु और दुर्गा विशेष रूप से), चंडी (सप्तशती) का पाठ...इतना बिना किये उन्हें चैन नहीं पड़ता।'

मिथिला में शिक्षा का प्रसार अच्छा है। दैनिक जीवन में जितनी उपासना और कर्मकांड की आवश्यकता होती है, उतना तो साधारण से साधारण व्यक्ति भी पढ़ा होता है। जयनाथ भी अपने दैनिक प्रयोग के लिए आवश्यक जानकारी

के लिए पढ़े हैं। रतिनाथ को वह गाँव के स्कूल में हिन्दी और संस्कृत की शिक्षा दिलवाते हैं।

'रतिनाथ की चाची' में मिथिला का जन-जीवन विविधताओं के साथ रूपायित हुआ है। उपन्यास के समग्र चित्रण से नागार्जुन का निजी अनुभव और गहन निरीक्षण शक्ति प्रदर्शित होती है। लोकमानव का बाह्य और आभ्यन्तर रहन-सहन व्यवहार आदि यथार्थ की कसौटी पर खरा सिद्ध होता है। उपन्यास का हर तथ्य इसका स्वत: प्रमाण है। यही सब मिथिला अंचल के लोक मानव के आंचलिक तत्त्व हैं।

'रतिनाथ की चाची' में निम्न-मध्यवर्ग की समस्याएँ आंचलिक परिवेश में उभारी गयी हैं। अनमेल विवाह-बालविवाह, बिकौवा प्रथा, अवैध गर्भ धारण करना तथा वैधव्य इसकी प्रमुख समस्याएँ हैं। मिथिला के मध्यम वर्ग के घराने में प्राय: बेमेल विवाह की समस्या नारी जीवन को नारकीय बनाती है। गौरी और वैधनाथ दम्पत्ति इसका ज्वलन्त उदाहरण हैं। गौरी का विवाह उसकी अवस्था से बड़े पति वैधनाथ के साथ हुआ। रतिनाथ की चाची पर वैधव्य का वज्र गिरता है। दूसरी ओर अति कामी रंडुआ पुरुष वर्ग उन्हें अपनी यौन-पिपासा का शिकार बनाता है। अनैतिक गर्भ देकर उसे सड़ने-कलपने के लिए छोड़कर दूर हट जाता है। अब नारी के लिए आत्महत्या अथवा समाज से बहिष्कृति दो मार्ग रह जाते हैं। गौरी जैसी स्त्रियाँ चुपके से गर्भपात करा देती हैं। वही समस्या मूलत: इस उपन्यास की है। जिसका कोई संतोषजनक समाधान नहीं मिल सका है, अपितु गर्भपात कराके मुक्ति पा ली है।

चाची की दृढ़ता और असीम स्नेह से रतिनाथ को बाल-विवाह से बचाया है। जयनाथ उसका पिता है जो मेहनत-चोर, आवारा, लालची और कृतघ्न है। वह रतिनाथ का बालविवाह करने का इच्छुक है। जयनाथ एक दिन रतिनाथ के विवाह की चर्चा चाची के सामने करते हैं--'कन्या क्या है, साक्षात् गन्धर्विणी है। आठ वर्ष की लड़कियाँ भी गौरी' कहलाती हैं। चार सौ रुपये मिलेंगे। पढ़ने का खर्चा देगा। चाची यह प्रस्ताव ठुकरा देती है। 'जनक किशोर और शकुन्तला, इन्द्रमणि की वही लड़कियाँ हैं जिनका ब्याह बिकौआ से हुआ था...शकुन्लता के पति की सात शादियाँ हुई थीं, और जनक किशोरी के पति की दस।' बिकौआ और बहुविवाह प्रथा के ये ज्वलन्त उदाहरण हैं।

इस प्रकार उपन्यास में मिथिला अंचल की नारी जीवन की समस्याओं का चित्रण बहुविधरूप से किया गया है। अनैतिक गर्भ के समाधान का जब कोई रास्ता नहीं दिखता तो गुप्तरूप से गर्भपात कराना पड़ता है। जयकिशोर भी इसे परिस्थितियों का कार्यित्व समझकर चुप रह जाता है। इसके साथ ही नयी और पुरानी पीढ़ी

के बीच का संघर्ष भी उभरा है। भवदेव या अन्तर्जातीय विवाह और तत्सम्बन्धी समस्या अपने में विशिष्ट है। इससे लोग की मान्यताओं के अपमान और उल्लंघन का निष्कर्ष स्पष्ट होता है कि किस प्रकार कोई व्यक्ति लोक का उल्लंघन करके उसकी थुक्का फजीहत का शिकार होता है।

आचंलिक परिवेश में मिथिला अंचल की नारी की विविध विवाह-सम्बन्धी समस्याओं से कुचले हुए जीवन का साक्षात्कार ही उपन्यास का प्रधान उद्देश्य है। उपन्यास में आंचलिक नारी को जिस रूप में विषय बनाकर उभारा है, वह कथाकार के नारी उद्धार के उद्देश्य में समाहित हो गया है। नारी जीवन की विविध समस्याएँ ही उसका विषय है तथा नारी उद्धार ही चिन्ता की उसके उद्देश्य की मूल संवेदनशीलता है। इसी के परिप्रेक्ष्य में 'अंचल का वैविध्य और बहुरूपता भी दृष्टिगोचर हो रही है, जो एक सफल आंचलिक उपन्यास के लिए अपरिहार्य है।'

इस प्रकार 'रतिनाथ की चाची' मिथिला का सशक्त आंचलिक उपन्यास है जिसमें समसामयिक परिस्थितियों की नवचेतना के साथ ही लोकमानव का जीवन विविधताओं के साथ उजागर हुआ है। उपन्यास के तात्विक विश्लेषण के आधार पर भी उपन्यास आंचलिकता की कसौटी पर खरा उतरता है।

बाबा बटेसरनाथ

'बाबा बटेसनाथ' में उपन्यासकार ने मिथिला अंचल की ग्रामीण बस्ती 'रूपउली' की चार-पीढ़ियों की सामाजिक और राजनीतिक गतिविधियों और उत्थान-पतन को उपन्यास की पृष्ठभूमि के रूप में चयन किया है। ये चार पीढ़ियाँ जैकिसुन के परदादा बुद्धन, दादा अधिक लाल राउत, पिता जानू राउत और जैकिसुन की है। रूपउली गाँव में परदादा की पीढ़ी में 'सत्तर-परिवार और बच्चे-बूढ़े जवान, अधेड़ सभी औरत-मर्दों की तादाद तीन सौ से ऊपर नहीं थी।' इसी गाँव में जैकिसुन के समय में 'तीन सौ परिवार थे, खाने वाले मुँहों की तादाद थी ढाई हजार, पशुओं, पक्षियों और कुत्तों, बिल्लियों के अलावा।' 'रूपउली से लेकर धमिया पट्टी तक कोस भर कच्चा 'रजबन्ध' नामक रास्ता है। यह रास्ता बुद्धन के समय में 'अठारह हाथ या नौ गज' चौड़ा हुआ करता था। वह 'अब आधा रह गया है।' अब तो 'उत्तर की ओर फिर भी यह रास्ता जैसा लगता है, मगर दक्षिण की ओर तो आगे चलकर पतला होता गया है, धमियापट्टी के करीब जाकर इस रजबाँध ने बिल्कुल एक मेंड़ की शक्ल अख्तियार कर ली है।' पहली पीढ़ी में डेबढ़ी आरामपुर रूपउली से आधा कोस उत्तर में पड़ता था, पूरब झील थी। उन दिनों जीबछ और कमला नदी दो नहीं एक ही थी। यह रूपउली के पश्चिम की ओर जरा हटकर बहती थी। इनके अतिरिक्त मिथिला में गंडक, करेह,

बागमती, बलान, तिलजुगा, धेमुड़ा और कोसी नदियाँ थीं। इनकी बाढ़ का दृश्य तथा भयानकता तत्कालीन वातावरण और अंचल का स्पष्ट चित्र उकेरता है। सौ वर्ष पहले रूपउली के दक्षिण-पश्चिम की ओर परानी पोखर और पूर्व-उत्तर में नयी पोखर थी। गाँववाले अब भी नयी पोखर में नहाते-धोते हैं। पुरानी पोखर अब उथली और छिछली हो गयी थी। उसके किनारे भी ऊँचे नहीं रहे थे। इसमें घुटने भर पानी और नीचे कीचड़ ही कीचड़ थी। पनियाही घासों का जंगल ऊपर-ही-ऊपर रहता और मलेरिया के मच्छर उसमें किलोल किया करते।

इस प्रकार उपन्यास में 'रूपउली बस्ती का अंचल चौड़े सँकरे रास्ते नदियों आमों और बाँसों की पृष्ठभूमि में सजीवता से प्रतिबिम्बित हो उठा है। प्राचीन और नवयुग की पृष्ठभूमि और स्थितियों को तुलनात्मक रूप प्रदान करके उसे यथार्थता और परिवर्तन का प्रभाव प्राप्त हुआ है। मिथिला की विविध भौगोलिक और प्राकृतिक विशेषताएँ अंचल के चित्र में उभर रही हैं।'

'बाबा बटेसरनाथ' में प्राकृतिक, भौगोलिक तथा सामाजिक वातावरण की अवतारणा सजीव और यथार्थ रूप में की गयी है। जेठ की पूनम की सन्ध्या, पूरब की ओर क्षितिज से ऊपर चाँदी की बर्फीली परात का उठता हुआ चन्द्रमंडल, चाँदनी के गाढ़े कढ़े हुए दूध का बर्फ की तरावट लेकर बरसना तथा आकाश में नीले चन्दोवे में तारों के टँके हुए नफीस मोती उपन्यास के रात्रिकालीन वातावरण को नवचेतन और सजीवता प्रदान करते हैं। रात्रि के ऐसे रमणीय वातावरण में कोयल की कूऽऽऽ और उधर झींगुरों की पलटन की क्रमशः मुखर होती हुई सामूहिक स्वर की एकाग्र महिमा-क्रीं ई ई ई ई ई ई ई ई...एक अजी समाँ बाँध देती है। शुक्रतारा का उदय और चुहचुहिया की चुह-चुह चुह चुच्यूऽऽ ह चूऽऽ ह! चुह!! उषागमन की सूचना दे रहे हैं।''

खेतों में धान के हरे-हरे अंकुर और दानोंवाली दूधिया बालियाँ लहराती हैं। मंजरियों के सूक्ष्म सुरभित फूल महकते हैं। छिछली पुरानी पोखर पनियाही घासों के जंगल से छायी हुई है। नयी पोखर इमली, पीपल और पाकड़ के पेड़ों से घिरी हुई है। कमला, कोसी, करेह और गंडक आदि नदियाँ विकराल बाढ़ में बलखाती है। झील लहराती है। प्रकृति के समस्त सौन्दर्य-चित्र मिथिला अंचल के प्राकृतिक वातावरण का यथार्थ और जीता-जागता चित्र प्रस्तुत करते हैं।

सामाजिक वातावरण के अन्तर्गत भूचाल और बाढ़ से त्रस्त गाँव, देवी-देवताओं में अन्धविश्वास, पशुबलि, पंचायतों आदि का सफल चित्रण किया गया है। इन्हीं सामाजिक गतिविधियों से राजनीतिक परिस्थितियाँ उत्पन्न हुई हैं। समस्त गतिविधियों का चित्रण तथा आँखों देखा हाल बटेसरनाथ की आत्माभिव्यक्त आत्मकथा के रूप में प्रकट हुआ है।

एक ओर सामाजिक जीवन जमींदारों की तानाशाही और शोषण से उत्पीड़ित है। दूसरी ओर वह दुर्भिक्ष और बाढ़ की आकस्मिक आपदाओं से त्राहि-त्राहि कर रहा है। जमींदारी उन्मूलन शुरू होते ही जमींदार लोग सार्वजनिक उपयोग की जमीनों को अपना बना रहे हैं।

हिजरी सन् 1280 में पड़ा भारी अकाल लोगों को ईंटों का चूरा, पेड़ों की पत्तियाँ और छालें खाने को विवश कर देता है। गाँव के गाँव शमशान में बदल जाते हैं। कोई लाशों को उठानेवाला भी पैदा नहीं होता। डेढ़ वर्ष का यह भीषण अकाल और प्रचंड बाढ़ का आक्रमण जनधन का सत्यानाश कर देता है। लोग भूतप्रेतों में विश्वास करते हैं। पशुबलि चढ़ायी जाती है। इस प्रकार 'बाबा बटेसरनाथ' में 100 वर्ष से सामाजिक उत्पीड़न, संघर्ष, अन्धविश्वास और प्रकृति प्रकोपों के शिकार से ग्रस्त समाज रूपायित किया है। चार पीढ़ियों के आंचलिक लोक मानव की आर्थिक, सामाजिक, सांस्कृतिक और राजनीतिक परिस्थितियाँ यथार्थ रूप में उपस्थित हुई हैं। अतीत वर्तमान में पुनर्जीवित हो उठा है।

जैकिसुन की परदादा-पीढ़ी में 'मिर्जई, दुपलिया टोपी, चमरौधा जूता और पतले बाँस की नुकीली छड़ी जिसका सिरा चाँदी के पत्तर से मढ़ा हुआ होता, मझली और ऊँची हैसियत वालों का यही बाना था।' बुद्धन तो चार गज की गाढ़ी धोती और ढाई गज की चादर लेकर सदैव नंगे पैरों पहुनाई करने निकलता है। जमींदार, दीवान लोग दरबारदारी में जाते समय चुस्त पाजामा, शेरवानी, पेचदार पगड़ी और दिल्लीवाले जूते पहनकर आते हैं। वहाँ की पशु चरानेवाले लड़कियाँ मैला चीकट, दसियों पैबन्द लगा घुटनों तक का कपड़ा पहनती हैं। गले में काँच के बारीक दानों की एक आध मालाएँ भी डाल लेती हैं। उस समय स्त्रियों को बाँहों, घुटनों, हाथों और पेट पर गुदना (टैटू) गुदाने का भारी शौक था। जैकिसुन की परदादी का तो समूचा बदन ही गुदनों से भरा हुआ है। तब तो यह आम रिवाज था, लेकिन चौथी पीढ़ी में नाम भर को रह गया है।

मिथिला अंचल में कुछ लोग शिवभक्त हैं, तो कुछ भूत-प्रेतों में विश्वास रखकर पशुबलि देते हैं। अकाल में जल वर्षण के लिए ग्यारह लाख शिवलिंगों की सामूहिक पूजा की जाती है। ग्वाले-अहीर तथा धानुक लोग भुइयाँ महाराज पर भेड़ों की बलि देते हैं! बटेसरनाथ पर पाँच वर्ष चक्रपाणि पाठक का ब्रह्म रहता है। इस पर मनौतियों के लिए बकरे बलि चढ़ाये जाते हैं। जेठ की अमावस्या को सौभाग्यवती नारियाँ बटेसरनाथ की बम्बई आम के कतरों से पूजा करती हैं। लोग पैदल-पैदल गंगा स्नान के लिए जाते हैं। इसके अतिरिक्त पितरों के श्राद्ध कथा कीर्तन और चौपालों पर रामायण भागवत और पुराण आदि भी लोगों की श्रद्धा और विश्वास के कीर्ति स्तम्भ हैं।

बुद्धन के समय में आवागमन के लिए हाथी, घोड़ा, ऊँट, बैलगाड़ी, पालकी, तामदान, सगड़ या इक्का और खटोला आदि को उपयोग में लाते हैं। अकाल के समय में पहली बार रेल का प्रचलन आरम्भ हुआ है। मिथिला अंचल के बच्चे और किशोर गिल्लीडंडा, कौड़ियाँ, सतघरा और बाघगोटी जैसे खेल खेलते हैं। गुलेल और गोफन से गोलियाँ और ढेले फेंककर मनोरंजन करते हैं।

इस प्रकार 'बाबा बटेसरनाथ' में जनजीवन का यथार्थ और सहज स्वाभाविक चित्र प्रस्तुत किया गया है। अकाल और बाढ़ के समय का रहन-सहन, खान-पान, साधारण जीवन के असन, व्यसन, भक्ति और मनोरंजन सभी कुछ मानसपट पर एक सजीव प्रतिबिम्ब उकेर देता है। आंचलिक वैविध्य और समग्रता की दृष्टि से यह कृति अनुपम है।

'बाबा बटेसरनाथ' में जैकिसुन के परदादा पीढ़ी के अंचल के लोक मानव को जमींदारी की बेगार, तानाशाही, शोषण और अत्याचार का शिकार होना पड़ा। दूसरी ओर उन्हें घास, छाल और ईटों का चूरा तक खाने को मजबूर होकर भीषण अकाल से जूझना पड़ा है। राजा के कुमार की शादी में हुई बेगार का चित्र कितना यथार्थ है—"बारात में साथ चलते बेगारों के कन्धे। कन्धों पर बाँस और बाँसों पर तख्तपोस। तख्तपोस पर साज-बाज समेत एक बाईजी नाच रही हैं और राजा का बेटा ब्याह करने जा रहा है।" उस समय इन इलाकों में जमींदारी सर्वेसर्वा हुआ करता था और रियाया से बैठे बेगार लेना उसका सहज अधिकार था। निम्न वर्ग के लोगों को कीड़े-मकोड़ों की तरह समझता था। गाँव की बहू-बेटियों की आबरू गुंडे उतारते थे। तालाबों के निकास का रास्ता खोलकर रातों-रात मछलियाँ भगा देते थे। लोगों के खिलाफ झूठ-मूठ जमींदार के कान भरते थे। इस प्रकार के अनेक कुकर्म गाँव के लुच्चे जमींदारों के बल पर ही करते हैं। शत्रुमर्दनराय जैसे निरपराध लोगों को कोड़ों से पीटा जाता है। उसे नंगा करके हजारों लाल चीटों से कटवाया जाता है दुष्ट जमींदारी की यही प्रवृत्ति बन गयी है। जैकिसुन के दादा ने जॉन साहब के साले को महज इसलिए हंटरों से पीट दिया कि एक बार वह सलाम करने से चूक गया था। कानून और हुकूमत उनके बूटों की कीलों के नीचे है। जैकिसुन और उसके जानूराउत की पीढ़ियाँ अपेक्षाकृत शक्तिशाली हैं। उनमें अत्याचार और तानाशाही के विरुद्ध सिर उठाने की शक्ति है।

इस प्रकार 'बाबा बटेसरनाथ' उपन्यास का जनजीवन सामाजिक, राजनीतिक और प्राकृतिक प्रकोपों के संघर्षों से निरन्तर जूझता, गिरता, उठता, सँभलता और अन्त में विजयी होता हुआ दृष्टिगोचर हो रहा है। यह विजय उनकी एकता, दृढ़ता, उच्च मनोबल और स्वार्थहीनता का परिणाम है। इसके बल पर वे क्रूर जमींदारों से टक्कर लेते हैं। अन्त में समाजवादी और सर्वोदय विचारधारा से सबको अपना

अस्तित्व प्राप्त करने का उत्तराधिकार प्रदान करते हैं। बुद्धन और अधिक लाल के समय की शोषण और तानाशाही की समस्या जानू राउत और जैकिसुन के समय में मनस्तोषण और स्वाधिकार प्राप्ति का अस्तित्व बन जाते हैं। स्वाधीनता! शान्ति! प्रगति! उसके मूलमन्त्र बन जाते हैं।

कथानक बिखराव की दृष्टि से उपन्यास में चार पीढ़ियों के जन-जीवन और सामाजिक उत्पीड़न की इतिहासमय कहानी प्रस्तुत की गयी है। जो वास्तव में बिखराव होते हुए भी इस प्रकार प्रस्तुत की गयी है, जैसे कि किसी एक ही पीढ़ी का चित्रण हो। इसमें कथा-संगठन बड़े कौशल और सूक्ष्मता से किया गया है। बाढ़ का चित्रण दूसरी पीढ़ी का है तो अकाल का चित्रण परदादा की पहली पीढ़ी का। जमींदारों की अत्याचारिता का पतन प्रवाह क्रमशः पहली पीढ़ी से चौथी की ओर है। उपन्यास में विविध रंग और ताने-बानों से युक्त घटनाएँ हैं। वटवृक्ष अपनी आत्मकथा कहता है। जमींदारों की बारात के चित्र उपस्थित किये गये हैं। जमींदारों की निरीह और निर्धन जनता पर तानाशाही और शोषण वृत्ति स्पष्ट की है। अकाल व बाढ़ की भीषणता तथा जनजीवन पर प्रभाव का चित्रांकन सजीव बिम्ब उपस्थित कर देता है। राजनीतिक आन्दोलन, नमक कानून भंग आदि से तो उपन्यास का वातावरण ही गूँज रहा है। जनता की मनौतियाँ, भूत-प्रेतों में विश्वास, औघड़ बाबा द्वारा ब्रह्म का वशीकरण आदि विविध गतिविधियाँ उपन्यास के अन्यान्य सूत्रों का ताना बुनती हैं। समस्त कथा सूत्रों का संगठन और अन्तःसूत्रीकरण मिथिला अंचल के सर्वांग चित्रण में हो जाता है। अंचल ही उपन्यास का नायक बनकर सारे पात्रों और घटनाओं पर छा जाता है।

उपन्यास में कोई केन्द्रीय कहानी नहीं है। चार पीढ़ियों के इतिहास का रंग-बिरंगा, हल्का-गहरा, नीचा-ऊँचा और काल्पनिक चित्रण यथार्थता लेकर किया गया है। कहीं नमक कानून भंग के लिए लोनी मिट्टी को पानी में घोलकर चूल्हों पर चढ़ाया जा रहा है। कहीं अकाल में वर्षा के लिए स्त्रियाँ ओखलियों में मूसलों से मेढक कुचल रही हैं। कहीं औघड़ बाबा जीबछ की पुरानी धार के किनारे मकरमपुर के पास ब्रह्म की कील को एक बुड्ढे पीपल में हथोड़े से ठोक रहे हैं। इस प्रकार के अनेक सूत्र मिथिला अंचल की यथार्थ झाँकी का प्रतिबिम्ब उभार रहे हैं। उपन्यास का कथानक इन विविध आंचलिक विविधताओं से सहज रूप में प्रस्तुत हुआ है।

'बाबा बटेसरनाथ' में मिथिला अंचल की शस्य-श्यामला धरती तथा उसके जन-जीवन का संघर्षमय वातावरण सजीव हो उठा है। वहाँ मछलियों से भरे तालाब हैं तो धानों और आमों से महकते हुए खेत भी हैं। रजबाँध जैसे चौड़े और सँकरे होते हुए रास्ते हैं। जीबछ और कमला जैसी बाढ़ से उमड़ती हुई नदियाँ

भी हैं। रूपउली ग्राम के मजदूर, किसान और जमींदार मिथिला के सामाजिक और राजनीतिक वातावरण की सिद्धि में सफल हुए हैं। बकरा-बलि, मनौतियाँ, वट-पूजा, कथा कीर्तन, तीर्थाटन, टोने-टोटके, ब्रह्म-निवास, मुहूर्त-विचार आदि सांस्कृतिक वातावरण की सृष्टि में एकमात्र साधन सिद्ध हुए हैं। सतघरा, बाघगोटी के खेल तथा आंचलिक हाट-मेले लोक-मनोरंजन का रूप प्रदर्शित करते हैं। जनजीवन का संकुचित जीवन, व्यसन, गुदना, घोड़ा, पालकी, सगड़, इक्का आदि आवागमन के साधन ऐसा कौन-सा अंग हैं, जो मिथिला अंचल की विशिष्टता और अन्य अंचलों से भिन्नता प्रदर्शित न करता हो?

'बाबा बटेसनाथ' का मुख्य विषय विगत जीवन की वास्तविकताओं से अनभिज्ञ जैकिसुन को गाँव के जीवन की क्रमिक विकास-कथा कहकर, उसके मन की ग्रन्थियों को खोलकर चेतना और संघर्ष की ओर उन्मुख करना है। यह प्रगतिशील चेतना का स्पन्दन ही उपन्यास का प्रतिपाद्य है। देहाती जीवन की यह विकास-कथा मिथिला अंचल की सामाजिक, सांस्कृतिक और राजनीतिक वातावरण की सृष्टि कर अंचल को मानस पटल पर उभारती है। यद्यपि राजनीति का चित्रण यथार्थता से युक्त है, तथापि 'लेखक की नग्न रूप में' "राजनीतिक पक्षधरता उसकी कला को कुंठित कर देती है।" यथेष्टता से अधिक राजनीति का चित्रण उपन्यास में 'प्रवाह क्षीणता और नीरसता' उत्पन्न करता है। पूँजीवादी, स्वार्थान्ध और स्वेच्छाचारी वर्ग के प्रति वितृष्णा उत्पन्न करके आंचलिक पृष्ठभूमि में समाजवादी चेतना की स्थापना ही उपन्यासकार का उद्देश्य है। लेकिन सर्वत्र यह ध्यान रखा गया है कि उपन्यास आंचलिकता की सीमा और मर्यादा का उल्लंघन न करने पाये।

इस प्रकार 'बाबा बटेसरनाथ' मिथिला अंचल का सर्वांगीण चित्र प्रस्तुत करने में समर्थ हुआ है। वहाँ का जन-जीवन सजीव को उठा है। पिछली तीनों पीढ़ियाँ वर्तमान में उपस्थित होकर पुनर्जीवित हो गयी हैं। उपन्यास के पात्र, वस्तु, वातावरण, शैली, विषय और उद्देश्य आदि सभी तत्त्व उसे आंचलिक बनाने में यथाशक्ति संलग्न हैं। अत: यह एक सफल आंचलिक उपन्यास है।

दु:खमोचन

'दु:खमोचन' में नागार्जुन ने मिथिला के पाँच हजार से ऊपर की जनंसख्या वाले 'टमका कोइली' गाँव को पृष्ठभूमि बनाया है। यह गाँव वास्तव में छोटी-छोटी कई बस्तियों का समूह है। बीच-बीच में खेत और बाग फैले हुए हैं। उत्तर-पूर्व में कन्नी-काटकर जीबछ नदी की एक शाखा नदी निकल गयी है। एक ओर डिस्ट्रिक्ट बोर्ड की पक्की सड़क है तो दूसरी ओर मीटरगेज की रेलवे-लाइन।

नदी के किनारे-किनारे जाकर सड़क आगे पश्चिम की ओर मुड़ जाती है। जिसके दोनों तरफ नीम, आम, जामुन, पाकड़ और पीपल के पेड़ों की कतारें बड़ी प्यारी लगती हैं। सड़क और नदी के पास अमराई और बाँसों के जंगल तथा बाँस व सरकंडों की झाड़ियाँ हैं। गाँव में एक देवी मन्दिर है। जिसके दक्षिण में एक पोखर भी है। पोखर के दक्षिणी मुहार पर कलमी आमों का घना बाग है। बाग के किनारे की ऊँची बाड़ पर तरुण सीसम की चौकोर पंक्तियाँ लहरा रही हैं।

'दु:खमोचन' उपन्यास का श्रीगणेश ही भादों के महीने के पावस के 'टिप...टिप...टिप...' टपकते हुए ऊदे-ऊदे, भारी-भारी विराट् चन्दोवा की तरह ऊपर आसमान में तने हुए बादलों से होता है। नीचे भीगी हुई धरती मानो सिमट सिकुड़ कर छोटी हो गयी है। भादों की काली डरावनी रात के सन्नाटे को अमराइयों में डालों और टहनियों की सन्धियों से चिपके झींगुरों की एक रस-एक स्वर झंकार मुखरित करती है। भरे हुए धान के खेतों में छपाक् से छलाँग लगाता हुआ मेढक पानी की नीरव-शान्ति का मौन भंग करता है। शरद में आश्विन मास का निर्मल नीला आसामन शोभित होता है। हरी-हरी ताजी दूबों के नुकीले सिरे एक-एक ओस के मोती को कैद करके इठला रहे हैं, दूर तक धान के खेतों में मंजरियाँ खिल रही हैं। इस रमणीयता के अतिरिक्त धान की कटी फसल की साफ-सूफ और सीठी-सी, धौरी-भूरी मटमैली खुँटियाँ वातावरण की मुखरता में कम नहीं है। उनके पास जहाँ-तहाँ दूबोंवाली मेड़ों की हल्की लकीरें-सी वातावरण को रेखांकित करती हैं। उपन्यास का एक-एक चित्र ही अंचल के समग्र सजीव वातावरण की सृष्टि का साधन है—'यह देस-कोस, यह माटी-पानी, पहली वर्षा के बाद धानों के ये अंकुर, आमों से लदी ये अमराइयाँ, घोदों में लटके पकने को आतुर जामुन, गुलाबी फल, भारों से विनम्र लीची की तुनुक टहनियाँ, श्याम-सलिल पोखर, ग्रीष्म की संजीदा और बरसात की बेहूदी नदियाँ' टमका कोइली के प्राकृतिक और भौगोलिक वातावरण की सफल और सजीव सृष्टि कर रही हैं।

गाँव का सामाजिक वातावरण वर्ग वैषम्य, शोषण, सामाजिक असमानता नयी और पुरानी पीढ़ी के बीच संघर्ष, पूँजी के दोषपूर्ण वितरण, उत्पादन पर अनधिकार और अन्तर्जातीय विधवा विवाह की समस्याओं से परिव्याप्त है। सारा सामाजिक जीवन सर्वोदयी भावना और विचारों के वातावरण से समन्वित है।

'टमका कोइली' बस्ती में उच्च, मध्य और निम्न तीनों ही वर्ग के लोग रहते हैं। नित्याबाबू जैसे उच्च वर्ग के व्यक्ति हर प्रकार से शोषण करने और गरीबों को सताने के षड्यन्त्र में लगे रहते हैं। वह राम सागर को गाँजा ले जाने के मिथ्या आरोप में फँसाकर जेल की हवा खिलाते हैं। दूसरी ओर दु:खमोचन

जैसे यथानाम तथा गुणधारी मध्यवर्गीय व्यक्ति निष्पक्ष भाव से ग्राम के नवनिर्माण और उन्नति के सूत्र पूरते रहते हैं। इतना ही नहीं वह अपने प्रयासों से निर्धनों को गेहूँ बँटवाते हैं। स्वयं श्रमदान करते हैं और जनता को प्रेरित करके काम में लगाते हैं। गाँव में आग लग जाने के बाद उसके पुनर्निर्माण में जी जान से जुट जाते हैं। दु:खमोचन अन्तर्जातीय विधवा विवाह कराके ललित नारायण और नित्याबाबू जैसे रूढ़िवादी लोगों के विरुद्ध संघर्ष करते हैं। टेकनाथ मास्टर को कंलक के आरोप से मुक्त कराने के लिए भी दिशा निर्देशन करते हैं।

गाँव में ऊँच-नीच का भेदभाव भी व्याप्त है। मास्टर टेकनाथ जैसे लोगों का भ्रम है कि गेहूँ वितरण में ऊँची जातिवालों के प्रति अन्याय किया गया है। और छोटी जातिवालों को अनाज का ज्यादा हिस्सा मिला है। लेकिन इसका समाधान दुखमोचन द्वारा शीघ्र हो जाता है। वह मास्टर से कहते हैं—"भूख की भी कोई जात होती है? और वेणी माधव के मुँह पर कटु-व्यंग्य दे मारते हैं—"भाइयों, यह टेकनाथ मास्टर अपने स्कूल में लड़कों को भी छोटी जात, बड़ी जात वाली यही बातें पढ़ाते होंगे। गाँधीजी होते तो आकर अपने हाथों से इनको इनाम देते...।" वास्तव में टेकनाथ मास्टर "बड़े लोगों, के खुशामदी जासूस हैं। उनके दुख का मोचन भी दु:खमोचन की ही सूझबूझ और सर्वोदयी भावना से होता है।"

इस प्रकार 'टमकाकोइली' की परिस्थितियाँ गाँव की दलबन्दी, वर्ग वैषम्य और समाजिक समस्याओं से भरी हुई हैं। लेकिन वे सर्वोदयी लहर से समन्वित और प्रगति की ओर अग्रसर होती हुई हैं।

अंचल का जन-जीवन—'टमका कोइली' पाँच हजार की आबादी वाली बड़ी बस्ती है। इसमें राजपूत, ब्राह्मण, कायस्थ, ग्वाले, जुलाहे, धानुक, दुसाध, चमार, भूमिहार आदि जातियों के लोग रहते हैं। राजपूतों के आठ-दस परिवार हैं। जो गाँव के दक्षिण-पश्चिम कोने में एक टोले में आबाद हैं। उनके पास कामचलाऊ जायदाद है और साधारण तौर पर वे सुखी हैं। गाँव के एक घने हिस्से में मेहनत-मजदूरी करके जीवन-निर्वाह करनेवाले कई जातियों के लोग रहते हैं। जिनमें प्राय: भूमिहीन ही हैं। अच्छी हैसियत के परिवार तो नगण्य ही हैं। शेष बस्ती में नित्याबाबू जैसे 'बड़े आदमी' रहते हैं। इनके यहाँ धान के बखार भरे पड़े हैं। निम्न और मध्य वर्ग तो मेहनत मजदूरी करता है। जिनके पास थोड़े बहुत खेत हैं वे उनसे अपनी आजीविका का पालन करते हैं।

गाँव के अशिक्षित नौजवान समय-समय पर नाटक आदि सांस्कृतिक कार्यक्रमों का आयोजन करते हैं। जनकपुर धाम में रामलीला का मेला लगता है। प्रगति आने के कारण लोग सिनेमा देखते हैं और मनोरंजन करते हैं। गाँव में शिक्षा का प्रसार

अच्छा है। चार-छः नौजवान तो कॉलेजों में पढ़ रहे हैं। ये लोग गरमी तथा दुर्गापूजा की छुट्टियों में अपने सांस्कृतिक आयोजन करते रहते हैं। उनको अभिनय करने और नाटक तथा कविताएँ लिखने का भी शौक है।

ब्राह्मण वर्ग भक्तिभावना से ओतप्रोत है। सुखदेव शालिग्राम व नर्मदेश्वर की पूजा करते हैं। उनकी मामी शशिकला अपनी इष्ट देवी काली का मन्त्र ''क्ली'' एक घंटे तक हजार बार जपती है। मिथिला में कुल देवता की पूजा भी की जाती है।

इस प्रकार 'दुःखमोचन' में मिथिला के जन-जीवन का भोजन, वसन, मकान, शिक्षा, संस्कृति आदि की दृष्टि से सर्वांग चित्रण मिलता है। यह अंचल की आंचलिकता को उभारने का प्रयत्न बखूबी करता है।

मिथिला में विधवा-विवाह सामाजिक रीति-रिवाजों के विरुद्ध है। 'दुःखमोचन' का 'हीरो' उससे भी एक कदम आगे बढ़ जाता है। माया देवी विधवा ब्राह्मणी है और कपिलदेव राजपूत है। उन दोनों का विवाह सम्पन्न कराया जाता है। तब तो उसे नित्याबाबू द्वारा 'खुराफाती धूम्रकेतु' की उपाधि दी जाती है। ललित पंडित के विन्ध्याचली बेंत से पिटना पड़ता है। उनकी पीठ, कन्धों और कनपटी पर आठ-दस गम्भीर प्रहार किये जाते हैं। फिर भी उनके माथे पर शिकन नहीं आती। वह खुशी-खुशी उस ''आखिरी आशीष'' को ले लेते हैं। यह सब कुछ दुःखमोचन की सर्वोदयमी भावना का परिणाम है। वह स्वयं कष्ट सहकर भी दूसरों को तनमन से तनिक भी कष्ट नहीं पहुँचाना चाहता है। वह अल्पसंख्यकों का मसीहा है। वह सर्वोदय सिद्धान्त के अनुसार शाश्वत और व्यापक मूल्यों की स्थापना और बाधक-मूल्यों का निराकरण करना चाहता है।

'दुःखमोचन' में मिथिला का वातवरण सजीवता से रूपायित हुआ है। समय की अक्ष गतिशील है, लेकिन मिथिला अंचल (देश) स्थिर और स्थायी है। धान और मकई के बाढ़ग्रस्त क्षेत्र, वर्षा और शरद ऋतु की मनोहारिता, आम और लीचियों के घने हरे बाग, तालाब और जीवछ की पुत्री-नदी आदि भौगोलिक पृष्ठभूमि तथा प्राकृतिक वातावरण का निर्माण कर रहे हैं। अंचल की समस्याएँ और पुनर्निर्माण का उत्साह सामाजिक जीवन का द्योतक है। इनसे सामाजिक-वातावरण मुखर होता है। उपन्यास का कथानक अवश्य सुसंगठित नहीं है। अन्यथा उसके बहुत से पात्र, भाषा और बहिरंगमयता वातावरण को स्पष्ट कर रही है। सर्वोदयी भावना से समन्वित यह कृति एक नीवन वातावरण की सृष्टि करती है। सारी समस्याओं का समाधान इन्हीं सिद्धान्तों पर किया जाता है। पात्र, भाषा, देशकाल सभी अंचल को समर्पित है। एक ओर वर्ग संघर्ष है और दूसरी ओर नवचेतना की लहर है। 'नवचेतना का उद्देश्य सबका उदय करना है। अंचल

के भौगोलिक और प्राकृतिक परिवेश में नवनिर्माण और पुनर्निर्माण का वातावरण पैदा हो गया है। समग्र रूप में 'दु:खमोचन' में एक अंचल विशेष का वातावरण व्याप्त है। यही उसकी आंचलिकता के लिए उत्तरदायी है। यह उपन्यास का प्राप्तव्य है, साध्य है।

'दु:खमोचन' में कथाकार सर्वोदय की भावना से युक्त है इसलिए वह जन-जन-कल्याण की कामना करता है। उसके लिए संघर्ष और त्याग करता है। अपरिगृह करता है। इस प्रकार जन-जन का निर्माण, पुनर्निर्माण और उद्धार ही उपन्यास का विषय है। यह विषय मूलत: सार्वदेशिक ही है। हाँ, आंचलिकता का वातावरण उत्पन्न करके उसे आंचलिकता की सीमा से प्रतिबद्ध कर दिया गया है। यद्यपि उपन्यास में सर्वांगीणता और वैविध्य का अभाव है, तथापि जितना भी है वह आदर्श से समन्वित यथार्थ है। उपन्यासकार को अपने लक्ष्य सिद्धि में सफलता तो मिलती है, लेकिन दु:खमोचन जैसे 'टाइप पात्र' को को केन्द्र बनाकर उसकी आंचलिकता को आघात पहुँचता है। नायक के माध्यम से कथाकार सर्वोदय सिद्धान्तों के प्रतिपादन में लगा रहता है। परिणामत: उसकी आंचलिकता शनै: शनै: क्षीण होती गयी है।

इस प्रकार 'दु:खमोचन' उपन्यास एक सफल आंचलिक कृति तो है लेकिन पात्रों के पूर्वाग्रह और आदर्शवादिता की अतिशयता के कारण उसकी आंचलिकता को ठेस लगती है। यथार्थवाद को धक्का लगता है। वैविध्य की दृष्टि से भी यह पूर्ववर्ती उपन्यासों के समकक्ष नहीं बन पाया है।

पारो

'पारो' उपन्यास में 'नागार्जुन ने मिथिला अंचल क केरबनिया' गाँव को पृष्ठभूमि के रूप में चुना है। यह गाँव बिरजू की फुफेरी बहन पारो (पार्वती) का है। आम और धान के खेत गाँव की सीमा का रूपांकन करते हैं।

'पारो' की मूल-संवेदना उसके आंचलिकता वातावरण की सृष्टि करती है। उपन्यास में प्राकृतिक तथा सामाजिक वातावरण के चित्र यत्किंचित् रूप में मिलते हैं। मिथिला में आम की अमराइयाँ वातावरण को महकाती हैं। धान के हरे-हरे खेतों और निर्मल जल से भरे पोखरों से वातावरण लहराता है। मिथिला के गड्ढे, डबरे और पोखरे रोहू, भाकुर आदि प्रकार की मछलियों से भरे हुए हैं। बाढ़ आने पर वे मछलियाँ बरसात में चभच्चों से निकलकर खेत-खलिहानों की हवा खाने लगती हैं।

सामाजिक वातावरण की दृष्टि से विवाह, गौना, मुंडन आदि संस्कारों का चित्रण मिलता है। अनेक प्रकार के लोक प्रचलित रीति-रिवाज मिलते हैं। मिथिला

भाषा इस अंचल का परिवेश उपस्थित करती है।

चूँकि 'पारो' एक आंचलिक रचना है। अतः सामाजिक परिस्थितियों का रूपांकन होना सहज ही है। बेमेल विवाह की स्थिति में पारो जहर तक खाने को तैयार हो जाती है। अन्ततः एक बच्चे की माँ बनकर प्रसव के कुछ समय बाद वह शरीर छोड़ देती है। आर्थिक स्थिति की दृष्टि से यहाँ के लोग मध्यम वर्ग के हैं। और सीमित साधनों से अपना निर्वाह करते हैं।

'पारो' प्रथम पुरुष में लिखी गयी आंचलिक कृति है। उपन्यास में बिरजू पारो और अपने बीच की कहानी कहता है। यह कहानी पारो के युवती होकर विवाहोपरान्त माँ बनकर दुनिया को छोड़ जाने तक की है। तथापि मिथिला के जन-जीवन और रहन-सहन का चित्रण कुछ अंशों में हो ही जाता है। मिथिला के एक मध्यवर्गीय ब्राह्मण परिवार के रहन-सहन का परिचय मिल जाता है। जीवन की झाँकी मिल जाती है।

यहाँ के लोग चावल, मकई आदि की खेती करते हैं। ब्राह्मण वर्ग में संस्कृत अध्ययन के प्रति अपार श्रद्धा है। पारो के पिता भागलपुर में 15 रुपये वेतन पर अध्यापक हैं। इसके अतिरिक्त पूजा-पाठ, अनुष्ठान-पुरश्चरण की आमदनी अलग है। उनका संस्कृत प्रेम प्रगाढ़ है। यहाँ तक कि उन्होंने पारो को भी शब्द रूपावली, धातु रूपावली, थोड़ा अमरकोश और थोड़ा हितोपदेश रटा दिये हैं। गोरखपुर वाली रामायण वगैरह वह अच्छी तरह समझ लेती है। इसके अतिरिक्त गीता की कृपा से सत्यनारायण की कथा का अन्वय पदच्छेद और भावार्थ लगा लेती है। भक्ति भावना, पूजापाठ, कथा वार्ता, व्रत-अनुष्ठान, मनोतियों आदि से वातावरण ओत-प्रोत है। पारो का जन्म भी बाबा वैद्यनाथ को दो बार नवाह हरिवंश पुराण सुनाने पर हुआ है। पारो की माँ व्रत करती है।

मिथिला अंचल में भुना हुआ चिउड़ा, दाल-भात और मछलियाँ मुख्य भोजन है। चिउड़े का प्रयोग नाश्ते के समय करते हैं। कभी-कभी ये लोग मछली के अंडों के 'पकौड़े' बहुत चाव से खाते हैं। सुर्ती और सुपारी मिथिला वासियों के प्रमुख व्यसन हैं। गोंड़ लोग चिलम में तम्बाकू रखकर पीते हैं। मिथिला की स्त्रियाँ, हँसुली, अनन्त, दोनों पहुँचों में छः छः लहठियाँ और एक एक ठेक, तथा पैरों में 'साठ' पहनती हैं। छोटे-छोटे लड़के दोलबत्ता खेलते हैं। स्त्रियाँ और लड़कियाँ अवकाश के समय तकली कातती हैं अथवा स्वेटर, पैताब बुनती हैं। जाली काढ़ती हैं अथवा चादरों पर पशुपक्षियों की आकृतियाँ काढ़ती हैं। प्राचीन मतावलम्बी स्त्रियों के लिए तकली चलाना तो मानो एक प्रथा ही हो गया है। इसलिए वे उसे छोड़ना नहीं चाहती हैं।

इस प्रकार उपन्यास में हमें मिथिला के रहन-सहन, जीवन-यापन और

बहिरंग जीवन की कतिपय झाँकियाँ मिल पाती हैं। फिर भी उपन्यास में अंचल के जन-जीवन के चित्रण के प्रति लेखक का लगाव है। उसका मूल स्वर आंचलिक वातावरण की सृष्टि करना है। चाहे वह अल्पांश में ही जन-जीवन को चित्रित कर सके।

'पारो' उपन्यास की मूल समस्या वृद्ध विवाह है। इसके निराकरण के लिए उपन्यासकार का कोई प्रगतिवादी स्वर अथवा नव चेतना-प्रधानवादी सुनायी नहीं देता। पन्द्रह वर्षीय पारो का विवाह एक पैंतालीस वर्षीय अधेड़ चुम्मन चौधरी से होता है। उस समय कथाकार यही कहता है—'कोई दूसरा उपाय नहीं। यह गुड़ खाये और कान छिदवाये ही बनेगा। पारो से चुम्मन चौधरी का यह तीसरा विवाह हुआ। यही नहीं वह पारो के मरने पर तुरन्त ही चौथी शादी भी कर लेते हैं।'

बलचनमा (1952)

नागार्जुन की दूसरी औपन्यासिक कृति 'बलचनमा' का कथानक बिहार के जिला दरभंगा के ग्रामीण जीवन पर आधारित है। नागार्जुन ने इस उपन्यास में तटस्थ दृष्टि से ग्रामीण जीवन की ओर देखने का प्रयास किया है। नागार्जुन की साम्यवादी विचारधारा की स्पष्ट छाप इस उपन्यास पर दृष्टिगोचर होती है। उपन्यास के प्रमुख पात्र हैं—बलचनमा, राधाबाबू, बलचनमा की दादी एवं माँ, रेबनी, सुखिया, छोटी मलिकाइन आदि। बलचनमा, ललचनमा का पुत्र है, जो सात कट्ठा जमीन के स्वामी के रूप में हमारे सामने आता है। इस निम्नवर्गीय किसान पुत्र के यातनापूर्ण जीवन का प्रारम्भ बाप की मृत्यु के बाद होता है। पिता की विरासत को मँझले बाबू ने रेहन रख लिया था और एक मासूम, अशिक्षित, बेसहारा किशोर खाने-खेलने के दिन में ही पेट की फिक्र में लग जाता है। उसे जमींदार के यहाँ नौकरी करनी पड़ती है और जानवर की तरह दिन-रात काम भी करना पड़ता है। यह विडम्बना ही है कि बलचनमा को अपने बाप के हत्यारे के यहाँ ही नौकरी करनी पड़ती है। चरवाहे के रूप में अपने जीवन की शुरुआत करनेवाला बलचनमा जूठन के रूप में कभी-कभी अच्छा भोजन पाता है अन्यथा 'मड़ुआ' के अन्न से बनी रोटी, नमक एवं मिर्चा ही उसका सर्वाधिक सुलभ एवं स्वादिष्ट भोजन है।

बलचनमा के मालिक की दैत्यवृति गरीब का शोषण करने के लिए सदा उद्धत रहती है, जिसकी दृष्टि से न तो बलचनमा की जमीन बच सकती है और न माँ-बहन की इज्जत। अर्थव्यवस्था के असन्तुलिष्ट धरातल पर खड़े सामाजिक ढाँचे की अमानुषिकता नागार्जुन की यथार्थपरक पकड़ में इस रूप में उजागर होती है कि सहृदय की संवेदना उभरकर 'बलचनमा' की पीड़ा से तादात्म्य करती है तथा उच्च वर्ग की करतूतों के प्रति घृणा और इस सड़ी व्यवस्था के प्रति विद्रोह

जगाती है। बलचनमा किसान-जीवन के अभावों, दर्दों और सामाजिक विषमताओं का मूर्तिमान स्वरूप और साक्षी है। उपन्यास सम्पूर्ण रूप से पीड़ित मजदूर वर्ग के शोषण की कहानी को लेकर आगे बढ़ता है। बलचनमा की बहन रेबनी की इज्जत लेने का प्रयत्न मँझले मालिक ने किया था। घटना का प्रतिकार करने पर बलचनमा पर भी चोरी का झूठा आरोप लगाया जाता है, किन्तु राधेबाबू के कृपास्वरूप बलचनमा इन संकटों से मुक्त होता है। बलचनमा एक सत्प्रवृत्त, ईमानदार ग्रामीण युवक है, जो परिश्रम एवं कष्ट सहकर भी अपने परिवार को सुखी रखना चाहता है, किन्तु जमींदारों के जुल्म और अत्याचारों से उसका परिवार सतत् ग्रस्त रहता है। यहाँ तक कि पेट की भूख को शान्त करने में सहायक उसकी सात कट्टे की जमीन भी मँझले मालिक ने दखल कर ली है।

थोड़ा बड़ा होकर बलचनमा फूल बाबू का 'टहलुआ' बनकर पटना की यात्रा करता है और शहरी जीवन एवं संस्कृति को नजदीक से देखता है। गाँधीवादी किन्तु स्वार्थी फूलबाबू से अन्ततः बलचनमा का मोहभंग होता है और वह कामरेड राधाबाबू का साथी बनकर अपने जीवन की आगे की लड़ाई लड़ता है। बलचनमा राधाबाबू के कहने पर पढ़ाई आरम्भ कर देता है और प्रारम्भिक अक्षर का ज्ञान प्राप्त कर लेता है। ऊँची जातिवालों के एक पारम्परिक विश्वास पर भी लेखक ने व्यंग्य किया है। मलिकाइन की ननद ने बलचनमा के पहाड़ा लिखने पर कहा था—"नौकर-चाकर जितना नासमझ रहें उतना अच्छा भाभी! हमारे अजिया ससुर का कहना था कि छोटी जातवालों को जो एक आखर भी ज्ञान देता है, उसका अपना ही तेज घटता है, और जो कोई शूद्र को समूची पोथी पढ़ा दे, उसके पित्तर स्वर्ग छोड़कर नरक में रहने को मजबूर होते हैं।" फूलबाबू, मोहनबाबू, राधाबाबू की सेवा और पटना से 'सुराजी आसरम' और मधुबनी, दरभंगा सब ओर का सफर करके बलचनमा यह समझता है कि अँग्रेज चले जाएँगे, कांग्रेस की मिनिस्टरी बनेगी और जमींदारी भी नहीं रहने पाएगी। वह भली-भाँति समझता है कि भविष्य में ये जमींदार ही कांग्रेसी नेता बनकर जनता को लूटेंगे।

रेबनी का विवाह और स्वयं का गौना बलचनमा के सामने एक आर्थिक समस्या के रूप में सामने आता है। उसकी माँ चाहती है कि घर में बहू आ जाये और उसकी बेटी बहू बनकर चली जाये। राधाबाबू से आर्थिक सहायता प्राप्त कर बलचनमा अपनी माँ की इस हार्दिक इच्छा को पूरा करता है। इसी बीच गाँव में भूकम्प का आ जाने से हाहाकार मच जाता है। कई लोग मर गये और घर गिर गये। कुएँ का जल प्रदूषित हो गया। कांग्रेस ने रिलीफ फंड खोला और सहायता के नाम पर पाँच सौ रुपये की रसीद पर हस्ताक्षर लेकर मात्र दो सौ छह रुपये प्रदान किये। इस घटना के बाद बलचनमा का अन्तिम रूप से कांग्रेस

से मोहभंग होता है और वह राधाबाबू के साथ कामरेड बनकर जमींदार खान बहादुर सादुल्ला के खिलाफ किसानों और मजदूरों को संगठित कर एक लम्बे संघर्ष की शुरुआत करता है। बलचनमा क्रान्ति की ओर अग्रसर होता है और वह अपने स्वत्व के लिए मर मिटने को तैयार हो जाता है। आश्रम पर लाल झंडा फहरा रहा था और झंडे पर हँसिया और हथौड़े के निशान थे। किसान, मजदूरों की लड़ाई लड़ने के लिए एक सभा का आयोजन किया जाता है, जिसमें बाहर से भी कई वक्ताओं को आमन्त्रित किया जाता है। इस सभा में नारे लगते हैं—'कमानेवाला खाएगा...इसके चलते जो कुछ हो। इन्किलाब...जिन्दाबाद। जमीन किसकी...जोते-बोये उसकी। अँग्रेजी राज...नाश हो। जमींदार पर्था...नाश हो। किसान सभा...जिन्दाबाद। लाल झंडा...जिन्दाबाद। इन्किलाब...जिन्दाबाद।' गाँव के किसान सभा को इकन्नी चन्दा देकर मेम्बर बनते हैं, मानो मँझले बाबू और बल्ली बाबू के खिलाफ आन्दोलन छेड़ा गया हो। आगे भी यह अन्तहीन संघर्ष जारी रहता है। जमींदार पुलिस प्रशासन की मदद से किसानों की फसल काटने का प्रयत्न करते हैं, किन्तु किसान संगठन अद्‌भुत था। अब उसके विद्रोह के ज्वाला शान्त होने वाली नहीं थी और इसकी परिणति रक्तपातपूर्ण वर्ग संघर्ष में होती है।

बलचनमा में हमें मैथिल भूमि के रहन-सहन, रीति-रिवाज, संस्कृति, धर्म, भाषा और लोकगीतों का सहानुभूतिपूर्ण चित्रण पढ़ने को मिलता है। गाँव से नगर को बड़ी आशा, आकांक्षा और लालसापूर्ण दृष्टि से ताक रहा व्यक्ति, नगर से गाँव को नवीन अनुभूति लेकर लौट रहा आदमी भी हमें इस उपन्यास में देखने को मिलता है। इसके बावजूद लेखक इस उपन्यास में तटस्थवृत्ति को नहीं अपना सका है। लेखक की साम्यवादी विचारधारा का, लाल झंडे का निशास हँसिया, हथौड़े का स्पष्ट प्रभाव बलचनमा और उसके देहाती बाँधवों पर लक्षित है। यद्यपि नागार्जुन प्रेमचन्द की यथार्थवादी परम्परा के श्रेष्ठ लेखक हैं और उनका बलचनमा गोदान के होरी का स्मरण दिलाता है, किन्तु प्रेमचन्द में जो व्यापक सहानुभूति एवं तटस्थवृत्ति थी, वह नागार्जुन में नहीं। तथापि बलचनमा विचार-वस्तु और कथा शिल्प दोनों ही स्तरों पर कई गहरी मार्क्सवादी दृष्टियाँ और समस्याएँ प्रस्तुत कर रहा है। यह नवीन सम्भावनाओं से पूर्ण है, यद्यपि स्वयं तो इतना सिद्ध नहीं हो सका, चाहे प्रसिद्ध हो गया हो।

नयी पौध (1953)

लेखन ने इस कृति में दरभंगा जिले के 'नवगछिया' गाँव में लड़कियों के ब्याह के अवसर पर उनके विक्रय की प्रथा का उल्लेख किया है। संक्षेप में इसकी कहानी

इस प्रकार है—

खोखा पंडित, मटुकी पाठक (घटकराज) के साथ विसेसरी की शादी के लिए सौराठ (वह स्थल जहाँ लड़की की शादी तय होती है) पहुँचते हैं। उन्हें एक धनी-मानी पचपन वर्ष का दूल्हा मिल जाता है। गाँववालों से विवाह निश्चित होने की बात छिपाकर रखी गयी थी, क्योंकि ज्ञात हो जाने पर गाँववालों के विरोध के कारण इस दूल्हे के हाथ खोखा पंडित विसेसरी को बेच न सकते थे।

जिस समय खोखा पंडित की लड़की रमेसरी ने विसेसरी के पचपन वर्षीय वर के विषय में सुना, उसके कलेजे में आग लग गयी। विवाह की बात गोपनीय रखने पर भी गाँववालों को ज्ञात हो गयी, उधर विसेसरी ने भी निश्चय कर लिया था कि वह स्वयं इस विवाह का विरोध करेगी। इस प्रकार माँ और बेटी दोनों इस विवाह के लिए तत्पर न थीं।

जिस समय गाँव के नवजवानों को विसेसरी के बेमेल विवाह का पता चला, उनका खून खौल उठा। इस बात को उन्होंने 'नवगछिया' गाँव की बेइज्जती समझी।

इस गाँव में नवजवानों की एक पार्टी थी, जिससे बूढ़े लोग पहले से ही घबराते थे और इसे 'बमपाटी' कहते थे। इस पार्टी के कुछ सदस्यों से विसेसरी विवाह के निश्चित मुहुर्त के पूर्व मिल चुकी थी। अस्तु—उन लोगों ने समय पर उसकी सहायता की और खोखा पंडित के चाहते हुए भी विवाह न हो सका। विसेसरी का विवाह रुक जाने से नवजवानों के संगठन के प्रति गाँववालों को विभिन्न प्रकार की शंकाएँ होने लगीं। लेकिन कुछ न कर सकने के कारण उन्हें शान्त हो जाना पड़ा।

विसेसरी के विवाह में बाधा आ जाने के कारण खोखा पंडित गाँव छोड़कर कहीं बाहर चले गये। रमेसरी और गाँव के नवजवान दिगम्बर आदि विसेसरी के विवाह के लिए सतत् प्रयत्नशील थे और आगे आनेवाले अगहन मास के मुहूर्त में उसका हाथ पीला कर देना चाहते थे। इधर पहलेवाला विवाह असफल हो जाने के कारण खोखा पंडित की बुराई चारों तरफ फैल गयी थी, जिसके कारण लोग डर रहे थे कि अब कोई विसेसरी के साथ सम्बन्ध के लिए तैयार न होगा।

दिगम्बर के सतत प्रयत्न के परिणामस्वरूप विसेसरी का विवाह दिगम्बर के मित्र वाचस्पति के साथ हो गया। वे समाजवादी पार्टी के लीडर थे। इनकी उमर भी उपयुक्त थी। अत: इस शादी से सभी प्रसन्न थे।

आंचलिकता की दृष्टि से प्रस्तुत कृति का परिवेश है, 'दरभंगा' जनपद का 'नवगछिया' गाँव। उपन्यास के कथानक का सम्पूर्ण विकास इसी परिवेश में होता है। उपन्यासकार ने कथानक में प्रस्तुत परिवेश का सामाजिक चित्रण इस ढंग से

किया है कि वह उभरा हुआ दृष्टिगोचर होता है। अत: 'नयी पौध' को कथानक की दृष्टि से सफल कृति कहा जा सकता है।

पात्रों की दृष्टि से प्रस्तुत उपन्यास के प्राय: सभी प्रमुख पात्र—विसेसरी, रमेसरी, खोखा पंडित, दिगम्बर, बूलो-मटुकी पाठक, अमरितवा, सहुआइन, सुचित आदि, इसी 'नवगछिया' गाँव के निवासी हैं। इन्हीं के द्वारा कथा विकसित होती है। अत: पात्रों की दृष्टि से भी 'नई पौध' एक सफल आंचलिक उपन्यास है।

दृश्य-योजना की दृष्टि से प्रस्तुत उपन्यास में 'नवगछिया' गाँव तथा वहाँ के आवागमन के साधनों की कमी और सौराठ के मेले (मेले) का चित्र उपस्थित किया गया है। यह मेला मैथिल ब्राह्मणों में विवाह की एक विचित्र प्रथा है, जिसमें विवाहार्थियों का मेला लगता है। लेखक ने इस प्रथा का उल्लेख करते हुए लिखा है—सौराठ की सभा में हजारों विवाहार्थी एकत्र होते हैं। कन्याओं की तरफ से उनके अभिभावक बड़ी संख्या में जमा रहते हैं। सभा में यदि कन्याएँ भी शामिल होतीं तो स्वयंवर का यह विराट पर्व न केवल भारत भर में, वरन् सम्पूर्ण विश्व में अद्वितीय कहलाता।...तथापि अपनी मौजूदा स्थिति में भी ब्राह्मणों का यह वैवाहिक मेला अनुपम है। ये चित्र उपन्यास के परिवेश को उभारने में पूर्ण सफल हैं। अत: दृश्य-योजना की दृष्टि से हम 'नई पौध' को एक सफल आंचलिक उपन्यास कह सकते हैं।

वरुण के बेटे (1957)

प्रस्तुत उपन्यास में नागार्जुन ने 'दरभंगा' जनपद के 'मलाही' और 'गोढ़ियारी' गाँवों के 'गढ़पोखर' और 'धनहाचोर' नामक तालाबों की मछलियों के शिकार पर जीवन-यापन करनेवाले मुछवारों की सामाजिक, आर्थिक, पारिवारिक एवं राजनीतिक स्थितियों का चित्रण किया है। इसका कथानक इस प्रकार है।

गढ़पोखर (गरोखर) एक लम्बा-चौड़ा तालाब है, जिसमें मछलियाँ पायी जाती हैं। इसके पास बसे हुए 'गोढ़ियारी' और 'मलाही' आदि गाँवों के मछुए-खुनखुन, भोला आदि इसी तालाब से जीवन यापन हेतु मछली का शिकार करते हैं तथा उसे शहर में ले जाकर बेचते हैं।

भोला गाँव का सम्पन्न व्यक्ति है। उसका परिवार छोटा है तथा उसकी बड़ी लड़की मधुरी विवाह के योग्य हो गयी है। चुल्हाई और मंगल दोनों मधुरी से प्रेम करते हैं, लेकिन वह मंगल को अधिक चाहती है, तरह-तरह के बहाने बनाकर उसके घर जाया करती है। यह बात चुल्हाई को बुरी लगती है।

मंगल के गवने का मुहूर्त निश्चित हो जाने के कारण मधुरी उसके यहाँ आना-जाना कम कर देती है।

मंगल का गवना और मधुरी की शादी समाप्त हो गयी थी। काफी दिनों से दोनों एक-दूसरे से मिले नहीं थे। मधुरी का गवना होने के पूर्व, मंगल एक बार उससे मिलना चाहता था और इसकी सूचना मधुरी को चुल्हाई से मिल गयी थी। वह गवने से एक दिन पूर्व चाँदनी रात में आम के बगीचे में मंगल से मिली। उसने मंगल से कहा कि हम दोनों वैवाहिक बन्धन में बँध गये हैं, अतः अब हमें निर्वाह करना चाहिए।

बुद्धिहीन पति और दुष्ट श्वसुर मिलने के कारण माधुरी अधिक दिनों तक ससुराल न रह सकी। वह इस बात का निश्चय करके मायके चली आयी कि पुनः कभी ससुराल न जाएगी।

इधर मंगल की पत्नी को बच्चा हुआ था। मधुरी उसे बहुत प्यार करती थी। ससुराल में प्यार न मिलने के कारण मधुरी ने समाज-सेवा की तरफ ध्यान दिया। 'मलाही' और 'गोढ़ियारी' गाँवों के आस-पास के गाँवों में भयंकर बाढ़ आयी थी। बाढ़ पीड़ितों की सहायता से लिए एक समिति का निर्माण किया गया, जिसमें मधुरी ने भी हाथ बटाया। वह बाढ़-पीड़ितों के लिए मिले पैसे की एक-एक पाई ईमानदारी से व्यय करती थी। दौरे पर आनेवाले ऑफिसरों एवं गाँव के लोगों ने मुक्तकंठ से उसकी समाजसेवा की सराहना की थी।

'सतघरा' के जमींदारों ने 'गढ़पोखर' का नया पट्टा लिखा लिया था। अतः उन्होंने मछुवारों को इसमें मछली का शिकार करने से रोक दिया। मल्लाहों ने एकजुट होकर अपने हितों की रक्षा के लिए एक समिति का निर्माण किया। इस समिति के सदस्यों ने जननायक काली प्रपन्न सिंह को निमन्त्रित किया। उन्होंने जमींदारों की डटकर आलोचना की एवं 'गढ़पोखर' पर मछुआरों के अधिकार का समर्थन किया।

कालान्तर में जमींदारों का पट्टा अवैध घोषित कर दिया गया और सरकार ने 'मलाही' एवं 'गोढ़ियारी' की संयुक्त बस्तियों के लिए किसान सभा की एक ग्राम कमेटी नियुक्त कर दी जिसमें नकछेदी प्रधान एवं मंगल सेक्रेटरी नियुक्त हुए। इसमें मधुरी को भी पद मिला।

मधुरी मंगल के घर गयी थी, वहीं उसे एक लड़के से मिलेटरी आने की सूचना मिली। उसके 'गढ़पोखर' पहुँचते-पहुँचते वहाँ काफी भीड़ एकत्र हो गयी थी। सिपाही मल्लाहों को भयभीत कर रहे थे। माधुरी ने इसका विरोध किया। सैनिकों के साथ आया डिप्टी मजिस्ट्रेट, किसानों की ग्राम कमेटी के सभी सदस्यों से 'मुचलका' लिखवा लेना चाहता था, लेकिन मंगल एवं कुछ और सदस्य बाहर गये हुए थे, अतः उपस्थित सदस्यों ने मजिस्ट्रेट से समय माँगा, किन्तु वहाँ जितने लोग थे, उन्हीं से मुचलका लिखा देने की बात उसने कही, किन्तु वे लोग ऐसा

करने को तैयार न हुए।

अधिक प्रताड़ना की बात से वे लोग स्वयं सिपाहियों की ट्रक पर चढ़ गये और अपने को अधिकारियों के हवाले कर दिया। उधर मधुरी उठकर मोटर के लटकते हुए साँकल को पकड़ कर हाथ घुमा-घुमा नारा लगाने लगी—

'इन्कलाब जिन्दाबाद, मछुआ संघ जिन्दाबाद।

हक की लड़ाई जीतेंगे। गढ़ पोखर हमारा है हमारा है।...'

अन्य उपस्थित जन-समूह उसका अनुसरण करने लगा। मोटर चली जा रही थी। नारों के स्वर गूँज रहे थे। आंचलिकता की दृष्टि से प्रस्तुत उपन्यास का परिवेश 'दरभंगा' जनपद के 'मलाही' और 'गोढ़ियारी' नामक दो गाँव हैं। ये दोनों गाँव आस-पास बसे हैं। इनमें मछुआरे निवास करते हैं। उपन्यास की कथा मुख्य रूप से इन्हीं गाँवों में भ्रमण करती है। इन्हीं मछुआरों की जीविका के साधन, उनके आचार-विचार एवं संस्कृति आदि को कथा समेटे हुए, उत्तरोत्तर विकसित होती है। इस दृष्टि से इसका कथानक विशुद्ध रूप से आंचलिक है।

इस प्रकार आंचलिकता की दृष्टि से 'वरुण के बेटे' एक सफल उपन्यास है।

कुम्भीपाक (1960)

नागार्जुन जो अब तक वर्ग संघर्ष के स्वर से क्रान्ति का झंडा मिथिलांचल में गाड़ते आये थे, वही अब कस्बे और शहर में प्रवेश करके, समाज में बदलते नैतिक मूल्यों की स्थापना करते हुए नारी को जगाया तथा समाज की सड़ाँध, अत्याचार, वर्ग वैषम्य तथा सामाजिक समस्याओं को सुलझाने का प्रयास किया है। लेखक के अनुसार इस संसार में कई नरक हैं, उन्हीं में से कुम्भीपाक एक है। कुम्भीपाक नामक नरक की रचना जिन जीवन-स्थितियों से हुई होगी, नागार्जुन का यह उपन्यास उन्हीं के शब्दांकन का परिणाम है। लेकिन इसके लिए वे पुराण-वर्णित कुम्भीपाक तक नहीं जाते बल्कि उसे देखते हैं, नगरों-महानगरों में, निम्न-मध्यवर्गीय जीवन स्थितियों के बीच, जिनका सर्वाधिक शिकार होती हैं--अबला स्त्रियाँ।

एक ही मकान में रहनेवाले छः किरायेदार परिवारों की जीवनचर्या पर केन्द्रित यह उपन्यास हमारे 'विकासमान' नागर जीवन के जिस सामाजिक यथार्थ की परतें खोलता है, प्रकारान्तर से वह समूचे भारतीय जीवन का यथार्थ है, क्योंकि स्त्री के प्रति पदार्थवादी नज़रिये की कहीं कोई कमी नहीं। आर्थिक अभावों की चक्की में पिसती अनेकानेक निर्दोष जीवनेच्छाएँ किस प्रकार भोगवाद की भट्ठी में झोंक दी जाती है, उनकी पीड़ा और मुक्तिकामी छटपटाहट को नागार्जुन ने गहरी आत्मीयता से उकेरा है। साथ ही उन तमाम विडम्बनाओं के बावजूद, जिनसे निम्न

मध्यवर्गीय नारी जीवन घिरा हुआ है, नागार्जुन यहाँ उस दृष्टि को प्रस्थापित करते हैं जो स्त्री की सामाजिक भूमिका और उसकी मानवीय गरिमा के प्रति सचेत है।

इस उपन्यास के प्रमुख पात्र है—भुवन अर्थात् इन्दिरा, चम्पा अर्थात् बुआ, कम्पाउंडर की बीवी अर्थात् निर्मला। अन्य महत्त्वपूर्ण पात्र हैं—विभाकर के पिता दिवाकर शास्त्री, प्रोपराइटर लितकधारीदास, कामर्शिलय आर्टिस्ट महिम, उम्मी की माँ अर्थात् मामी, बी.एन. शर्मा और रंजना। इनके अलावा अन्य कई पात्र हैं जिनसे नरक का चित्र पूर्ण करने में सहायता पहुँची है। उपन्यास का मूलाधार नारी-पुरूषों के बीच अनैतिक सम्बन्ध है। कहीं नारी खरीदी जाती है, उसका व्यवसाय होता है और कहीं वह अपनी परिस्थितियों से विवश होकर खुद किसी के पीछे चल देती है और बाद में धोखा खाती है।

इन्दिरा का विवाह पन्द्रह वर्ष की वय में हो गया, पति पायलट की उसी वर्ष हवाई दुर्घटना में मृत्यु हो जाती है। इन्दिरा का फिर वही हाल हुआ जो हमारे समाज में अभागिन औरत का नसीब माना जाता है। घुटी हुई तबीयत के युवकों और आदर्शहीन अधेड़ों के बीच फँस जाने के कारण इन्दिरा पेट से हो जाती है। एक अत्याचारी रिश्तेदार डॉक्टरी इलाज के बहाने इन्दिरा को आसनसोल ले गया और धर्मशाला में उसे अकेला छोड़ खिसक गया। तब से दो वर्ष इन्दिरा के कैसे कटे हैं, यह बात धरती जानती होगी कि आसमान जानता होगा। लड़कियों और औरतों की खरीद-बिक्री करने वाले शर्मा जी से निर्मला ने उसे छुड़ाया और अपने भाई और भाभी के पास भेजा दिया।

चम्पा का अपने जीजा से प्रेम-सम्बन्ध था। चम्पा के विवाह के दो साल बाद उसके पति का देहान्त हो गया था। जीजी की मृत्यु के बाद चम्पा जीजा से प्रेम का अनुरोध करती है, किन्तु ठुकराए जाने पर वह एक मुसलमान नौजवान सफदर के साथ पाकिस्तान भाग जाती है। सफदर द्वारा भी प्रताड़ित होने के कारण वह भारत की ओर कूच करती है और तीन सरदारों के सम्पर्क में आकर सतवंत कौर बन जाती है। उसने तीन बंगाली लड़कियाँ भी रख ली थीं, जो कुम्भीपाक रूपी नरक का विस्तार करती है। अन्त में चम्पा भी इस नारकीय जीवन से तंग आकर कुम्भीपाक रूपी नरक को छोड़ देती है और हिन्दी टाइपिंग का काम करती है। वह लड़कियों के लिए अब गृह शिल्प कुटीर चलाती है और ऐसी दुनियां में जाना चाहती है, जहाँ के नर-नारी मिल-जुलकर आगे बढ़ते हैं, जहाँ कोई किसी की बेबसी का फायदा नहीं उठाता। उपन्यास को पढ़ने के बाद हमारे मन में पात्रों के प्रति घृणा या क्रोध के बदले सहानुभूति एवं करूणा की भावना जागृत होती है, क्योंकि छोटी-छोटी गलतियों का भी उन्हें पूरी जिन्दगी प्रायश्चित करना

पड़ता है। हमारे समाज में ऐसी नारियों के लिए कोई स्थान नहीं है, जो एक बार कुम्भीपाक रूपी नरक में पहुँच जाती हैं। नागार्जुन की प्रगतिशील दृष्टि ने नारी की इस समस्या की ओर हमारा ध्यान दिलाते हुए उसके समाधान का भी मार्ग इस उपन्यास में सुझाया है।

उग्रतारा (1963)

यह उपन्यास विधवा विवाह की समस्या को नये कोण से अंकित करता है। उग्रतारा अर्थात् उगनी का सामाजिक जीवन संघर्ष से भरा है। उगनी परिस्थितिवश भभीखन सिंह से विवाह सूत्र में बँधती है, परन्तु अपने इस अनमेल विवाह को कानूनी तौर पर बलात्कार मानती है और अवसर मिलते ही विद्रोह कर देती है। इसमें वैधव्य का जीवन व्यतीत करती हुई एक ग्रामीण युवती की दुखपूर्ण कहानी का सुखद अन्त होता है।

उगनी के पति का देहान्त स्टीमर दुर्घटना में हो गया था। इसका यौवन वैधव्य के सफेद परिधान में रहकर भी हिलकोरें लेने लगता है। कामेश्वर उसी गाँव का राजपूत नौजवान है। बीस वर्ष की उम्र में उसका विवाह हुआ और छह महीने के बाद ही वह विधुर हो गया। उगनी और कामेश्वर दोनों एक-दूसरे के प्रति आकर्षित होते हैं और नर्मदेश्वर की पत्नी जिसे उगनी भाभी कहती है, की प्रगतिशील दृष्टि के कारण उन दोनों का आकर्षण प्रेम का रूप धारण कर लेता है। गाँव में उगनी का जीवन उसके रूप और यौवन के कारण बोझ बना था। वे दोनों साथ भागते समय पुलिस द्वारा पकड़ लिए जाते हैं। उगनी को एक महीना सादी कैद और कामेश्वर को नौ महीने की सजा होती है। जेल से रिहा होने के पश्चात् उगनी के लिए कोई आश्रय नहीं बचा था, गलत लोगों के हाथों में पड़कर वेश्या बना दिये जाने का भी भय उसे सता रहा था। इसीलिए उसे मजबूर होकर पचास वर्ष के कुँआरे जेल के सिपाही भभीखन सिह को पति के रूप में स्वीकार करना पड़ता है। यद्यपि कि भभीखन सिंह ने वैदिक विधि के द्वारा उससे विवाह किया था, किन्तु मानसिक स्तर पर उगनी ने उन्हें पति के रूप में कभी भी स्वीकार नहीं किया। एक रात उगनी को भांगवाली बर्फी और पेड़े खिलाकर भभीखन सिंह उससे शारीरिक सम्बन्ध स्थापित करने में सफल हो जाता है और उगनी गर्भवती हो जाती है। इस समय उगनी का प्रेमी कामेश्वर जेल से छूटने के बाद उगनी को खोज निकालता है तथा समय पाकर उगनी अपने प्रेमी के साथ भाग जाती है तथा दोनों आपस में विवाह कर लेते हैं। कामेश्वर जिस उदारता से एक गर्भिणी नारी को पत्नी के रूप में स्वीकार करता है, वह एक सच्चे प्रेमी को हमारे सामने लाता है। इतना ही नहीं इस क्रान्तिकारी प्रयोग के लिए नागार्जुन

की भी प्रशंसा किये बिना नहीं रहा जा सकता। कामेश्वर की पत्नी के रूप में उगनी भभीखन सिंह के बच्चे को जन्म देती है और पत्र लिखकर भभीखन सिंह को इसका समाचार भी देती है। पत्र में उगनी ने बच्चे को पाल-पोसकर उन्हें सुपुर्द करने का आश्वासन भी दिया था। इस पत्र को पढ़ने के बाद भभीखन सिंह के मन में उगनी के प्रति एक नयी आस्था उत्पन्न हो जाती है। अपढ़ उगनी की भावनाओं को पढ़कर कौन कह सकता है कि उगनी का चरित्र गन्दा है? वस्तुतः नागार्जुन इस तथ्य से भलीभाँति परिचित हैं कि स्त्री और पुरुष जीवन-रूपी गाड़ी के दो पहिए हैं, एक के अभाव में जीवन ठप्प-सा पड़ जाता है। अतः दोनों को एक-दूसरे की जरूरत है।

इमरतिया (1968)

यह उपन्यास मठों की दुराचारपूर्ण जिन्दगी का दस्तावेज है। साधु-सन्तों, ठगों और अपराधियों के दुश्चक्र में फँसी एक भावुक युवती इमरतिया की कहानी, जिसकी तस्वीर हम समाज में कहीं भी देख सकते हैं। पात्रों के नाम के आधार पर पूरा उपन्यास सात भागों में विभक्त है—बाबा, मस्तराम, इमरतिया, भगौती आदि। उपन्यास में प्रत्येक पात्र अपनी-अपनी बात आकर सुनाता है और चला जाता है। इस राम कहानी द्वारा ही जमनिया मठ की पोल खुल जाती है और हमारे सामने यह बात स्पष्ट हो जाती है कि साधु के वेश में ये तथाकथित बाबा जनता को कैसे लूट रहे हैं।

जमींदारी उन्मलून के साथ जमनिया और लखनौती के दो-तीन जमींदारों ने जमीन हथियाने के उद्देश्य से बहुत बड़े भू-भाग पर जमनिया मठ की स्थापना कर दी। मठ में एक पापी-दुराचारी नामी गुंडा, मुसलमान करीमबख्श को महन्त बनाकर बैठा दिया गया है, किन्तु इसका वास्तविक संचालन जमींदारों तथा बड़े-बड़े तस्करों एवं व्यापारियों द्वारा होता है। जमनिया मठ तस्कर व्यापार का केन्द्र था और इस प्रकार धर्म के नाम पर कुकृत्यों की स्थापना मठ के अन्दर हो गयी। इसी के साथ मस्तराम और भगौती जैसे लम्पटों को भी मठ में शरण मिल जाती है। मठ के अन्दर इमरतिया और गौरी नामक स्त्रियों को अवधूतियों के वेश में रखा जाता है और उनका दैहिक शोषण भी किया जाता है।

जमनिया का मठ पूरी तरह से भ्रष्टाचार का केन्द्र है। लक्ष्मी का छह माह का अबोध शिशु बलि की वेदी पर चढ़ा दिया जाता है। पुत्र-बलि के सदमे में लक्ष्मी विषपान कर अपनी जीवन लीला समाप्त कर देती है। साधु अभयानन्द मठ में शरण लेने आता है तो मस्तराम बुरी तरह उसकी पिटाई करता है। अभयानन्द किसी प्रकार भागकर पुलिस को इस घटना की सूचना देता है। फलस्वरूप बाबा,

मस्तराम, इमरतिया को कारावास की सजा होती है, लेकिन वहाँ पर भी धार्मिक आडम्बर का चक्कर चलता रहता है।

मठ के अन्दर गँवार भोली औरतें तरह-तरह की मनौतियों को लेकर आतीं और आशीर्वाद के रूप में बेंत लगवा कर चली जातीं यही क्रम जेल में भी चलता रहता है। जेल में बन्द कैदी व पुलिस-प्रशासन के लोग वहाँ भी जमनिया के बाबा का आशीर्वाद पाने हेतु लालायित रहते हैं। अतः जेल के अन्दर भी बाबा ठाट-बाट से रहते हैं। पूरे उपन्यास में जनता के बीच व्याप्त अन्ध-भक्ति को उभारा गया है। इसके साथ ही मजदूरों की समस्या, उत्पीड़ित हरिजनों की समस्या, पूँजीपतियों का लोभ आदि सारी घटनाओं के द्वारा उपन्यास की कथावस्तु का विस्तार किया गया है। इस प्रकार इस उपन्यास के माध्यम से नागार्जुन समाज में फैले अन्धविश्वास, भ्रष्टाचार, बनावटी साधुपन और जनता तथा सरकार की आँख में धूल झोंकनेवाले तस्कर-व्यापारी गिरोह का पर्दाफाश कुशलता के साथ चित्रित किया है।

गरीबदास (1998)

नागार्जुन का यह अन्तिम उपन्यास अपेक्षाकृत छोटा एवं कथावस्तु के स्तर पर बिखरावपूर्ण है। कथा की शुरुआत हरिनगर में कपिल एवं माया द्वारा स्थापित निवेदिता विद्यालय में अन्तर्राष्ट्रीय बाल-दिवस के जलसे से होती है। यह आवासीय विद्यालय क्षेत्र की शैक्षिक आवश्यकताओं की पूर्ति करने में अनूठा है। कपिल बाबू द्वारा दिये गये सौ एकड़ की भूमि के नाते इसकी आर्थिक स्थिति अत्यन्त ही मजबूत है। अनाज, साग-सब्जी, फल-फूल, दूध-दही के मामले में विद्यालय किसी बाहरी सहायता पर निर्भर नहीं है। सिंचाई का उसका अपना प्रबन्ध है। विद्यालय को राजनीति से पूरी तरह मुक्त रखा गया है। कई बार कपिल बाबू को एम.एल.ए. बनाने का प्रस्ताव मिला, किन्तु इन्होंने इसे खारिज कर दिया, तथापि जे.पी. आन्दोलन के समय विद्यालय के कुछ अध्यापक एवं छात्र चुपके से खिसक कर उसमें अपनी प्रतिबद्धता जताते हैं।

विद्यालय से थोड़ा-सा हटकर हरिजनों की बस्ती थी, जहाँ विकास के कोई लक्षण दूर-दूर तक नहीं दिखाई दे रहे थे। इस बस्ती में ही उपन्यास—नायक गरीबदास उर्फ हरिजनानन्द की कुटी स्थापित थी, जिसके बाहर संत रैदास की जटाधारी प्रतिमा विराजमान थी। गरीबदास के आदर्श बाबा साहब भीमराव अम्बेडकर हैं। गाँव के प्राइमरी स्कूल में हरिजन बच्चों के प्रति सवर्ण परिवार के बच्चों का सलूक तिरस्कारपूर्ण तो था ही, आतंकजनक भी था। पिटाई के डर से हरिजन बच्चे वहाँ से भाग जाते थे। अतः हरिजनों ने भी अपने बच्चों को बाराखड़ी का

अभ्यास करवाने के लिए एक 'शाला' खोली थी, जिसकी निगरानी का भार भगत लक्ष्मण दास पर था। शिक्षक के तौर पर दर्जा आठ तक पढ़ी हुई एक बाल विधवा मिल गयी थी, जिसका नाम फुलेसरी था। गरीबदास इस शाला के लिए प्रतिमाह तीस रुपये का इन्तजाम करते थे, बीस रुपये शिक्षिका को मिलते थे और दस रुपये अन्य कार्यों में खर्च होते थे। धीरे-धीरे बाबा गरीबदास की कुटी ही आसपास के क्षेत्र की गतिविधियों का केन्द्र बनती है। रचनाकार के सामाजिक समरसता व विकास का स्वप्न गरीबदास की व्यथा-कथा के बहाने इस उपन्यास में अभिव्यक्त हुआ है।

एक रात गाँव में कुछ डाकू चोरी-छिपे हमला बोलते हैं। कुत्ते की आहट पर निरगुन मंडल यह समझ गये कि गाँव में डाकू आ गये हैं। बाबू सदानन्द सिंह के चौबारे की छत पर टँगे आपातकालीन घंटे को निरगुन मंडल ने बजाया। घंटे की आवाज पर पूरा गाँव डाकुओं पर टूट पड़ता है और डाकू भाग जाते हैं। लूटा हुआ सामान भी वापस मिल जाता है। निवेदिता विद्यालय के दो बच्चों को डाकुओं को पकड़वाने की मदद में पुरस्कृत किया जाता है। ये दोनों बच्चे इस पुरस्कार को विद्यालय कोष में जमा कर देते हैं। बाबा गरीबदास की इच्छा है कि सवर्ण बनाम अवर्ण के बीच की विभाजक रेखा खत्म हो और समूचे हरिनगर के साथ-ही-साथ हरिजन बस्ती का भी उद्धार हो। बाबा इसके लिए सदा प्रयत्नशील हैं और अन्ततः इसमें उनको सफलता मिलती है। कपिल बाबू, ठाकुर सदानन्द सिंह, माया दीदी, दीपाजी, गरीबदास, बी.डी.ओ., एम.एल.ए., गाँव के मुखिया जी सभी के सम्मिलित प्रयास से हरिनगर के विकास की रूपरेखा तैयार की जाती है। यह तय किया जाता है कि हरिनगर के लिए पाँच वर्षों के अन्दर बीस लाख रुपये की लागत से बीसों छोटे-छोटे धन्धे यहाँ चालू होंगे। जितने भी खेतिहर मजदूर हैं सबको काम मिलेगा, फिलहाल उन्हें एक-एक एकड़ जमीन तो इसी छमाही में मिलने जा रही है। हरिजन बस्ती के पचासों परिवार की अपनी जमीन होगी। बीज, खाद, हल-बैल, सिंचाई का इन्तजाम पंचायत की तरफ से होगा। इस तथ्य का प्रतिपादन कर अन्ततः नागार्जुन ने अपनी समाजवादी दृष्टि का ही परिचय दिया है। इस प्रकार नागार्जुन ने जो विकास का सपना देखा था, उसे इस उपन्यास में अभिव्यक्त किया है, किन्तु अन्तिम कृति के रूप में जो प्रौढ़ता इस कृति में दिखाई देनी चाहिए वह कहीं से भी नहीं झलकती। उपन्यास से डाकुओं के हमले की घटना निकाल देने पर इस पर कोई प्रभाव नहीं पड़ता है। निरगुन मंडल के चरित्र की अकारण अतिशय प्रशंसा पाठकों को खटकती है।

नागार्जुन के 'रतिनाथ की चाची', 'बलचनमा', 'नयी पौध', 'बाबा बटसेर नाथ', 'वरुण के बेटे' और 'पारो' सशक्त आंचलिक उपन्यास हैं। जिनमें मिथिला

अंचल का जीवन विभिन्न आंचलिक समस्याओं के प्रगतिवादी समाधान के साथ रूपायित हुआ है। कथानक, पात्र, भाषा, वातावरण और विषय की दृष्टि से ये आंचलिक उपन्यास-हिन्दी उपन्यास क्षेत्र में आंचलिकता की दृष्टि से बेजोड़ हैं। ज्यों-ज्यों नागार्जुन उपन्यास लिखते गये है, उनकी आंचलिकता की विविधता तथा उसका रंग हल्का पड़ता गया है। न तो कथानक में ही वह संगठन रह पाया है, जो 'बलचनमा' और 'नयी पौध' में है। भाषा भी आंचलिकता से विमुख होती गयी है। पात्र भी शनैः शनैः क म होते गये हैं। आंचलिक वातावरण एकाकी होता गया है। 'दुखमोचन', 'उग्रतारा' और 'कुम्भीपाक' इसी प्रकार के उपन्यास हैं। 'हीरक जयन्ती' और 'इमरतिया' में तो आंचलिकता पूर्णतया विलुप्त होती गयी है। हाँ, मिथिला अंचल की छाया मात्र जहाँ-तहाँ अवश्य पड़ जाती है। परन्तु मूलतः ये दोनों आंचलिक उपन्यास नहीं हैं। 'उग्रतारा' और 'कुम्भीपाक' में आंचलिकता का निर्वाह आंशिक रूप से ही हो पाया। समग्र रूप से देखते हैं तो विदित होता है कि उनके उपन्यासों की मूल प्रवृत्ति आंचलिकता से समन्वित है। आंचलिकता के परिवेश में नागार्जुन लोकमानव की पीड़ित संवेदना और सामीप्य का पूर्ण साक्षात्कार कराते हैं। लोक कल्याण ही उनकी आंचलिकता का सार है।

'मैला आँचल' और 'परती परिकथा' फणीश्वरनाथ रेणु के प्रमुख तथा सशक्त आंचलिक उपन्यास हैं। बाद में लिखे गये 'दीर्घतपा' तथा 'जुलूस' में आंचलिकता में ह्रास आया है जिस प्रकार नागार्जुन के 'उग्रतारा' तथा 'कुम्भीपाक' में यह स्थिति देखने को मिलती है। रेणु अपने इन दोनों परवर्ती उपन्यासों को भाषा के आधार पर आंचलिक बनाने का प्रयास करते हैं जबकि नागार्जुन परिवेश के आधार पर आंचलिक रूप प्रदान करते हैं।

नागार्जुन के 'बलचनमा', 'रतिनाथ की चाची', 'नयी पौध' और 'दुखमोचन' में केन्द्रीय कथाएँ होने का आभास होता है। अतः इनमें पात्र विशेष-बलचनमा, रतिनाथ, खोंखा पंडित और दुखमोचन का चरित्र अपेक्षाकृत अधिक महत्त्व प्राप्त कर लेता है। इस कारण इनमें जीवनगत बिखराव के दर्शन होते हैं। इसके विपरीत रेणु के उपन्यासों में न तो कोई एक केन्द्रीय कथा होती है और न किसी पात्र विशेष के चरित्र-उद्घाटन का मोह। अतः इनके उपन्यासों में कथागत-बिखराव मिलता है। नागार्जुन के 'वरुण के बेटे' में कोई केन्द्रीय कथा न होने के कारण कथागत-बिखराव है। लेकिन उसमें रेणु से भिन्नता है। नागार्जुन में कोई कथा किसी विशेष प्रसंगवश आती है और छूट जाती है। जबकि रेणु में कोई केन्द्रीय कथा न होकर कई कथाएँ अवतरित होती हैं, जो अपने में पूर्ण हैं। जैसे 'मैला आँचल' में बालदेव की कथा, लक्ष्मी दासी की कथा, प्रशान्त की कथा, बामनदास

की कथा आदि अनेक कथाएँ पृथक की जा सकती हैं। उनका समग्र चित्र ही अंचल का प्रतिनिधित्व करता है। समाज का सामाजिक, आर्थिक, सांस्कृतिक और राजनीतिक जीवन मूर्त उठता है।

'रेणु' में नागार्जुन के समान कथा का एक निश्चित तारतम्य नहीं है। सजीव और हृदयस्पर्शी प्रसंगों की अवधारणा में भी रेणु असफल रहे हैं। रेणु में नागार्जुन के समान प्रगतिशील तत्त्वों का आग्रह नहीं है। वास्तव में रेणु कथ्य और शिल्प के व्यापक निरूपण के प्रति सदा सचेष्ट रहे हैं। यही कारण है कि उनके कथानक में प्रवाह और सरसता तथा औत्सुक्य नहीं है।

'रेणु' में नागार्जुन के समान कथा का एक निश्चित तारतम्य नहीं है। सजीव और हृदय स्पर्शी प्रसंगों की अवतावरणा में भी रेणु असफल रहे हैं। रेणु में नागार्जुन के समान प्रगतिशील तत्त्वों का आग्रह नहीं है। वास्तव में रेणु कथ्य और शिल्प के व्यापक निरूपण के प्रति सायास सचेष्ट रहे हैं। यही कारण है कि उनके कथानक में प्रवाह, सरसता और औत्सुक्य नहीं है।

'रेणु' के 'मैला आँचल' और 'परती परिकथा' वास्तव में नायक विहीन, और पात्रों का निष्पक्ष चित्रण करने वाले आंचलिक उपन्यास हैं। जबकि नागार्जुन में रतिनाथ, बलचनमा, बटेसरनाथ, दुखमोचन और पारो नायक/नायिका का आभास देते हैं। यही नहीं रेणु के 'मैला आँचल' और 'परती परिकथा' का नामकरण भी अंचल से सम्बन्धित है (और उनमें अंचल ही नायक है)। जबकि नागार्जुन के उपन्यासों का नामकरण व्यक्ति विशेष के नाम पर किया गया है, यथा 'रतिनाथ की चाची', 'बलचनमा', 'बाबा बटेसरनाथ', 'दुखमोचन', 'उग्रतारा', 'पारो'। 'मैला आँचल' में पूर्णिया जिले का विविधतापूर्ण सामाजिक जीवन अंचल का प्रतिनिधित्व करता है, तो 'परती परिकथा' में उपन्यास के असंख्य पात्र एक ऐसे नायक का सृजन करते हैं, जो मृत होकर भी सजीव हैं और जड़ होकर भी चेतनाशील। वह है 'पतिता-भूमि, परती जमीन, बन्ध्या-धरती।' आंचलिक-उपन्यास की नायक-शून्यता की दृष्टि से रेणु नागार्जुन की अपेक्षा विशिष्ट हैं।

रेणु के पात्रों का लक्ष्य अपने निजी व्यक्तित्व की छाप न छोड़कर लेखकीय आवश्यकता का निर्वाह और विशिष्ट भू-भाग की व्यक्तित्व-निर्मिति ही है। अंचल के सजीव और यथार्थ चित्रण के लिए विभिन्न छोटे-बड़े पात्र नियोजित हुए हैं। सभी पात्र अंचल की मिट्टी से गढ़े गये और परिवेश की वायु से प्राणवान हैं। नागार्जुन के पात्र अंचल के होते हुए भी अपने व्यक्तित्व का उद्घाटन करनेवाले तथा सायास-नियोजित हैं। दु:खमोचन और मधुरी जैसे पात्र मानवीयता से ऊँचे उठे हुए दैवी प्रतीत होने लगते हैं। जिस बहुलांश में यथार्थवादिता आंचलिक उपन्यासों की मुख्य प्रवृत्ति है। उसी के अल्पांश में आदर्शवादिता भी सम्भाव्य

है। इसी आधार पर ऐसे आदर्शवादी पात्र उपन्यास की यथार्थता में बाधक सिद्ध नहीं होते। ये पात्र 'किताबी' प्रतीत नहीं होते, अपितु अंचल में प्राप्त आदर्शवाद की पुष्टि करते हैं।

नागार्जुन अपने उपन्यासों में 'आंचलिक शब्द' प्रयुक्त करते हैं और साथ ही पाद टिप्पणी में अर्थ भी स्पष्ट कर देते हैं। जिससे वे उपन्यास सहज और सुबोध हो जाते हैं। उदाहरण दृष्टव्य है—''सुगनी धूप सेंक रही थी चिलका को लिये हुए। खँखार सुनते ही उसने घूँघट को तनिक सरका लिया था।''

''उधर से सास बोली-मउगी का मिजाज सनक गया है। उठकर लड़के को खाने को देती कुछ, सो तो हुआ नहीं, ठुड्डी में जोर का एक टुनका दे दिया।''

उपर्युक्त उदाहरणों में 'चिलका', 'खँखार', 'मउगी', 'टुनका' और शब्दों में अर्थ पाद टिप्पणी में क्रमशः नवजात शिशु, 'खाँस ने की कृत्रिम आवाज', 'औरत', 'पहली-दूसरी उँगलियाँ के सहारे हलका घूँसा' और दिये गये हैं। इसी प्रकार जहाँ भी नागार्जुन को कोई दुरूह शब्द प्रयोग करना पड़ा है वहाँ उसका अर्थ दे दिया है। रेणु के उपन्यासों में स्थानीय बोली और भाषा का प्रयोग किया जाता है। रेणु ने यद्यपि कहीं-कहीं दुरूह शब्दों का अर्थ पाद-टिप्पणियों में देकर सुबोध बनाने का प्रयास किया है। लेकिन वह अपने इस प्रयास में असफल रहे हैं। इसका कारण है कि उन्होंने आंचलिक भाषा और शब्दों के प्रयोग अतिशयता से किया है, लेकिन उसका स्पष्टीकरण नहीं दिया है। 'मैला आँचल' के संवाद और पात्रों के चिन्तन-दोनों में ही आंचलिक भाषा का प्रयोग किया है। परन्तु 'परती : परिकथा' के संवादों में ही आंचलिक भाषा का प्रयोग करते हैं। उदाहरण दृष्टव्य है—'फेकनी की माय ने और भी कहा—आकि देखो, कम्फू में रोज एक मन दूध खपेगा। मुदा सब भेंसान से कह दो, भाव कम न करे। डरने की क्या बात है। बड़े भले लोग हैं। आकि देखो, पूछो सामबन्ती से, डर से मेरी बोली बन्द हो गयी पहले, बड़े साहब को देखकर।'

रेणु अपने उपन्यासों में आंचलिक उपन्यासों की सीमा का उल्लंघन कर कलात्मकता और चमत्कार प्रदर्शन की ओर प्रवृत्त हुए हैं। ''नागार्जुन के उपन्यासों में रेणु जैसी कलात्मकता नहीं है। वहाँ या तो सपाट बयानी है या फिर अपनी प्रतिबद्धता रेणु जी ध्वनि-बोध द्वारा बिम्ब-विधान करते हैं। अथवा फोटोग्राफिक या रेखाचित्रात्मक शैली द्वारा नाटकीयता का समावेश करते हैं। नागार्जुन की वर्णनात्मक शैली का उदाहरण प्रस्तुत है—'चौदह वर्ष की उम्र में मेरा बाप मर गया। परिवार में माँ, दादी और छोटी बहन थी। नौ हाथ लम्बा, सात हाथ चौड़ा घर था—दो छप्परोंवाला। सामने छोटा-सा आँगन था। बायीं ओर आठ-दस घूर (विस्वासी) बाड़ी थी।'

रेणु की शैली का एक उदाहरण प्रस्तुत है—'चलो, चलो, पुरैनियाँ चलो, मेनिस्टर साहब आ रहे हैं। औरत-मर्द, बाल-बच्चा, झंडा पत्तखा और इनकिलास जिन्दाबाद करते हुए पुरैनियाँ चलो...रेलगाड़ी का ठिकस?...कैसा बेवकूफ है। मेनिस्टर साहब आ रहे हैं और गाड़ी में टिकस लगेगा? बालदेव जी बोले हैं, मेनिस्टर साहग से कहना होगा, कोटा में बहुत कम कपड़ा मिलता है।...चलो-चलो, पुरैनियाँ चलो। भुरूकवा उगते ही कालीथान के पास जमा होकर जुलूस बनाकर चलो।'

नागार्जुन ने भी ध्वनि बोधक शब्दों द्वारा यथार्थता लाने का प्रयास किया है, लेकिन रेणु की अपेक्षा बहुत कम। 'मैला आँचल', 'परती परिकथा' और 'जुलूस' में पंक्षियों की ध्वनियाँ, ट्रैक्टर की ध्वनि, हँसी का मैथिलाम ठहाका यथार्थ बनाने में सहायक हुए हैं, वहाँ इनकी अतिशयता यथार्थता के लिए घातक भी है।

नागार्जुन ने अपने उपन्यासों में मुख्य रूप से वर्णनात्मक शैली का प्रयोग किया है। जबकि रेणु के 'मैला आँचल' में वर्णनात्मक, विवेचनात्मक, सांकेतिक, रेखाचित्रात्मक आदि शैलियों का प्रयोग किया गया है। रेणु जी मुख्य रूप से अपनी फोटोग्राफिक-रेखाचित्रात्मक शैली द्वारा वस्तु (पात्र, अंचल आदि) का बाह्य चित्र ही प्रदान कर पाते हैं—वहाँ नागार्जुन अंचल के प्रत्येक अवयव की आत्मा में प्रवेश कर ग्रामीण जीवन को हृदयंगम कर लेते हैं।

नागार्जुन की ग्राह्य-शक्ति अधिक सूक्ष्म है और अन्तर की टोह लेनेवाली है। परन्तु रेणु अंचल की आन्तरिक गति को विकसित नहीं कर पाते। इसका प्रमुख कारण यह भी है कि नागार्जुन का दृष्टिकोण समाजवादी है और वह समस्या का समाधान कर एक दिशा प्रदान करते हैं। जबकि रेणु का दृष्टिकोण मानवतावादी है और वे मात्र आंचलिक समस्याओं आदि का चित्रण करके छोड़ देते हैं। नागार्जुन छोड़ते नहीं, उसकी तह की टोह लेकर उसका समाधान प्रस्तुत करते हैं। रेणु के उपन्यासों पर उनका कवि हावी हो जाता है और वे कवित्वपूर्ण सौन्दर्यमूलक तथा यथार्थपरक चित्रों के रोचक एलबम बनकर रह जाते हैं। इससे पाठक अंचल की अनेक स्थितियों से परिचय प्राप्त तो करता है, परन्तु समग्र चित्र से साक्षात्कार नहीं कर पाता। नागार्जुन में यह स्थिति नहीं है।

रेणु की अपेक्षा नागार्जुन की विचाराभिव्यक्ति अधिक स्पष्ट है। क्योंकि उनके चित्रण का निश्चित उद्देश्य आधार और मार्ग है—समाजवाद की आधार शिला पर अंचल विशेष के जनजीवन का सहानुभूतिपूर्ण तथा समाधानयुक्त यथार्थ और संयत चित्रण। नागार्जुन दीन दलित, पतित, शोषित की अन्तरात्मा के अधिक समीप हैं। उनके दिल की धड़कन महसूस करते हैं। जबकि रेणु जी मात्र संश्लिष्ट यथार्थ

चित्रण करके छोड़ देने वाले हैं। उन्हें न गरीबों के प्रति सहानुभूति है और न अमीरों से घृणा। हाँ, अपनी व्यंग्यात्मकता से चित्रण अवश्य करते हैं। फिर भी उनका चित्रण इस प्रकार है—'जो जैसा है उसका वैसा ही चित्र प्रस्तुत कर देना, जिस प्रकार कैमरा खींचता है। नागार्जुन दलित, गलित और पतित से द्रवीभूत होकर समस्या का समाधान प्रस्तुत कर देते हैं। नागार्जुन जहाँ 'रतिनाथ की चाची', 'बलचनमा', 'नयी पौध', 'वरुण के बेटे', 'उग्रतारा' आदि में एक विधवा, बलात्कार पीड़ित और अवांछित गर्भ धारिता नारी, गौरी, जमींदारों से कुठे-पिसे और शोषित किसान बलचनमा, जीवन-संघर्ष में जूझते हुए दीनहीन मछुए और प्रेम-पीड़ित उगनी को कथा का केन्द्र बनाकर उसके सामाजिक, आर्थिक, धार्मिक और राजनीतिक जीवन का चित्रण करते हैं।

रेणु और नागार्जुन दोनों में राजनीति का अपना रंग है। रेणु राजनीतिक मतवादों का निरपेक्ष दृष्टि से संश्लिष्ट चित्रण करते हैं। और मानवतावाद के पोषक बने रहते हैं। 'बलचनमा' और 'मैला आँचल' दोनों ही गाँधीवादी विचारधारा की असफलता का चित्रण करते हैं।

रेणु का वातावरण चित्रण संश्लिष्ट है, जो अपनी मूल संवेदना में हमारी अन्तरात्मा से सम्बन्ध स्थापित नहीं कर पाता। जबकि नागार्जुन का वातावरण-चित्रण आंचलिक जीवन के सुख-दुख, हानि-लाभ आदि का प्रतिपादन कर अन्तरात्मा से घुलमिल जाता है। नागार्जुन का वातावरण चित्रण संश्लिष्ट होने के साथ ही साथ जीवन से सम्बन्धित भी है। जबकि रेणु का चित्रण जीवन से दूर, मात्र संश्लिष्ट और यथार्थ है।

नागार्जुन का उद्देश्य रेणु से भिन्न है। नागार्जुन अपने मत प्रतिपादन को प्रमुख रखते हैं और आंचलिकता को गौण। जबकि रेणु ने आंचलिक चित्रण को ही प्रधान माना है और यथाशक्ति उसका चित्रण संश्लिष्ट रूप से किया है। कहने का तात्पर्य है कि रेणु के उपन्यास आंचलिकता के लिए आंचलिक हैं। जबकि नागार्जुन के उपन्यास अपने प्रगतिवादी उद्देश्य की पूर्ति और मत प्रतिपादन के लिए आंचलिक हैं। फिर भी आंचलिकता की दृष्टि से वह रेणु से पीछे नहीं हैं।

इस प्रकार हम देखते हैं कि नागार्जुन और रेणु की आंचलिक उपन्यास की टेक्निक, उद्देश्य और दृष्टिकोण में पर्याप्त अन्तर है। नागार्जुन जहाँ बिना किसी कलात्मक लाग-लपेट और चमत्कार के अंचल के जीवन-संघर्ष और समस्याओं का चित्रण एक निश्चित समाधान के प्रस्तुतीकरण और शिक्षा प्रदान करने के लिए करते हैं। वहाँ रेणु चमत्कार, कलात्मकता, कवित्व शक्ति और व्यापक निरूपण की सायास चेष्टा का मोह न छोड़ सकने के कारण अंचल के विभिन्न दृश्यों और कथाओं के बिखरे-बिखरे संश्लिष्ट चित्र प्रस्तुत कर एक कैमरामैन की तरह

अंचल का एलबम प्रदर्शित करते हैं। नागार्जुन के प्रत्येक चित्र में संयम और सुनिश्चितता है। प्रत्येक कथा और प्रासंगिक विवरणों में सानुपातिकता है। अनाश्यक तथ्यों के लिए उनके कृतित्व में स्थान नहीं और अपरिहार्य को किसी भी प्रकार छोड़ नहीं सकते। बिखराब होते हुए भी कथा में तारतम्य और सुनिश्चितता मिलती है। रेणु के चित्रण में संयम का अभाव है। किसी भी कथा के व्यापकत्व का मोह भी रेणु की प्रवृत्ति है। कथा का कोई निश्चित क्रम नहीं मिलता। हर ओर अतिशयता और बाहुल्य है; चाहे कथानक का आयाम हो अथवा पात्रों की संख्या। चाहे आंचलिक भाषा हो अथवा अति यथार्थवादिता का चित्रण। यही कारण है कि नागार्जुन के उपन्यास लघु आकार के हैं और रेणु के वृहदाकार। जब रेणु ने 'दीर्घतपा' और 'जुलूस' जैसे लघु उपन्यास लिखे तो उनमें वह विशिष्टता नहीं रह गयी जो पूर्ववर्ती दोनों उपन्यासों में थी। नागार्जुन किसी राजनीतिक मत विशेष से सापेक्ष हैं, तो रेणु जी निरपेक्ष रहे हैं। रेणु के उपन्यास आंचलिकता के लिए आंचलिक हैं तो नागार्जुन के उपन्यासों में उनका मत प्रधान रहा है। रेणु जन सामान्य और सहृदय मानव के अधिक समीप नहीं हैं, जबकि नागार्जुन के आंचलिक उपन्यासों की प्रेरणा का मूल स्रोत ही दीन दलित के हृदय हैं जो पाठक के दिल से साधारणीकरण कर पाठक को उसी प्रकार अनुभूत करने को बाध्य कर देते हैं, जिस प्रकार पात्रगण करते हैं।

❑ ❑ ❑